Waxmann Verlag GmbH
Steinfurter Straße 555, 48159 Münster
info@waxmann.com

Edition Global-lokale Sportkultur

herausgegeben von
Dieter H. Jütting

Band 30

Der moderne Sport, eine europäische Erfindung zu Beginn des 19. Jahrhunderts, ist ein globales Phänomen. Seine großen Ereignisse, die Olympischen Spiele und Weltmeisterschaften, führen Menschen aus allen Erdteilen zusammen und bannen Millionen vor den Fernsehschirmen. Ein dichtes Netz von internationalen Sportorganisationen umspannt den Erdball und sorgt dafür, dass überall nach gleichen Regeln Wettkämpfe durchgeführt werden. Der Sport ist insofern ein globales, internationales Phänomen. Der Ball ist überall rund, so scheint es.

Der moderne Sport ist ein lokales Phänomen. Weltweit schließen sich Menschen zu kleinen Vereinigungen zusammen, um ihren sportlichen Interessen vor der Haustür nachzugehen. Die gesellschaftlichen Rahmenbedingungen und die Gestalt dieser Vereinigungen sind äußerst heterogen, sowohl innerhalb eines Landes als auch weltweit. Es gilt deshalb genauso: Der Ball ist nicht überall rund.

Die Edition Global-lokale Sportkultur verfolgt das Ziel, dieses global-lokale Phänomen moderner Gesellschaften kritisch-analysierend darzustellen und zu begleiten. Monographien und Essaysammlungen wechseln sich ab. Sie behandeln Fragen der nationalen wie internationalen Sportkultur und ihrer Entwicklung in systematischer und vergleichender Perspektive. Die Edition will ein Forum für einen internationalen Dialog bieten.

Annette R. Hofmann,
Michael Krüger (Hrsg.)

Rund um
den Frauenfußball

Pädagogische und
sozialwissenschaftliche
Perspektiven

Waxmann 2014
Münster · New York

Bibliografische Informationen der Deutschen Nationalbibliothek
Die Deutsche Nationalbibliothek verzeichnet diese Publikation in der
Deutschen Nationalbibliografie; detaillierte bibliografische Daten sind
im Internet über http://dnb.d-nb.de abrufbar.

Edition Global-lokale Sportkultur, Band 30

ISSN 1437-448X
Print-ISBN   978-3-8309-3014-3
E-Book-ISBN 978-3-8309-8014-8

© Waxmann Verlag GmbH, 2014
Postfach 8603, 48046 Münster

www.waxmann.com
info@waxmann.com

Umschlaggestaltung: Pleßmann Design, Ascheberg
Umschlagbild: © Amélie Sara Heinzmann
Bilder: Annette R. Hofmann
Satz: Stoddart Satz- und Layoutservice, Münster

Gedruckt auf alterungsbeständigem Papier,
säurefrei gemäß ISO 9706

Inhalt

Vorwort

Der vorliegende Band basiert überwiegend auf Vorträgen der Ringvorlesung „Rund um den Frauenfußball" an der Pädagogischen Hochschule Ludwigsburg 2011 während der Frauenfußball-Weltmeisterschaft in Deutschland. Dabei nahmen Sportwissenschaftlerinnen und Sportwissenschaftler sowie Journalistinnen und Journalisten den Mädchen- und Frauenfußball in all seinen Facetten unter die Lupe.

Mit dieser WM im eigenen Land hatte sich der Deutsche Fußball-Bund (DFB) langfristig einen Anstieg der Mitgliederzahlen im Bereich des Mädchen- und Frauenfußballs erhofft. Leider wurde die zu den Favoriten zählende deutsche Mannschaft im Viertelfinale von den Japanerinnen aus dem Turnier geworfen. Heute – mit fast drei Jahren Abstand – ist zu erkennen, dass der ganz große Boom des Mädchen- und Frauenfußballs in Deutschland immer noch auf sich warten lässt. Weder ist die Zahl der im DFB gemeldeten Mädchen und Frauen merklich angestiegen, noch haben die Bundesliga Mannschaften eine größere Fangemeinde. Anders die deutsche Frauennationalmannschaft: Sie kann auf hohe Einschaltquoten verweisen. Vielleicht hat ihr EM-Sieg 2013 – und das zum sechsten Mal in Folge – etwas positivere Auswirkungen für den Frauenfußball in Deutschland als die nicht so erfolgreiche WM. Zumindest schaffte es die Bundesliga ins Fernsehen. Eurosport wird die Spiele live übertragen.

Dieser Band behandelt eine Fülle von Themen rund um den Mädchen- und Frauenfußball, darunter: seine nationale und internationale Entwicklung und Verbreitung, die Rolle des Geschlechts im männlich dominierten Fußballsport und die damit verbundenen Klischees, Fußball als Sozialisationsmedium, Mediendarstellungen des Frauenfußballs vor allem im Rückblick auf die WM 2011.

Aus einer pädagogischen Perspektive kommen in einem weiteren Abschnitt Kinder und Jugendliche zu Wort, indem ihre Meinungen und Erfahrungen zum Fußball aufgegriffen werden. So haben sich Grundschüler in Aufsätzen zum Fußball geäußert. Hierbei sollte herausgefunden werden, ob in diesem Alter schon ein genderstereotypisches Denken in Bezug auf Sport sichtbar ist und wie dieses von den Kindern begründet wird. Die Rolle von Mädchenfußball in der Mittelstufe ist die zentrale Fragestellung eines weiteren Kapitels. Der pädagogische Blick bezieht sich aber nicht nur auf aktive Spielerinnen und Schülerinnen, sondern ein Beitrag widmet sich auch der Karriere von Fußballtrainerinnen, die noch immer im Schatten ihrer männlichen Kollegen stehen.

Im gesamten Band kommen auch Kinder zu Wort (und Bild). Auszüge aus Aufsätzen, die Grundschüler zum Thema Frauenfußball geschrieben haben und einige von ihnen gemalte Bilder lockern den geschriebenen Text auf.

Wir danken dem Deutschen Fußball-Bund (DFB) und dem Förderverein Münsteraner Sportwissenschaft für ihren Druckkostenzuschuss zur Erstellung dieser Veröffentlichung.

Annette R. Hofmann/Michael Krüger

Fußball

Warum spielen Frauen kein Fußball?
Weil sie lieber andere dinge gemacht haben,
wie Kochen oder Stricken. ~~Aber die Männer sagten~~
Aber manche Frauen wollten Fußballspielen,
aber die Männer haben gesagt ihr dürft
kein Fußballspielen, das ist zu brutal.

Geschichte und Kultur des Frauenfußballs

Michael Krüger

Vom „Stauchballspiel" zum Frauenfußball – zur Geschichte des populärsten deutschen Sports

Fußball ist ein männlicher Sport – so war das zumindest in Europa und Deutschland bis vor wenigen Jahren. Erst 1970 beschloss die Mitgliederversammlung des Deutschen Fußball-Bundes (DFB), dass Mädchen und Frauen in den ihm angeschlossenen Vereinen nun auch organisiert Fußball spielen durften. Bis dahin galt als mehr oder weniger selbstverständlich, dass Fußball Männersache sei und Mädchen und Frauen zwar Leibesübungen treiben konnten und sollten, aber eben nur solche, die dem „Wesen" der Frau entsprachen, also Tanzen und Gymnastik, Turnen und heitere Spiele, durchaus auch englische Spiele wie Tennis und Hockey oder deutsche Volks- und Jugendspiele wie Korbball, Brennball oder Schlagball, aber keine „Kampfspiele" wie Fußball oder auch Zweikampfsportarten wie Boxen und Ringen. „Der Kampf gebührt dem Manne, der Natur des Weibes ist er wesensfremd", formulierte 1943 der Leichtathlet und Olympier Karl Ritter von Halt, der sich vor allem gegen die Leistungs- Rekord- und Wettkampforientierung in der Frauen-Leichtathletik aussprach.[1]

Diese Zeiten sind längst vorbei, obwohl sie noch gar nicht so lange zurück liegen. Heute kann man sich kaum noch vorstellen, dass es wirklich noch vor rund 40 Jahren faktisch ein Fußballverbot für Mädchen und Frauen gab, dass es unvorstellbar war, dass offizielle Deutsche Meisterschaft im Frauenboxen ausgetragen werden (und nicht nur Schaukämpfe auf Rummelplätzen), dass Frauen Marathonläufe absolvieren und auch in den absoluten Zeiten den Leistungen der Männern immer näher kommen; ebenso in anderen Disziplinen wie beim Fechten, Skifahren, im Schwimmen und vor allem in den ästhetischen Sportarten wie im Kunstturnen, Kunstspringen, Eiskunstlaufen u.v.a.m., in denen es kaum noch Unterschiede in den Leistungsanforderungen und -ergebnissen zwischen Männer- und Frauendisziplinen gibt. Skispringen ist eine der letzten Disziplinen, die erst vor kurzem auch für Frauen bei Olympischen Spielen geöffnet wurde.

Der Sport ist keine Männerdomäne mehr. Er ist weiblich geworden, und die Frauen sind sportlicher geworden. Sind sie deshalb auch männlicher geworden? Nein, sicher nicht. Aber unsere Vorstellungen davon, was männlich und weiblich ist und ob bestimmte Sportarten eher männlich oder eher weiblich (oder gar exklusiv männlich oder weiblich) sind, haben sich deutlich geändert. Frei nach Theodor Heuss, der anlässlich der Gründung des Deutschen Turner-Bundes 1950 in Frankfurt gesagt hatte, dass es keinen „proletarisch-marxistischen Klimmzug"

---

1   Zit. nach Hoffmann (1965), S. 50. Das Zitat von Ritter von Halt ist allerdings nach Hoffmann nicht exakt belegt.

und keinen „bürgerlich-kapitalistischen Handstand" gebe, [2] ließe sich sagen, dass es keinen männlichen oder weiblichen Skisprung oder männlichen oder weiblichen Lauf gibt, auch kein weibliches oder männliches Fußball- oder Tennisspiel. Der Chauvi-Spruch der deutschen Tennislegende Boris Becker, der gesagt haben soll, dass er Tennis spiele, Steffi Graf aber eine andere Sportart betreibe, ist eben nicht nur – gelinde gesagt – ungalant, sondern vor allem falsch. Es gibt nur *ein* Tennis und es gibt auch nur *ein* Fußballspiel, das bei Männern und Frauen nach denselben Regeln gespielt wird; wenn auch in unterschiedlichen Ligen und Spielklassen. Denkbar wären selbstverständlich auch geschlechtlich gemischte Mannschaften, was bei Freizeitturnieren gelegentlich praktiziert wird, oder gemischte Doppel im Tennis, gemischte Staffeln in der Leichtathletik, beim Skilanglauf oder beim Schwimmen usw. Wenn die Leistungsentwicklung im Frauensport anhält, wird früher oder später die Zeit kommen, dass die Trennung der Geschlechter in einzelnen Sportarten und Disziplinen aufgehoben wird (wie dies beispielsweise im Reitsport schon immer der Fall war), weil die Spiele und Wettkämpfe dadurch nicht an Spannung verlieren, sondern möglicherweise attraktiver und spannender werden, wenn Männer und Frauen auf demselben Leistungsniveau Wettkämpfe austragen. Es sind auch Regeländerungen denkbar, die gemischte Wettkämpfe unter Beibehaltung von Spannung und Dynamik des Wettkampfs ermöglichen. Im Kinder- und Jugendbereich sind gemischte Mannschaften von Jungen und Mädchen in vielen Sportarten ohnehin schon selbstverständlich; auch im Fußball, weil es ohne solche Geschlechter-integrierende Lösungen oft nicht mehr möglich wäre, genügend Mannschaften für den Ligabetrieb zu rekrutieren.

Die Geschlechtergeschichte des Sports hat zwei Seiten. Zunächst die klare Trennung der Geschlechter gemäß einem Menschen- und Geschlechterbild, das nicht nur körperliche Merkmale eindeutig als männlich oder weiblich deklarierte, sondern auch Charakter- und Wesensmerkmale. Bestimmte Sportarten oder auch nur Spielarten galten demnach als „männlich" oder „weiblich". Aber Spiel und Sport boten stets auch Gelegenheiten des Kennenlernens und der Begegnung von Mann und Frau, sei es dass die Mädchen als Zuschauer und „Fans" den starken und erfolgreichen Sportlern oder früher den Turnern auf den Turnfesten zujubelten und ihnen „Siegerkränze" flochten, oder dass man sich auf dem Tennisplatz beim gemeinsamen Tennisspiel mit dem „Racket", das im Volksmund auch als „Verlobungskeule" bezeichnet wurde, die Bälle zuspielte. Bei aller Geschlechtertrennung war und ist der Sport auch ein Feld, auf dem sich die Geschlechter näher kommen. So manche Freundschaft und Ehe gründet auf dem gemeinsamen Sporttreiben oder auch dem gemeinsamen Interesse an Spiel und Sport. Dies galt und gilt im Übrigen nicht nur für heterosexuelle Beziehungen, sondern auch für homosexuelle.

In Deutschland lässt sich der Emanzipationsprozess des Frauenfußballs an einigen markanten Stationen verdeutlichen: In den 1920er Jahren gab es erste An-

---

2 Zit. nach Krüger (2011), S. 118.

sätze und Bemühungen von Frauen, auch Fußball zu spielen bzw. spielen zu dürfen. „Jetzt hört man", hieß es in einer Zeitungsmeldung aus dem Jahr 1930, „dass sich in Frankfurt a.M. aus Sportlerinnen und Turnerinnen ein Fußballclub bildete. Die Fußballerinnen wollen im Stillen trainieren, ohne eine Ausschau auf Wettspielrunden. Sie wollen ein fröhliches Kampfspiel pflegen. Ob es schlimmer wird als das Hockeyspiel, muss abgewartet werden. Das Rad einer anders gearteten Entwicklung im Frauensport rollt. Man darf gespannt sein, wie dieser Versuch ausschlägt."[3] Selbst in der Arbeitersportbewegung, in der die Fahne der Frauen-Sport-Emanzipation besonders hoch gehalten wurde, war man/frau skeptisch gegenüber Fußball spielenden Frauen. In den „Grundsätzen für die Leibesübungen der arbeitenden Frau", die 1929 vom Frauenausschuss des österreichischen sozialistischen Arbeiterbundes für Sport und Körperkultur verkündet wurden, hieß es in den Empfehlungen für die „Praktische Arbeit": „Besonders sind folgende Sportarten zu pflegen: Gymnastik, Schwimmen, Leichtathletik, Touristik, Rudern, Paddeln, Ballspiele mit Ausnahme von Fußball, Wintersport, Tennis, Fechten."[4] Der DFB als Dachverband des Fußballsports in Deutschland unterband alle Versuche der Ausbreitung des Frauenfußballs. Als der Manager einer englischen Damen-Fußball-Mannschaft Anfang der 1930er Jahre versuchte, eine Werbetour in allen deutschen Großstädten zu organisieren, sei dieser Plan „in seinen Anfängen erstickt" worden, berichtete Carl Koppehel in seiner Fußballgeschichte.[5]

Der DFB, der Drittes Reich und Weltkrieg besser als andere Sportverbände überstanden hatte[6] und nach 1945 sein Monopol auf Fußball in Westdeutschland konsequent ausbaute, erkannte Frauenfußball erst 1970, wie oben erwähnt, offiziell an.[7] Er kam damit auch einer drohenden Verbandsgründung von Frauen-Fußballvereinen und -abteilungen außerhalb des DFB zuvor. 1974 hatten die Fußball-Damen ihren ersten Deutschen Meister ermittelt, den TUS Wörrstadt. Er schlug die DJK Eintracht Gelsenkirchen-Erle mit 4:0. Seit 1980 spielen Fußball-Frauen um einen DFB-Frauenbundespokal. 1985/86 wurden eine Regional- und Oberliga im deutschen Frauenfußball eingeführt. Eine deutsche Frauenfußball-Nationalmannschaft besteht seit 1982. Im ersten Länderspiel gegen die Schweiz siegten die deutschen Fußball-Damen mit 5:1. 1989 fand die Europameisterschaft im Frauenfußball in Deutschland statt, und Deutschland wurde mit einem 4:1 Sieg gegen Norwegen Europameister. Diesen Titel holten sie sich außerdem noch 1991, 1995 und 1997; dem Jahr, in dem auch die Bundesliga im Frauenfußball eingeführt wurde. 1991 gab es erstmals eine Weltmeisterschaft in China. 1996 wurde bei den Olympischen Spielen in Atlanta/USA erstmals ein Frauenfußball-Turnier ausgetragen. 2003 wurde die deutsche Nationalmannschaft Fußball-Weltmeister bei der WM in den USA. Den Höhepunkt aus deutscher Sicht bildete

---

3 Zit. nach Pfister (1980), S. 179.
4 Zit. nach Pfister (1980), S. 164.
5 Koppehel (1954), S. 188.
6 Havemann (2005).
7 Vgl. im Folgenden Hennies und Meuren (2009) sowie Schiffer (2011); Novak (1999).

schließlich 2011 die Frauenfußball-Weltmeisterschaft in Deutschland. Obwohl das deutsche Team die Hoffnungen auf einen Turniersieg nicht erfüllen konnte und im Viertelfinale ausschied, bedeutete diese Veranstaltung trotzdem den Durchbruch für den Frauenfußball in Deutschland und der Welt. Das Zuschauer- und Medieninteresse war so groß wie nie zuvor. Man kann sagen, dass Frauenfußball heute in Deutschland eine anerkannte Sportart ist, auch wenn sie (noch) nicht die Popularitätswerte erreicht wie etwa in den USA oder wie in Deutschland und Europa der Männerfußball.[8]

Frauenfußball wird vom heutigen, modernen, auf wirtschaftliche Effizienz und gutes Image bedachten Deutschen Fußball-Bund energisch gefördert. Die Frauenfußball-Weltmeisterschaft 2011 wurde von einer professionellen Imagekampagne begleitet, die von den Medien, der Politik und der öffentlichen Meinung insgesamt vorbehaltlose Unterstützung fand. Allerdings täuschte diese Kampagne auch über die realen Verhältnisse und die Bedeutung des Frauenfußballs hinweg. Der Anteil der in Fußballvereinen und Fußballabteilungen organisierten Mädchen und Frauen ist nach der Mitglieder-Bestandserhebung seit dem Jahr 2000 nicht wesentlich gestiegen. Er betrug damals (im Jahr 2000) rund 10% (617.882 weibliche Mitglieder von 6.255.299 Mitliedern im DFB insgesamt). Nach der Mitgliederstatistik 2012 wurden 734.903 Mädchen und Frauen im DFB bei einer Gesamtmitgliederzahl von 6.800.128 gezählt. Dies bedeutet zwar eine erhebliche Steigerungsrate der Zahl der organisierten weiblichen Mitglieder im DFB um rund 20%, aber im Verhältnis zur Gesamtmitglicderzahl blicb der Anteil bei knapp 11%. Dabei ist zu bedenken, dass nicht alle diese statistisch als Fußballerinnen erfassten weiblichen Mitglieder auch tatsächlich Fußball spielen. Es gibt auch zahlreiche Frauengruppen und -abteilungen in Fußballvereinen, die fitness- und gesundheitsorientierte Aerobic und Gymnastik betreiben, aber dem Verband eben als Fußballerinnen gemeldet werden, weil der DFB die niedrigsten Verbandsbeiträge von allen Sport-Fachverbänden im DOSB erhebt bzw. wegen seiner finanziell guten Haushaltslage dies auch tun kann. Der Anteil von Mädchen und Frauen im Deutschen Turner-Bund (DTB), dem zweitgrößten Sportverband in Deutschland mit rund 5 Millionen Mitgliedern liegt dagegen bei 70%.[9]

Fußball in Deutschland ist also noch längst nicht „weiblich", wie die Frauen-WM 2011 und die dazugehörige Imagekampagne Glauben machen wollten. Fußball ist vielleicht ein bisschen weiblicher geworden, aber trotz aller Anstrengungen eine Männerdomäne geblieben – statistisch gesehen und im wirklichen Leben. Die Zahl der weiblichen Fußballfans im Frauen- und Männerfußball hat sich in den letzten Jahrzehnten allerdings wesentlich erhöht. Die Anteile der an wichtigen Länderspielen Interessierten sind heute bei Männern und Frauen mit je rund 50% nahezu gleich, die EM 2008 wurde gar von mehr Frauen als Män-

---

8 Vgl. Gerulat (2006) sowie Röger (2008).
9 Siehe die Homepages des DOSB, des DTB und des DFB mit den jeweiligen Mitgliederstatistiken bzw. Bestandserhebungen, die wegen methodischer Mängel aus sportpolitisch-strukturellen Gründen jedoch nur eine Orientierung bieten können.

nern im Fernsehen gesehen. Und selbst das Stadionpublikum bei Spielen der ersten Bundesliga ist etwa zu einem Viertel weiblich. Beim *Public Viewing* sind fast genauso viele Frauen wie Männer dabei.[10]

Wie ist das zu erklären?

Der Wandel des Sports von einer „Männerdomäne“ zu einer Freizeit-, Spiel- und Wettkampfaktivität für beide Geschlechter ist vielleicht die gravierendste Veränderung des Sports in seiner jungen, rund 150-jährigen Geschichte. Er vollzog sich in den entwickelten, modernen Staaten Europas, einschließlich Deutschlands, und der westlich-abendländischen Kultur im Grunde erst nach dem Zweiten Weltkrieg. Er fügt sich in den langfristigen Prozess der „funktionalen Demokratisierung“ moderner Gesellschaften ein, mit dem Norbert Elias einen zentralen Aspekt des Zivilisationsprozesses bezeichnete. Er besteht darin, dass sich die Interdependenzen in diesen Gesellschaften dahingehend verändern, dass immer mehr und größere Menschengruppen deren Verflechtungsordnung und damit Dynamik mitbestimmen, von der Wirtschaft und Politik bis hin zur Kultur, Bildung und auch Freizeit, also den Sektoren, in denen sich das moderne Sportgeschehen bewegt. „Funktionale Demokratisierung“ steht im Zusammenhang der Diversifizierung und Differenzierung moderner Gesellschaften in unterschiedliche Funktionsbereiche. Macht wird nicht mehr ausschließlich von einer kleinen, elitären Gruppe ausgeübt, wie dies etwa in der „Höfischen Gesellschaft“ der Fall war, die Elias als Folie diente, um den Unterschied dieses alten Typs gegenüber neuen Formen gesellschaftlicher Machtverteilung in modernen Gesellschaften zu verdeutlichen. Macht und Einfluss verlagern sich im Prozess der funktionalen Differenzierung und Demokratisierung moderner Gesellschaften auf weitere Menschengruppen. Beispielsweise verfügen arbeitende Bevölkerungsschichten heute über deutlich größere Rechte und Machtbefugnisse als dies etwa im 18. und 19. Jahrhundert der Fall war, als sich die einfachen Bürger, Arbeiter und Bauern nach und nach Rechte und politische Macht erkämpften. Das Machtgefälle zwischen den Eliten in Wirtschaft, Politik und Gesellschaft einerseits und den machtlosen oder machtschwächeren Massen der Bevölkerung hat sich verringert. Zu diesen eher machtlosen Gruppen gehör(t)en beispielsweise auch Kinder und Jugendliche, deren Rechte und Einfluss in modernen Gesellschaften im Vergleich zur Vergangenheit oder auch im Vergleich zu weniger zivilisierten Gesellschaften deutlich gestiegen sind. Vor allem trifft dieser Machtzuwachs jedoch für zahlenmäßig gesehen rund

---

10 Siehe die Statistik zu Fußballfans europäischer Spitzenclubs. Danach ist der Anteil weiblicher Fans stetig gestiegen. 2009 wies beispielsweise der AC Mailand 50% weibliche Fußballfans auf. Galatasary Istanbul sogar 54%. Interessant an dieser Statistik ist insbesondere, dass Nationalkulturen mit einem eher traditionell ausgerichteten Frauen- und Männerbild eine höhere Zahl an weiblichen Fußballfans beim Männerfußball aufweisen als beispielsweise in Deutschland, Großbritannien oder Frankreich. Siehe http://de.statista.com/statistik/daten/studie/6463/umfrage/weiblicher-fananteil-bei-europaeischen-fussballclubs-2009/.

die Hälfte der Menschheit, nämlich die Frauen, zu; zumindest in abendländisch-europäisch geprägten Gesellschaften.[11]

Macht war und ist nicht nur sozial ungleich verteilt, sondern auch bezogen auf die Geschlechter. Obwohl es zu allen Zeiten immer einzelne Frauen in den machtvollsten politisch-gesellschaftlichen Positionen gegeben hat, traf dies für die Mehrzahl der Frauen als quantitativ größter sozialer Menschengruppe nicht zu. Dies hat sich grundlegend geändert. Die Machtunterschiede zwischen Männern und Frauen haben sich zumindest in Europa im Laufe des 20. Jahrhunderts verringert. Die Gründe liegen einerseits in der Differenzierung, Segmentierung und Funktionalisierung von Wirtschaft und Gesellschaft, die darauf angewiesen sind, die produktiven Potenziale aller Menschengruppen so effektiv wie möglich zu nutzen, aber sie haben auch mit dem Verlust an Legitimität durch die traditionellen Eliten, im konkreten Fall der Männer, zu tun.

Bezogen auf Deutschland und Europa, aber auch den USA, beruhte die Macht der Männer vorwiegend auf ihrer körperlichen und im weiteren Sinn militärischen Stärke, die sich nicht zuletzt in den zahlreichen Kriegen des 19. und 20. Jahrhunderts manifestierte. Sie haben jedoch auch die Grenzen dieser „männlichen" Macht gezeigt. Dies gilt besonders für Deutschland, wo dieses Machtmodell zum vollständigen Zusammenbruch der Gesellschaft geführt hat, wie der Ausgang des Zweiten Weltkriegs zeigte. Er führte im Ergebnis auch zu einem Niedergang oder der De-Legitimierung eines traditionellen Männer- und Männlichkeitsbildes. In der Folge mussten die Männer traditionelle Machtpositionen preisgeben: zunächst in der Familie, dann in Wirtschaft, Politik und Gesellschaft generell und auch in Freizeit und Sport. Dieser Prozess ist noch längst nicht abgeschlossen, sondern steht eher am Anfang einer längerfristigen Entwicklung.

Fußball ist auf diesem theoretischen Hintergrund der Prozess- und Figurationstheorie von Elias bzw. Elias & Dunning (bes. Dunning 2003)[12] deshalb einerseits ein Beispiel dafür, dass selbst eine so mächtige Männerdomäne wie der Kampfsport Fußball im Zuge der Feminisierung der Gesellschaft weiblicher geworden ist. Andererseits ist er auch ein Beispiel dafür, dass diese Verweiblichung der Gesellschaft als Teil des Zivilisationsprozesses keineswegs das Ende männlicher Leitbilder von Kampf, Macht und Stärke bedeutete. Fußball ist vielmehr eine Domäne der Männlichkeit geblieben, auch und obwohl inzwischen Frauen Fußball spielen (dürfen) und auch als Konsumenten und Fans des Männer- und Frauenfußballs gern gesehen sind; eine Rolle, die viele Frauen offenbar gerne annehmen. Frauen spielen nach denselben männlichen Regeln Fußball wie die Männer; und es gibt keine Hinweise dafür, dass sich Fußball spielende Mädchen und Frauen auf den Fußballplätzen (und auch auf den Tribünen) grundlegend anders

---

11 Elias (1990, Studien über die Deutschen, S. 36f.) führt das Verhältnis von Frauen und Männern als erstes Beispiel für die Verringerung von Machtpotenzialen in den Verhaltensstandards des 20. Jahrhunderts an.

12 Vgl. Elias, Dunning, Blomert und Bremecke (2003).

verhalten als Männer; vielleicht ein bisschen weniger aggressiv, ebenso wie auch tendenziell die Aggressivität im Männerfußball abgenommen zu haben scheint.[13]

Im Folgenden wird die Geschichte des Fußballs in Deutschland unter dem Aspekt untersucht, wie sich einerseits das männlich-kämpferische Element des Fußballs durchsetzte. Seit der zweiten Hälfte des 20. Jahrhunderts relativierte sich jedoch dieser „männliche" Kampfsport Fußball. Dies war eine Voraussetzung für die Emanzipation des Frauenfußballs, der jedoch die Männerdomäne Fußball jedenfalls bis heute nicht ernsthaft in Frage stellte.

Zur Geschichte des Fußballs

In praktisch allen europäischen und auch zahlreichen außereuropäischen Ländern lässt sich nach den historischen Quellen eine Fülle vormoderner Volksspiele (folk-games) nachweisen, die als Vorläufer moderner Fußballspiele angesehen werden können. Sie wurden als „football", „campball", „hurling" oder „knappan" bezeichnet, „soule" und „calcio" in Frankreich und Italien. Auch bei den Indianern Nord- und Südamerikas ist man fündig geworden. Bei allen lokalen und regionalen Unterschieden solcher „folk-games" handelte es sich generell um wilde, raue, kampfbetonte, „männliche" Spiele, die auch nur von Männern bzw. jungen Männern gespielt wurden. Das Ausmaß physischer Gewalt war wesentlich höher, als es heute im Fußball (soccer), Rugby oder anderen, vergleichbaren Spielen erlaubt ist, auch im American Football, der amerikanischen Variante des Fußballspiels, die einerseits brutaler und aggressiver ist als der weltweit verbreitete „Soccer", die aber andererseits ein höheres Maß an Differenzierung, Spezialisierung, Bürokratisierung und Planung des Spiels aufweist, wie Allen Guttmann und andere Soziologen und Historiker betonen.[14] Die Fouls, für die heute rote Karten gezeigt werden, sind jedenfalls im Vergleich zu den Gewalttätigkeiten vormoderner Volksspiele harmlos. Soccer gilt in den USA dagegen als ausgesprochen „weibliches", weil weniger aggressives und kampfbetontes Sportspiel.

Die Entstehung und Entwicklung des modernen Fußballsports in England sind eng mit der Geschichte der Public Schools verbunden, in denen die Söhne der neuen und die Welt beherrschenden Klasse der Gentlemen erzogen wurden.[15] Sie waren auch Erziehungsorte für britisch-hegemoniale Männlichkeit.[16] In der Ge-

---

13 Über die Frage, ob Gewalt im Fußball eher weniger oder mehr geworden ist, gehen die (Forschungs-)Meinungen auseinander. Parallel zum Fußball lässt sich auch nicht behaupten, dass Kriege humaner geworden seien, seit Frauen in modernen Armeen Dienst tun, auch mit der Waffe in der Hand. Das Militär ist gleichwohl eine traditionelle Domäne des Männlichen, die sich in ihrer Funktionalität jedoch nicht oder kaum durch den Einfluss von Frauen geändert hat.

14 Wer mehr über die Konkurrenz von „American Football" und Soccer in Amerika erfahren möchte, sei auf das Buch von Markovits und Hellermann: Im Abseits. Fußball in der amerikanischen Sportkultur (2002) verwiesen. Ähnliches gilt für Football in Australien und Neuseeland.

15 Vgl. die grundlegende Studie von Mangan 1981.

16 Siehe dazu bes. Mangan (2012).

schichte der Public Schools spiegeln sich nach Dunning/Sheard (1979) wie in einem Mikrokosmos die Prozesse der Staatsbildung und Zivilisierung der englischen Gesellschaft. Im 18. Jahrhundert und bis ins frühe 19. Jahrhundert hinein waren Aufstände rebellischer Schüler gegen die Lehrer an der Tagesordnung.

Die erste Schule, an der es den Schulautoritäten gelang, das Schulleben wieder zu kontrollieren, war Rugby unter ihrem legendären Headmaster Thomas Arnold. Sein Erziehungskonzept des „Christian Gentleman" gewährte den Schülern auf der einen Seite ein hohes Maß an Autonomie und Selbstverantwortung, Arnold verstand es aber auf der anderen Seite, die Schüler an allgemeine Regeln und Normen zu binden. Obwohl Arnold entgegen den Legenden, die sich um ihn rankten, nie eine Zeile über Sport oder gar Fußball, aber dafür viel über Moral und „Christianity" schrieb, spielte der Fußball in seiner Erziehungsreform in Rugby eine zentrale Rolle. Arnold wollte an seiner Schule die aus den Fugen geratene Ordnung wiederherstellen. Er schaffte dies durch eine neue Balance von Fremd- und Selbstkontrolle der Schüler. In diesem Zusammenhang entstanden schließlich 1845 in Rugby die ersten geschriebenen Fußballregeln. Sie hatten auch den Zweck, das Ausmaß physischer Gewalt in diesem alten Volksspiel zu begrenzen, indem u.a. das Tragen schwerer, eisenbeschlagener Schuhe verboten wurde. Die Rivalität zwischen Rugby und Eton führte dazu, dass 1849 in Eton eigene Fußballregeln niedergeschrieben wurden, nach denen im Unterschied zu Rugby das Aufnehmen des Balls verboten war, aber wie in Rugby der Ball nicht nach vorne abgespielt werden durfte.

Transformationen des Fußballsports

Als der Fußball um 1900 auch in Deutschland Verbreitung fand, bildete er einen deutlichen Kontrast zu der Form der Körper- und Bewegungskultur, die in Deutschland unter dem Namen Turnen bekannt und damals in weiten Kreisen der Bevölkerung beliebt war.[17]

Christiane Eisenberg, die sich in ihrem grundlegenden Werk „‚English sports' und deutsche Bürger" (1999) mit diesem „Kulturtransfer" intensiv beschäftigte, schreibt, dass das Fußballspiel in Deutschland weder „vorindustrielle Traditionen" gehabt habe noch in den Turnvereinen gepflegt worden sei (S. 178). Dem kann und möchte ich im Grundsatz nicht widersprechen. Es soll jedoch nicht unerwähnt bleiben, dass der unerschöpfliche Schatz von Volks-, Jugend-, Kinder- und Bewegungsspielen, den u.a. die philanthropischen Leibeserzieher der Aufklärungszeit gehoben haben, wenn auch sehr selektiv, durchaus Ballspiele birgt, bei denen Bälle mit Hand und Fuß gespielt wurden. Der Begriff „Kulturtransfer" als analytischer Begriff lässt zunächst offen, in welche Richtung welcher Form dieser Kulturtransfer stattfand und immer noch stattfindet. Eisenbergs These geht je-

---

17 In dem Buch „Körperkultur und Nationsbildung" (Krüger, 1996) habe ich mich intensiv mit der Rolle des Turnens im Prozess der Nationsbildung in Deutschland und der Entwicklung eines nationalen Habitus auseinandergesetzt.

doch eindeutig von einem Transfer von Großbritannien nach Deutschland aus. Weniger bzw. gar keine Aufmerksamkeit schenkt sie erstens dem Kulturtransfer in der umgekehrten Richtung, also von Deutschland bzw. von Kontinentaleuropa nach Großbritannien, und zweitens der Frage, ob und wie sich kulturelle Inhalte und Formen von Spiel und Sport, speziell des Fußballs, in Deutschland verändert haben oder neu interpretiert wurden. Meine These lautet, dass eine Art *Verturnung* oder *Verdeutschung* des Sports stattfand; wenn auch nicht auf der Ebene des realen Sportgeschehens selbst – der Ball war und ist auf der Insel gleich rund wie in Germanien –, aber auf der ideellen Ebene der nationalkulturellen Deutung und Bedeutung des Spiels.

Eine Bemerkung zu der Behauptung von Eisenberg, dass es in Deutschland keine vorindustrielle Tradition des Fußballspiels gegeben habe, sei jedoch noch erlaubt: Johann Christoph Friedrich GutsMuths, der „Groß- und Erzvater der deutschen Turnkunst", wie ihn die Turner nannten, verstand sich im Übrigen nicht in erster Linie als *deutscher* Turnlehrer, sondern als Menschen- und Jugenderzieher, der sich in ganz Europa umtat, um geeignete Übungen und Spiele für seine „Gymnastik für die Jugend" (1793) zu finden. Er meinte auch tatsächlich die gesamte Jugend, nicht nur die männliche Jugend, obwohl in Schnepfenthal auch nur Knaben unterrichtet wurden. Aber GutsMuths „Gymnastik für die Jugend" ist in der Folgezeit auch als Quelle und Vorbild für die gymnastische Erziehung der weiblichen Jugend in Schulen und Vereinen verwendet worden. Die aus diesem Buch hervorgehenden Gymnastiksysteme, die in Deutschland Turnsysteme genannt wurden, und in Schweden insbesondere durch Per Henrik Ling weiterentwickelt wurden, sahen ausdrücklich gymnastische Übungen für Mädchen vor. Durch die schwedische Pädagogin Martina Bergman-Österberg (1849–1915) wurde sie in Großbritannien als das maßgebliche System körperlicher Erziehung für Mädchen an den Schulen des Vereinigten Königreichs eingeführt (Bloomfield, 2005). Sie verstand sich als Anwältin der Befreiung der Frauen bzw. als Kämpferin für die Rechte von Frauen und der Frauenemanzipation, wie dies auch zahlreiche Vertreterinnen des Mädchen- und Frauenturnens in Deutschland taten, angefangen von Martha Thurm bis zu Margarete Streicher.[18] Was das deutsche Turnen nach Jahn, Spieß und Eiselen für die körperliche Erziehung in den Schulen in Deutschland für Jungen und Mädchen gleichermaßen bedeutete, traf in England für Gymnastik und *Physical Education* nach Bergmann-Österberg zu. Fußball kam darin nicht vor.

In seinem Spielebuch (1796) erwähnte und beschrieb GutsMuths zahlreiche englische Ballspiele, vom Baseball über Cricket bis hin zum „Handball, ein englisches Spiel" (S. 77), wie er schreibt. Liest man die Beschreibung dieses Spiels, erkennt man, dass es jedoch nicht mit dem heutzutage gespielten Handballspiel zu tun hat, sondern eher Ähnlichkeit mit einem Spiel aufweist, das in der FIFA-Museums Collection (S. 46) als eines der Vorläuferspiele des Spiels der Spie-

---

18 Pfister (1980), S. 22ff.

le in einer zeitgenössischen Lithographie als „football at the wall" abgebildet ist. Konrad Koch beschrieb in seiner „Geschichte des Fußballs" aus dem Jahre 1895/ 1983 (S. 28) dieses Spiel als „Mauerball". GutsMuths erwähnt ausdrücklich auch das „in England gewöhnliche Football" (S. 44), das er in die Kategorie der Ballonspiele einordnet, „wobei der Ball bloß mit den Füßen geschlagen wird, so wie beim giuoco del calcio der Italiener, die es aber nur bei großen Freudenfesten spielen." In England war es jedoch ein „gewöhnliches" Volksspiel, das GutsMuths nicht näher erläutert. Es findet sich keine Erwähnung, ob diese englischen Spiele als Wettkampfspiele mit mehr oder weniger klaren Regeln und Siegern gespielt wurde. Es scheint sich eher um Spiele gehandelt zu haben, die in der freien Zeit und bei Festen gespielt wurden, aber eben nicht als Wettspiel mit Siegern und Verlierern.

Zu der Zeit, als GutsMuths die deutschen Leibeserzieher auf dieses und andere englische Schulspiele hinwies, gab es das später berühmt gewordene „football" noch gar nicht – weder in der Form mit noch ohne Aufnehmen des Balles mit der Hand. Die Kontakte auf die Insel waren damals wegen der napoleonischen Kriege ohnehin schwierig geworden. Englandreisende wie Fürst Pückler-Muskau (1785-1871) oder Johann Georg Kohl (1808-1878) berichteten zwar ihren Lesern über den für deutsche Verhältnisse wunderlichen und besonders männlichen Gentlemansport, zu dem in erster Linie Jagen und Reiten sowie „Wettrennen, Kämpfe zu Wasser und zu Lande, mit der Faust, mit den Beinen, mit dem Ruder, mit dem Prügel, mit dem Balle usw." (zit. nach Diem, 1971, S. 676) zählten, aber (noch) nichts über das sich damals erst entwickelnde Fußballspiel bzw. seine Vorläufer.

Aus deutscher Sicht und bezogen auf die Entwicklung der Körper- und Bewegungskultur war das 19. Jahrhundert das Jahrhundert des Turnens. Unter den besonderen politischen, sozialen und kulturellen Verhältnissen entwickelte sich hier eine Kultur der Leibesübungen und Bewegungsspiele, die nach ihren Protagonisten Friedrich Ludwig Jahn und Johann Christoph Friedrich GutsMuths als Turnen oder wahlweise und unter Bezug auf die das antike Vorbild als „Gymnastik" bezeichnet wurde. Turnen war der Name für die Körper- und Bewegungskultur der Deutschen, besonders der Männer, die mit ihrer turnerisch geschulten körperlichen Kraft und Geschicklichkeit und manche auch mit der Waffe in der Hand die Einheit und Freiheit der deutschen Nation erkämpfen wollten. Es leistete in dieser Hinsicht einen spezifischen Beitrag zu ihrer (körper-)kulturellen Nationsbildung. Dieser Prozess verlief bekanntermaßen anders als im Vereinigten Königreich, wenn man denn in diesem Fall von einer Nation reden darf. Gemeinsam ist jedoch, dass der englische Sport und die Spiele – sports and (national) games – für den Prozess des nation-building der Briten eine durchaus vergleichbare Rolle gespielt haben wie das Turnen für die Deutschen.

Eine Gemeinsamkeit und zugleich einen Unterschied zwischen englischem Sport, respektive *football*, und deutschem Turnen möchte ich an dieser Stelle hervorheben. Turnen war von Anfang an politisch und pädagogisch. Es sollte dazu dienen, wie dies Jahn und Eiselen in der „Deutschen Turnkunst" (S. 252) geschrieben hatten, „ein deutscher Mann zu werden und geworden zu bleiben, um für Volk und Vaterland kräftig zu würken (...)". *Sports and games* hatten zur selben Zeit in England dagegen gar keinen formulierten Zweck, weder einen politischen noch einen pädagogischen oder erzieherischen. Sport war reiner Zeitvertreib der oberen, wohlhabenden Schichten, derjenigen die sehr viel Zeit und sehr viel Geld hatten. Zeit und Geld sind bis heute die Voraussetzungen für Sport. Thorstein Veblen spottete bekanntlich in seiner „Theory of the Leisure Class" (1899) über diesen martialischen Zeitvertreib der „räuberischen müßigen Klasse". „Der Sport befriedigt nicht nur die Forderung nach wesentlicher Sinnlosigkeit", schrieb Veblen, „sondern er bietet auch – anstelle eines eigentlichen Zwecks – einen annehmbaren Vorwand" (Veblen, 1899/1981, S. 191). Die Pädagogisierung und Nationalisierung des englischen Sports begann erst, als die englischen Public Schools und deren Repräsentanten seinen Wert für die Erziehung der nationalen Eliten erkannten (s.o.).

„Sports" waren Angelegenheiten der „upper class", während das deutsche Turnen die bürgerliche bzw. kleinbürgerliche Schicht in Deutschland repräsentierte, die – angeführt von bildungsbürgerlichen Kreisen, sprich evangelischen Pfarrers- und Lehrerfamilien – auch die Basis des „gesellschaftlich organisierten Nationalismus in Deutschland" bildeten, wie dies Dieter Düding (1984) in seiner immer noch grundlegenden Studie zu den Sängern, Turnern und Schützen im deutschen Vormärz aufzeigte.

Zurzeit der Veblen'schen Analyse um 1900 hatte sich die gesellschaftliche und politische Rolle des Sports bzw. der „sports and games" in England allerdings gründlich geändert. Die Briten suchten im Zeitalter des Nationalismus und Imperialismus genauso wie alle anderen Völker und Nationen nach Gründen für ihre nationale Identität und Stärke. Die typisch britisch-englischen *games and sports*, die an den Schulen so intensiv betrieben würden, seien dafür verantwortlich, hieß es bereits 1864 in einem Kommissionsbericht über die Qualität der englischen *public schools*, dass die jungen Gentleman diejenigen Tugenden erlernen würden, die nötig seien, „to govern others and to control themselves" (zit. nach Holt, 1989, S. 76). Den „cult of athleticism", der auch ein Kult der Männlichkeit war und bis weit ins 20. Jahrhundert an britischen Schulen, Colleges und Universitäten gepflegt wurde, begleiteten im Übrigen Intellektuelle wie George Bernard Shaw und George Orwell mit reichlich Hohn und Spott.

Der Fußball hatte die *playing fields* der *public schools* und *colleges* verlassen und die großen Städte und Industriezentren Großbritanniens erreicht. Insbesondere der in der Football Association von 1863 zusammengeschlossene Fußball ohne Aufnehmen des Balles mit der Hand erfreute sich größter Beliebtheit bei den proletarischen Massen, die zu Zehntausenden, um nicht zu sagen Hunderttausenden in die Stadien von Wembley, Liverpool und Birmingham strömten, um die von den Industriebaronen finanzierten Fußballprofis zu bejubeln. Fußball wurde zum

Massenspektakel. Die Gentlemen selbst zogen sich zunehmend aus dieser Art des Fußballspiels zurück und widmeten sich anderen *sports and games*, Kricket nach wie vor, sowie Golf und Tennis, eine Sportart die wiederum die soziale Funktion hatte, Verbindungen bzw. Heiraten zwischen den Familien der höheren gesellschaftlichen Kreise anzubahnen. Beim *football* bevorzugten die gentlemen die in Rugby gespielte Version mit Aufnehmen des Balles mit der Hand; wobei der Ball gar keiner ist, sondern eben ein Ei. Aber auch beim Rugby waren die „old boys" uneins: In der 1871 gegründeten Rugby-Union spielten die echten Gentlemen-Amateure, von denen sich schließlich 1895 die Profis der Rugby League abspalteten.

Eine Gemeinsamkeit von Turnen und Sport bzw. Fußball besteht darin, dass sie einen Beitrag zur nationalen Erziehung der männlichen Jugend leisteten. Dies sollte man bedenken, wenn man sich mit der Rezeption des englischen Fußballs in Deutschland und der deutschen Turnkultur beschäftigt.

Es gab nämlich gegen Ende des 19. Jahrhunderts zwei Fraktionen im Turnerlager zu dieser Frage, ob und wie man mit diesem Spiel umgehen sollte, das bei der männlichen Jugend in Deutschland immer mehr Anhänger fand. Sogar das Militär stellte seine Exerzierplätze für diese „Fußlümmelei" zur Verfügung. „Fußlümmelei" als Schimpfwort für den unaufhaltsam an Popularität gewinnenden Fußballsport in Deutschland stammt bekanntlich von dem Stuttgarter Gymnasialprofessor Karl Planck, der die Fraktion der entschiedenen Fußballgegner anführte und in einer viel zitierten Polemik das Fußballspiel als „Stauchballspiel" verspottete. Der geistige Vater dieser Fundamentalkritik eines großen Teils der akademischen Turnlehrerschaft war jedoch der Altphilologe und Leiter der Stuttgarter Turnlehrerbildungsanstalt Otto Heinrich Jäger, dem Planck seine Schrift zum 70. Geburtstag gewidmet hatte. „Wollen wir aber unserer Missachtung und Verachtung Ausdruck verleihen, dann stoßen wir das Ding, das wir gering schätzen mit dem Fuß beiseite", hatte Jäger geschrieben. „Wir geben dem bissigen Köter einen Tritt. Dieses ‚Hundstritts' halber, der beim Fußballspiel eine so große Rolle spielt, dann aber auch wegen der vorgebeugten erbärmlichen Haltung, in welcher hier die Spieler dem Ball entgegen- und nacheilen, verabscheue ich das Fußballspiel. Es sollte auf keinem deutschen Turnplatz Eingang finden." (zit. nach Hueppe, 1926, S. 271).[19]

In Wirklichkeit hatte das Fußballspiel aber schon längst Eingang auf deutschen Turnplätzen in Schulen und Vereinen gefunden. Das Interesse von Schülern und Studenten an diesem Spiel wurde nicht zuletzt durch Turnlehrer geweckt und unterstützt, die ganz im Gegensatz zu Planck und Jäger in Stuttgart der Auffassung waren, dass dieses Spiel pädagogisch wertvoll sei und deshalb gefördert und in Schule und Verein verbreitet werden müsste. Zu ihnen gehörte übrigens auch der spätere Turner-Jugendführer und kurzfristig Erste Vorsitzende der

---

19 Kurioserweise hatte einer der größten Fußballideologen der 1920er und 1930er Jahre, Universitätsturnlehrer Paul Sturm aus Tübingen (s.o.) bei Jäger in Stuttgart seine Turnlehrerausbildung absolviert und war ein großer Verehrer seines Meisters.

Deutschen Turnerschaft, Dr. Edmund Neuendorff. Er kritisierte in seinem Jugend-Turn-Sportbuch" (1926, S. 116) ausdrücklich, dass sich „ein deutscher Gelehrter dazu (verstieg, M.K.), das Fußballspiel als Fußlümmelei zu bezeichnen". Diese Äußerung ist insofern aufschlussreich, als aus ihr der Konflikt zwischen den Modernisierern des alten deutschen Turnens und den alten „Turnphilologen" spricht. Bei Neuendorff wird dieser Gegensatz noch mit einer anti-intellektuellen Spitze gegen die „Gelehrten" versehen, während die Modernisierer die Leidenschaft und Begeisterung am Spiel und Sport betonten.

Diese Modernisierer und zugleich Kritiker der alten turnerischen Körperkultur, die im Wesentlichen aus straffen gymnastischen Frei- und Ordnungsübungen sowie dem Geräteturnen in geschlossenen Turnhallen mit anschließendem *Maulturnen* in den Wirtshäusern bestand, prägten den 1891 gegründeten Zentralausschuss für Volks- und Jugendspiele (Prange, 1991). Er hatte sich die Aufgabe gestellt, Volks- und Jugendspiele an der frischen Luft in Deutschland bekannt zu machen und für deren Verbreitung zu werben. Das vom Zentralausschuss herausgegebene Jahrbuch für Volks- und Jugendspiele ist die bis heute wichtigste Quelle für Bewegungs-, Turn-, Ball- und Sportspiele aller Art und aus verschiedenen Kulturen, die vor rund 100 Jahren von spiel- und sportbegeisterten Turn- und Sportlehrern zusammengetragen wurden. Sie bildeten die Grundlage für die zahlreichen Spielesammlungen und die moderne Sportspielpädagogik heute. Einer der Meinungsführer des Zentralausschusses war der Arzt und stellvertretende Vorsitzende der Deutschen Turnerschaft, Ferdinand August Schmidt. Für die Verbreitung englischer Spiele und speziell des Fußballspiels setzten sich die Brauschweiger Turn- und Gymnasiallehrer Konrad Koch und August Hermann besonders ein.

Der „Turnphilologe" Konrad Koch aus Braunschweig spielte schon um 1870, also nur wenige Jahre nachdem die Football Association 1863 und noch bevor die Rugby Union 1871 in England gegründet worden waren, mit seinen Schülern des Gymnasiums Martino Catharineum in Braunschweig Fußball, wie es ihm aus England bekannt war; d.h., sowohl mit als auch ohne Aufnehmen des Balles mit der Hand – eine Frage, die Koch und die Turner-Fußballer bzw. Fußball-Lehrer sehr beschäftigte. Er führte schon 1872 einen Pflichtspielnachmittag ein – übrigens eine Idee, die in den 1920er Jahren vom DRA und Carl Diem aufgegriffen und zu einer schulsportpolitischen Forderung erhoben wurde. 1875 schrieb Koch die ersten deutschen Fußballregeln. Im nahen Hannover gründete sein Kollege Ferdinand Wilhelm Fricke den ersten Fußballverein, den „Deutschen Fußballverein zu Hannover 1878", der sich vom dort bestehenden Rugby-Club der Engländerkolonie abgrenzte. Koch war zunehmend ein Vertreter des Association Football. Dem gröberen und verletzungsträchtigeren Rugbyspiel stand er kritisch und schließlich ablehnend gegenüber. Konrad Koch und viele seiner Turnlehrerkollegen, von denen die meisten sowohl in den Vereinen der Deutschen Turnerschaft als auch in den Schulen pädagogisch wirkten, wollten Fußball zu einem deutschen Turnspiel machen. Um dies zu erreichen, entfaltete er nicht nur eine Fülle praktischer Initiativen als Fußballehrer und Mitglied des Zentralausschusses, sondern betätigte sich auch als Fußballhistoriker, -theoretiker und -pädagoge.

Eine seiner Abhandlungen zum Fußball ist seine im Jahr 1895 erschienene Schrift mit dem Titel „Die Geschichte des Fußballs im Altertum und in der Neuzeit". Koch steht in der Tradition der Turnphilologen des 19. Jahrhunderts und ist bemüht, das Fußballspiel historisch und pädagogisch zu legitimieren. Fußballspiele seien in allen Hochkulturen und in allen Epochen der Menschheitsgeschichte wegen ihrer segensreichen Wirkungen gepflegt worden; auch bei den alten Griechen.[20] Mit anderen Worten: Fußball ist keine Erfindung der Engländer, sondern ein universelles und mithin kulturell und pädagogisch wertvolles Spiel. Inzwischen erfreue es sich auch beim deutschen Volk großer Beliebtheit. Deshalb sei auch keine andere Organisation als die Deutsche Turnerschaft besser geeignet, sich dieses Volksspiels „Fußball" anzunehmen, weil deren Ziel und Aufgabe bekanntlich darin bestehe, volkstümliche Spiele und Leibesübungen im Volk bekannt zu machen und zu verbreiten. Koch beendet seine Abhandlung mit einem Jahn-Zitat und der Versicherung, dass der Turnvater das Fußballspiel wegen seiner erzieherischen und belebenden Wirkungen ganz bestimmt unter die Turnübungen aufgenommen hätte, wenn ihm das Spiel bekannt gewesen wäre.

Diese Transformation des englischen Fußballs in das deutsche Turnen zeigt, dass es nicht nur eine *Versportung* oder *Sportisierung* des Turnens gab, sondern umgekehrt auch eine *Turnisierung* des Sports und des Fußballs. Sie trug noch vor der Gründung des Deutschen Fußball Bundes im Jahr 1900 wesentlich dazu bei, dieses englische Spiel in Deutschland zu popularisieren und als ein Erziehungsmittel für Schule, Verein und Militär in Deutschland zu legitimieren. Der Zentralausschuss für Volks- und Jugendspiele, in dem die patriotischen Kräfte des deutschen Turn- und Sportwesens, Turnlehrer, Verbandsvertreter und Militärs, vertreten waren, setzte sich besonders dafür ein. Ein Mitglied des Zentralausschusses, der Arzt und Sozialhygieniker Professor Hueppe, wurde der erste Vorsitzende des Deutschen Fußball-Bundes.[21] Das Fußballspiel als Kampfspiel war natürlich den jungen Männern vorbehalten. Der Zentralausschuss propagierte jedoch darüber hinaus auch Bewegungsspiele aller Art auch und vor allem für Mädchen – an erster Stelle Korbball, aber auch Brennball, Schlagball, Handball und Hockey als Beispiel für Spiele, die auch aus anderen Ländern und Kulturen in die deutsche Spielkultur integriert werden sollten, aber nicht das männliche Kampfspiel Fußball.

Den Bemühungen von Turnlehrern wie Konrad Koch um die Kontrolle des Fußballspiels durch Pädagogisierung und Disziplinierung sowie seine Integration

---

20 Der Bezug zu den alten Griechen, die ebenfalls Fußball gespielt hätten, ist historisch eher nicht zutreffend. Die Argumentation ist jedoch prinzipiell dieselbe wie die in den Festschriften der FIFA, wo wie erwähnt, Fußball als eine Art kulturanthropologische Konstante angesehen wird.

21 Vgl. Eisenberg 1994, S. 185f. sowie 1997.

in die DT war jedoch nur ein mäßiger Erfolg beschieden; denn erstens ließ sich nur ein kleiner Teil der Fußball spielenden männlichen Jugend für die disziplinierte turnerische Variante des Spiels begeistern, und zweitens waren weder die Personen noch die Strukturen der Turnerschaft offen und flexibel genug, um das Interesse am Fußball organisatorisch-institutionell auffangen zu können.

Unabhängig von den Bemühungen dieser sport- und fußballfreundlichen Turnlehrer infizierte sich die männliche Jugend zunehmend mit dieser „englischen Krankheit", um zum letzten Mal Karl Planck zu zitieren. Sie lernte es durch englische Schüler an Internaten kennen, ebenso durch englische Techniker, Angestellte und Handlungsreisende, die für ihre Firmen in Deutschland arbeiteten, meistens in den größeren Städten mit „Engländerkolonien" wie Berlin, Hamburg, Hannover und München. Aber auch englische Touristen in Kur- und Erholungsorten pflegten ihre *sports and games*. In Bad Homburg soll 1876 das erste Tennismatch auf deutschem Boden ausgetragen worden sein; dies allerdings unter Beteiligung von Herren und Damen.

Stellvertretend für diese Gruppe junger Männer, die in der Regel den gehobeneren bürgerlichen Kreisen angehörten und deren Faible für den Fußballsport, steht Walter Bensemann aus Karlsruhe, „der Mann, der den Fußball nach Deutschland brachte", wie sein Biograph Bernd M. Beyer titelte. Dies trifft jedoch nur zum Teil zu. Jedenfalls gründete der Schüler Bensemann schon 1889 mit 16 Jahren den Karlsruher Fußballclub, und als Student 1892 den Straßburger Fußballverein sowie 1894/95 die Karlsruher Kickers.[22]

Bensemann ist insofern typisch, als in praktisch jeder Universitätsstadt in Deutschland um 1900 die Studenten anfingen, Fußball zu spielen und sich der Fußballvirus rasch auf die Oberschüler, aber dann auch auf andere männliche Jugendliche übertrug, die genügend Zeit und Geld hatten. Die jungen Männer in den Turnvereinen, die eher dem Handwerker- und Arbeiterstand angehörten, wollten ebenfalls Fußball spielen. Sie setzten dies meistens auch gegenüber ihren Turnwarten durch und spielten vor und nach der Turnstunde und in der Schule Fußball. Wenn dies nicht gelang, gründeten sie eigene Turn-Spielabteilungen in den Turnvereinen und spielten Fußball. Auch die „volkstümlichen Turner", die also weniger das Gerätturnen betrieben, sondern die volkstümlichen Übungen des Laufens und Werfens auf dem Turnplatz pflegten, spielten gern Fußball.

Das „volkstümliche Turnen" war der turnerische Name für den (leicht-)athletischen Sport. Die Athleten und „leichten Athleten", die nicht im turnerischen, sondern im sportlichen Geist wettkampf- und leistungsorientiert laufen, springen und werfen wollten, schlossen sich in eigenen Clubs zusammen, die anderen blieben im Turnverein.[23] Der erste und bekannteste Athletik-Club war der 1894/95 gegründete Berliner Sportclub, der wesentlich von Carl Diem geprägt wurde. Vie-

---

22 Vgl. auch den Band „Sport in Karlsruhe", Bräunche (2006), bes. 168-218.
23 Der Sportjournalist und Mitgründer der Deutschen Sportbehörde für Athletik, Kurt Doerry, sprach in seinem Büchlein von 1904 von der „leichten Athletik" im Unterschied zu den Schwerathleten.

le junge Männer, die *athletic sports* nach englischer Art betrieben, spielten ebenfalls Fußball, und umgekehrt. Das bekannteste Beispiel ist der Berliner Architekt Georg Demmler, der gemeinsam mit Diem 1898 die Deutsche Sportbehörde für Athletik ins Leben rief.[24] Demmler spielte beim FC Germania Berlin Fußball und führte 1905 die bei der DSBfA geführte Rekordliste im Fußballweitstoßen mit 60 m an (Bernett, 1987, S. 36). Fußballweitstoßen gehörte genauso zum Standardprogramm athletischer Wettkämpfe wie Weitwerfen mit dem Cricketball – analog zum Schlagballweitwerfen bei den volkstümlichen Turnern, das auch auf den Turnfesten zum Programm gehörte. In vielen Vereinen, in denen englische Spiele gespielt wurden, betrieb man(n) neben Fußball, Tennis und Cricket auch Athletik bzw. Leichtathletik. Viele brachten dies im Vereinsnamen auch zum Ausdruck. In Hamburg hatten sich im Olympiajahr 1896 die Fußball und Cricket spielenden Vereine zum Hamburger Fußball- und Cricket-Bund zusammengeschlossen. Die Fußball- und Cricketvereine organisierten im Übrigen neben Wettspielen auch athletische Meetings. Der Zusammenhang von Fußball und Leichtathletik ist bis heute im Fußball- und Leichtathletikverband Westfalen (FLVW) erhalten geblieben. Leichtathletik war die Ergänzungssportart für die Fußballer, mit der sie sich im Sommer fit hielten und konditionell auf die Fußballsaison vorbereiteten. Peco Bauwens, der bekannte internationale Fußballschiedsrichter und erste Vorsitzende des Deutschen Fußball Bundes nach dem Zweiten Weltkrieg, forderte 1925, Jugendliche erst nach einer gründlichen leichtathletischen Schulung überhaupt für Fußball-Wettspiele zuzulassen.[25] Natürlich waren nur junge Männer gemeint. Es war einfach undenkbar, dass auch Mädchen Fußball spielen könnten oder können wollten.

Leider gibt es vor der Gründung des Deutschen Fußball Bundes 1900 keine verlässlichen Zahlen über Fußball spielende Mannschaften oder Vereine, schon gar nicht über „wilde", d.h., unorganisierte Teams, die auf Wiesen, Exerzier- oder anderen freien Plätzen kickten. Es ist auch nicht möglich die Zahl der Fußball spielenden Turner in den Turnvereinen zu bemessen, weil diese in der Regel in den Spielabteilungen Fußball spielten und nicht auf Anhieb als Fußballspieler zu identifizieren sind. Mädchen und Frauen wurden damals noch gar nicht als reguläre Mitglieder gezählt, obwohl sie am Vereinsleben teilnahmen. Schätzungsweise 4 bis 5% der Mitglieder in den Turnvereinen waren vor dem Ersten Weltkrieg Frauen (nach Pfister, 1980, S. 22). Keine von ihnen dürfte damals Fußball gespielt haben. Das war männlichen Jugendlichen vorbehalten. Je nach lokalen und regionalen Umständen bzw. je nach Unterstützung durch Turnlehrer, Vorturner und Vorsitzende der jeweiligen Vereine fühlten sich die Fußballer in den Turnvereinen wohl und hielten fest zu ihrem Turnverein, oder sie traten aus und grün-

---

24 1933 wurde die Sportbehörde als *Fachamt Leichtathletik* im DRL gleichgeschaltet. 1949 wurde in der Bundesrepublik der Deutsche Leichtatletikverband (DLV) gegründet.

25 Jürgen Klinsmann und Jogi Löw sind im Übrigen aus modernen trainingsmethodischen Gründen und natürlich unter dem Einfluss ihrer sportmedizinischen Abteilungen nicht weit von dieser Auffassung entfernt.

deten einen eigenen Fußball- und Sportverein, weil sie in ihrem Turnverein nicht wohl gelitten waren.

Es war jedenfalls keineswegs so, dass das Fußballspielen in den Turnvereinen generell auf Ablehnung stieß. Im Gegenteil teilten ganz offensichtlich zahlreiche Vereine und Turnspielabteilungen die Meinung der Fußball-Turnlehrer Koch, Hermann, Fricke u.v.a.m., dass das Fußballspiel ein deutsches und turnpädagogisch wertvolles Spiel sei, das einen festen Platz in den Turnvereinen und in den Schulen bekommen sollte.[26] Selbst die Führung der Deutschen Turnerschaft war dem Fußballspiel nicht grundsätzlich abgeneigt. Viele hatten jedoch erzieherische und disziplinarische Bedenken. Typisch ist die Äußerung des Wiener Turnlehrers Hoffer auf der 8. Deutschen Turnlehrerversammlung 1876 in Braunschweig: „Die Spiele sind zwar nützliche Bewegungen, aber sie entziehen sich mehr oder weniger der Berechnung des Lehrers" (Vogt, 1876, S. 308) – das war die große Sorge der Lehrer.

Wie Ferdinand Hueppe, der erste Vorsitzende des 1900 gegründeten Deutschen Fußball-Bundes schrieb, wurde Planck nach der Veröffentlichung seiner Schmähschrift auch eher als „komische Figur" wahrgenommen und nicht ernst genommen. Das ist bis heute so geblieben. Hueppe schrieb in seinem Rückblick zum 25-jährigen Bestehen des DFB, dass sich schon damals der Spielgedanke des Fußballs so sehr verbreitet habe, dass in der Turnerschaft neben den üblichen harmlosen und eher für Mädchen geeigneten kleinen Spielen wie Raffball, Korbball, Torball, Turmball usw. auch andere, dem Fußball ähnliche Spiele entwickelt worden seien. Als Beispiel nennt er den Berliner Turnwart Heise, der das Handballspiel eingeführt habe: „ein reines Fangspiel mit den Händen unter dem Namen des Handballs, das einige Verbreitung erreichte, besonders bei den Mädchen, aber als männliches Kampfspiel nicht ganz an Fußball heranreicht", wie Hueppe meinte (1926, S. 271). Die ideologisch Ablehnung des Fußballspiels durch die Turnlehrer und zugleich der Spielgedanke des Fußballs, der auch die Turner faszinierte, führte nach Hueppe also dazu, dass neue Spiele erfunden wurden, bei denen der Ball zwar nicht mit dem Fuß getreten wird, die aber den Grundgedanken des Fußballs als eines von Mannschaften gespielten Kampfspiels vertrat; und dieses Spiel war Handball, das außerdem den Nebeneffekt hatte, für „Mädchen" besser geeignet zu sein als das rohe Fußballspiel.

Die Turner scheinen jedoch mehrheitlich eher Sympathien für das Spiel gehabt zu haben. Auf dem Deutschen Turnfest 1889 in München wurde ein Fußballspiel zwischen dem „Allgemeinen Turnverein in Leipzig" und dem Londoner Fußballclub Orion ausgetragen, um den Turnern dieses neue englische Spiel vorzustellen (Handbuch der Turnspiele, 1925, S. 52). „Allgemeine Turnvereine" in den größeren Städten wie der in Leipzig, die man im heutigen Verständnis als

---

26 Auf die zahlreichen Bemühungen um eine „Verdeutschung" des Sports und Fußballsports speziell, die auch darin bestand, englische Fachbegriffe einzudeutschen, wird nicht näher eingegangen. Dafür steht auch das Buch „Deutscher Sportgeist" des Vorsitzenden des Deutschen Schwimmverbandes, Hans Geisow (1925).

Großsportvereine bezeichnen könnte, waren in der Regel offener für solche sport- und bewegungskulturellen Neuerungen als kleine Dorfturnvereine. Aber auch dort wurde Fußball gespielt. Dass dieses Demonstrationsspiel gerade in München durchgeführt wurde, hat bestimmt auch damit zu tun, dass im Turnverein 1860 München, aus dem der heutige TSV 1860 München hervorging, viel Fußball gespielt wurde. 1899 bildete sich eine eigene Fußballabteilung, die Münchener „Löwen". Nach der Gründung des Deutschen Fußball-Bundes nahmen sie auch an dessen Ligarunden teil.

In den Arbeiterturnvereinen wurde ebenfalls Fußball gespielt, aber auch nicht von Mädchen und Frauen. Die sozialistischen Arbeiterturn- und Sportführer agitierten jedoch ab dem Moment gegen Fußball, als große Betriebe wie Siemens und Osram Fußballvereine gründeten oder unterstützten. Die strengen Partei- und Gewerkschaftsfunktionäre befürchteten, dass das Fußballspielen nicht nur der Gesundheit der Arbeiter, sondern auch ihrem Klassenbewusstsein abträglich sein könnte. Ähnlich argumentierte die katholische Kirche, die große Bedenken gegen das Fußballspielen an den Schulen, aber auch in den katholischen Jugendvereinen, den späteren Vereinen der DJK, anmeldeten (Koppehel, 1954, S. 133).

Zu diesem kreativen Miteinander und Nebeneinander von Turnen und Fußball innerhalb und außerhalb von Turn- und Sportvereinen passt die berühmte Geschichte vom „Kleinen Frieden im Großen Krieg", die Michael Jürgs nach authentischen Quellen und der Vorlage des britischen Autors Michael Foreman (War Games) erzählte. Es war 1914 an der Westfront, als Deutsche, Briten und Franzosen nicht nur einen begrenzten Waffenstillstand schlossen und gemeinsam Weihnachten feierten, sondern sie spielten zwischen aufgestellten Weihnachtsbäumen auch miteinander und gegeneinander Fußball (Jürgs, 2003, S. 174-180). Nach einigen Quellen sollen die Sachsen 3 : 2 gegen die Schotten gewonnen haben. Das ist eine bewegende Geschichte und belegt die Phrase von der völkerverbindenden Kraft des internationalen Sports und des Fußballs. Es ist nicht überliefert, ob die Soldaten, die auf deutscher Seite mitgespielt haben, Turner, Fußballer oder Leichtathleten, Arbeiterturner- und Sportler, Betriebssportler oder konfessionell engagierte Sportler, ob sie überhaupt Mitglieder in Turn- und Sportvereinen waren. Aber es liegt nahe, denn fast alle jungen Männer waren, ebenso wie heute, auch Turner und Sportler. Es ist deshalb davon auszugehen, dass es nicht nur lupenreine Fußballer waren, die Weihnachten 1914 an der Westfront kickten, sondern auch Turner, Athleten und Spieler, einfach junge Männer, die Spaß am Fußball hatten. Das Fußballspiel selbst hat in dieser Situation offenbar für kurze Zeit alle politischen, nationalen und ideologischen Gräben und sogar die Schützengräben zugeschüttet. Auf einem Platz mit Schützengräben ließe sich wohl auch schlecht Fußball spielen.

Aus der Perspektive der Geschlechtergeschichte ist diese Geschichte auch ein Beispiel für die Männer-verbindende Kraft des Fußballs über alle nationalen, ideologischen und sozialen Grenzen hinweg. In dem Punkt waren sich britische und deutsche Soldaten einig: Fußball ist wie Krieg eine Angelegenheit für Männer.

Der Erste Weltkrieg war in jeder Hinsicht ein einschneidendes Ereignis; auch für Turnen und Sport. Trotzdem setzte sich die seit dem Ende des 19. Jahrhunderts zu beobachtende *Versportung* des Turnens fort, bzw. sie verstärkte sich: Fußball wurde immer beliebter, Turnen in allen seinen Varianten zwar auch, aber die Zuwachsraten an Mitgliedern und Vereinen beim DFB, der 1900 gegründet wurde, lagen deutlich im zweistelligen Bereich, während bei den Turnern eher mäßige Bilanzen zu verkünden waren: In zehn Jahren von 1904 bis 1913 stieg die Zahl der Mitgliedsvereine des Deutschen Fußball-Bundes von 194 auf 2.233, also um mehr als das Zehnfache, die der Mitglieder in den Fußballvereinen von 9.317 auf 189.294, das ist mehr als das Zwanzigfache. Bei den Turnern stagnierte die Zahl auf hohem Niveau bei rund 1,2 Millionen Mitgliedern in den Turnvereinen vor dem Ersten Weltkrieg, fiel dann im Krieg dramatisch ab, um jedoch bald wieder das Vorkriegsniveau zu erreichen bzw. zu übertreffen. 1922 lag die Mitgliederzahl der DT bei rund 1,6 Millionen, des Arbeiter-Turnerbunds bei etwa 850.000 und des DFB bei 1,1 Millionen Mitgliedern. Ferdinand Hueppe hatte ohne Zweifel Recht, wenn er 1925 behauptete, dass Fußball „ein wahres Volksspiel, das deutsche Nationalspiel" geworden sei (Hueppe, 1926, S. 271); und dass Fußball nicht nur innerhalb des Fußballbundes gespielt würde, wie er hinzufügte, „sondern auch in den Arbeitersportkreisen, in der Turnerschaft, und dann noch in vielen wilden Vereinen."

Die Turnerschaft partizipierte nicht im selben Maß vom Aufschwung der Sportbewegung in Deutschland nach dem Weltkrieg wie der Fußball. Der Fußball erlebte nach dem Ersten Weltkrieg seinen Durchbruch zum Sportspiel Nr. 1. Das hatte auch damit zu tun, dass die Deutsche Turnerschaft nicht nur Mitglieder an die Sportler und Fußballer verlor, sondern auch aus politischen Gründen an die Arbeiterturn- und Sportvereine und -verbände und schließlich ebenso an die konfessionellen Vereine und Verbände; insbesondere an die DJK. Die Turnerschaft erlebte jedoch einen Zuwachs an weiblichen Mitgliedern. Turnen begann sich allmählich von einer männlich-disziplinierenden zu einem weiblich dominierten Bereich der Körpererziehung und Körperkultur zu wandeln. Nach den Mitgliederzahlen der größten Sportverbände aus dem Jahr 1930 waren in der Deutschen Turnerschaft mit Abstand am meisten Frauen organisiert, nämlich 384.398 (von rund 1,5 Millionen), mehr als im Reichsverband für Frauenturnen, dem Dachverband der Frauenturnvereine, mit 240.000 und dem ZK für Arbeitersport und Körperpflege mit 235.947 (Hoffmann, 1965, S. 59). Der DFB wurde in der Statistik gar nicht geführt, weil keine Frau organisiert in Vereinen des DFB Fußball spielte. Die Anzahl von Frauen in den anderen Sportverbänden, von den Leichtathleten über den Schwimmverband bis zum Tennisbund, kam kaum über die 50.000 hinaus. Im Deutschen Gymnastikbund, der Domäne avantgardistischer weiblicher

Körperkultur, versammelte sich die weibliche Elite des Bildungsbürgertums in den größeren Städten.

Wegen der starren bismarck- und kaisertreuen, nationalistischen und anti-sozialistischen Haltung der Turnerschaft kehrten viele klassenbewusste Arbeiter der DT den Rücken und traten entweder den sozialistischen Turnvereinen bei oder schlossen sich auch in freien Turnvereinen zusammen, die politisch neutral und körperkulturelle liberal und offen sein wollten. Dies war umso unverständlicher, als sehr viele Arbeiter und kleine Handwerker in den Turnvereinen organisiert waren. Auf dem äußersten rechten politischen Rand trennte sich die Turnerschaft von antisemitischen Vereinen und Verbänden, beispielsweise im Turnkreis XV, Deutsch-Österreich. Und trotzdem war die Deutsche Turnerschaft nach wie vor die größte Organisation für Leibesübungen in Deutschland bzw. auf der Welt. Es gab jedoch immer mehr Turner, die die ideologischen Positionen der Turnfunktionäre in der DT nicht mehr billigten. Vieles kam unten in den Vereinen auch gar nicht an, was oben schwadroniert wurde – das scheint mir früher nicht viel anders gewesen zu sein als heute.

Die bürgerliche Turnerschaft stand sich in mehrfacher Hinsicht selbst im Wege: Obwohl sie laut Satzung eigentlich politisch neutral sein wollte und sollte, realisierten viele ihrer Funktionäre nicht oder verstärkten sogar bewusst die Tendenz, dass sich die DT „zum Unterfutter des nach rechts verschobenen Nationalismus" in Deutschland entwickelte, wie Dieter Langewiesche einmal formulierte. Bezeichnend sind dafür die noch vor dem Ersten Weltkrieg gefallenen verschrobenen, nationalistischen Ausfälle des greisen DT-Führers und Abgeordneten der Nationalliberalen Partei im Reichstag, Ferdinand Goetz, die sich gegen den internationalen Sport, gegen die Spielerei und die Sozialisten richteten und die DT wahrscheinlich Tausende von Mitgliedern kosteten. Die DT öffnete sich nicht neuen Mitgliedern in den Turnvereinen, sondern verschloss sich ihnen. Obwohl die DT im Sinne ihres „Turnvaters Jahn" vorgab, die Interessen des ganzen Volkes in Sachen Turnen und Gymnastik zu vertreten, ignorierten viele Turnfunktionäre an der Spitze die gewandelten Turn-, Sport- und Spielinteressen und -bedürfnisse der Menschen in Deutschland, besonders die der Jugend. Obwohl die Turnerfunktionäre in ihren Festreden immer wieder behaupteten, dass Turnen die Gesamtheit aller im deutschen Volk betriebenen Leibesübungen beinhalte, argumentierten und agitierten viele gegen den Sport, der doch so viele junge Menschen in Deutschland begeisterte. Selbst auf ihrem ureigenen Feld, der turnerischen Wehrerziehung, mussten die Turner Federn lassen. Die jüngeren Offiziere der kaiserlichen Armee schätzten nicht mehr so sehr das straffe Turnen als militärische Vor- und Ausbildung, sondern den athletischen und kämpferischen Sport. Der sportlich gestählte Walter von Reichenau, später IOC-Mitglied und Hitlers General, steht für diesen neuen Typ des Sportlersoldaten und für den wehrpropädeutischen Paradigmenwechsel der Körper- und Bewegungskultur. Die Offiziere der preußischen und auch der anderen Armeen in Deutschland öffneten nicht nur bereitwillig den Sportlern und Fußballern ihre Exerzierplätze, sondern 1910 wurde sogar offiziell in einem neuen Militär-Turnerlass im Rahmen der Heeres-Dienstvorschrift das Fußballspiel in den Ausbildungsplänen der preußischen Armee verankert. Fußball avancierte in den letzten Jahren vor dem Ersten Weltkrieg zum „Soldatenspiel“, meint zu Recht Christiane Eisenberg (1999, S. 193)

Und schließlich sperrten sich die Meinungsführer der Turnbewegung gegen die Olympischen Spiele, weil nach ihrer Meinung deutsche Turner nicht an einem internationalen Sportfest teilnehmen sollten. Die DT-Führung vertrat im Zeitalter des Imperialismus immer noch den alten, anachronistischen Einigungs-Nationalismus der Revolutions- und Reichsgründungszeit des 19. Jahrhunderts und realisierte nicht, dass der deutsche Kaiser und die ihn stützenden Eliten bereits eine ganz andere, eben imperialistische Idee von Deutschland vertraten, wenn sie mit Reichskanzler Bülow forderten, dass Deutschland seinen „Platz an der Sonne“ bekommen müsse. Es ging nicht mehr darum, die Deutschen zu einem Volk zu einen, sondern der ganzen Welt die Macht und Stärke Deutschlands zu demonstrieren. Die Turner blieben jedoch eher ihrem kleinbürgerlich-patriotischen Nationalismus verhaftet. Sie blieben lieber zuhause und turnten auf ihren Turnfesten, während die Sportler zu Olympischen Spielen reisten und internationale Wettkämpfe, Turniere und Fußball-Länderspiele bestritten.

Mit anderen Worten: Die DT fand nur mühsam den Weg in die moderne Gesellschaft des 20. Jahrhunderts. Sie wurde auch in körper- und bewegungskultureller Hinsicht als eine Art Auslaufmodell angesehen. Die Zukunft gehörte dem Sport und dem Fußball. Diese Fehleinschätzung der politischen sowie körper- und bewegungskulturellen Entwicklung und Modernisierung Deutschland durch die Meinungsführer der Turnerschaft lässt sich im Endeffekt bis zu Edmund Neuendorff – „zurück zu Jahn, es gibt kein besseres Vorwärts“ – und seiner Politik der Anbiederung und Selbstgleichschaltung gegenüber dem NS-Regime beobachten. Die Turner verkannten die Zeichen der Zeit. In einer Hinsicht allerdings öffnete sich die Turnerschaft der Moderne, ohne dass ihre männlichen Funktionäre dies wahrnahmen oder als Fortschritt erkennen wollten: Die Turnerschaft wurde immer weiblicher.

Willibald Gebhardt und Carl Diem, die jungen Repräsentanten der modernen olympischen Sportbewegung in Deutschland streckten mehrfach die Hand zu den Turnern aus. Der eine, Gebhardt, versuchte sie mit Engelszungen zur Teilnahme an den Olympischen Spielen zu bewegen. Aber die Turnführer konnten nicht über ihren Schatten springen und hielten es mit der Ehre eines deutschen Turners unvereinbar, der Einladung eines französischen Barons zu einem internationalen Sportfest zu folgen. Der andere, Diem, bot ihnen am Beginn des Ersten Weltkriegs einen „Frieden zwischen Turnen und Sport“ an. Der damals 32-jährige Chef des OK der Spiele von Berlin 1916 schlug vor, pragmatische Lösungen zu finden und die ideologischen Gräben zwischen Turnen und Sport zuzuschütten. Weder Turnern noch Sportlern könne man die nationale, patriotische Gesin-

nung absprechen. Vielmehr seien die Olympischen Spiele in Deutschland eine
einmalige Gelegenheit, auch und gerade für die Turner, der ganzen Welt zu zeigen, zu welchen Leistungen deutsche Turner und Sportler fähig seien – so wie
das die Schweden 1912 in Stockholm demonstriert hatten. Es sei deshalb eine patriotische Pflicht, dass Turnen und Sport, Turn- und Sportvereine und -verbän-
de zusammenarbeiteten. Analog hatte Kaiser Wilhelm zu Beginn des Weltkriegs
verkündet, dass er nun keine Parteien mehr kenne, sondern nur noch Deutsche.
Diem schlug konkrete Absprachen zwischen den Turn- und Sportorganisationen
vor, wer welche „Gebiete der Leibesübungen" vertreten, Wettkämpfe und Turniere, aber auch Turn- und Sportfeste durchführen sollte. Sein Ziel war es letztlich, die gesamte Turn- und Sportbewegung in Deutschland hinter der olympischen Flagge zu vereinen und mit einer großen und leistungsfähigen Mannschaft
auf den Olympischen Spielen im eigenen Land aufzutreten. Daraus wurde bekanntlich nichts, weil der Weltkrieg einen Strich durch diese Rechnung machte. Aber der Deutsche Reichsausschuss für Olympische Spiele, der noch während
des Krieges in Deutscher Reichsausschuss für Leibesübungen umbenannt wurde,
etablierte sich nun unter der Führung Theodor Lewalds und Carl Diems zum neu-
en, bürgerlichen Dachverband für Leibesübungen neben der Deutschen Turnerschaft.

Der Begriff Leibesübungen wurde von Diem nicht naiv, sondern bewusst als
Fachbegriff benutzt, um den Anspruch des DRA zu verdeutlichen, alle Turn-,
Sport- und Spielvereine in Deutschland zu vertreten. Damit wurde Turnen aus
der Sicht des DRA zu einem Fachgebiet der „deutschen Leibesübungen" herabge-
stuft. Die Deutsche Turnerschaft wurde wie der Deutsche Fußball-Bund oder die
Deutsche Sportbehörde für Athletik als ein Fachverband für Leibesübungen angesehen. Das war aus der Sicht der Deutschen Turnerschaft eine nicht hinnehmbare
Anmaßung; denn seit Jahn vertrat sie die Gesamtheit der Leibesübungen bzw. der
körper- und bewegungskulturellen Interessen der deutschen Bevölkerung.

Nach dem Ersten Weltkrieg erlebte das Turn- und Sportleben in Deutschland
einen großen Boom. In der Turnerschaft war die Ära des Alt-Achtundvierzigers
Ferdinand Goetz zu Ende gegangen. Spiel und Sport hielten nun verstärkt Einzug in die Turnvereine. Die Spielerfraktion gewann bei den Turnern und Turnlehrern die Oberhand, und ihr neuer Vorsitzender Dr. Oskar Berger, Oberstudi-
endirektor aus Aschersleben bei Magdeburg, förderte nachhaltig die Verbreitung
der Turnspiele und auch des Fußballs in den Turnvereinen. Es gibt viele bekannte
Beispiele von Turnvereinen, in denen Fußballabteilungen gegründet wurden, die
auch an den Spielrunden des Deutschen Fußball-Bundes teilnahmen. Viele Turnvereine nannten sich in Turn- und Sportvereine um. Dies hatte wohl auch damit
zu tun, dass während des Ersten Weltkriegs, als sowohl Turner als auch Sportler und Fußballspieler zu den Waffen geeilt waren, keine vollständigen Mannschaften mehr zusammenkamen und deshalb Turn- und Sportvereine bzw. -abtei-
lungen fusionierten. Der Turnverein Münster 1862, beispielsweise, schloss sich

gleich nach dem Krieg mit den Münsteraner Ballspielvereinen von 1906 („Ballspielverein Münster") und 1909 („Spiel und Sport") zum Turn- und Spielverein Münster zusammen. Schon 1920 kam es jedoch mit den Fußballern zu Konflikten, die schließlich aus dem Verein austraten. Der TSV wurde wieder zum TV Münster, und die Fußballer gingen zum SC Münster und FC Preußen, aus dem dann der heutige Fußballverein FC Preußen Münster hervorging. Solche und ähnliche Geschichten lassen sich von vielen Vereinen aus vielen Städten erzählen. In München und Stuttgart beispielsweise gingen die Fußballvereine aus den Fußballabteilungen der großen Männerturnvereine hervor. Vom FC Schalke 04 ist hinlänglich bekannt, dass der Vorsitzende des Schalker Turnvereins, Fritz Unkel, die Schalker Kicker schon 1912 bereitwillig beim Turnverein aufnahm, weil sie beim Westdeutschen Spielverband abblitzten.

Es herrschte also ein buntes Durcheinander in der deutschen Turn- und Sportlandschaft. Fußball wurde in eigenen Fußballvereinen gespielt, in Sportvereinen mit mehreren Abteilungen, in denen häufig englische Spiele wie Kricket und Athletik betrieben wurde. Fußball wurde aber auch in Arbeiter-Turnvereinen gespielt. Der ATB nannte sich deshalb 1919 in Arbeiter- Turn- und Sportbund um, weil eben schon längst nicht mehr nur nach altväterlicher Sitte an Geräten geturnt wurde, sondern auch englische Spiele und athletische Übungen sowie Radfahren usw. betrieben wurden. Die Deutsche Turnerschaft blieb natürlich bei ihrem Namen, aber in den Turnvereinen, besonders in den größeren Vereinen in den Städten mit mehreren Abteilungen und vielen jungen Mitgliedern hatten längst Spiel und Sport Einzug gehalten; daneben jedoch auch und vor allem das Frauen- und Mädchenturnen sowie neue gymnastische Übungen, Bewegungen und Tänze für Mädchen und Frauen.

Dieses auf den ersten Blick harmonische, bunte Miteinander und Nebeneinander von Turn-, Sport- und Spielvereinen ist jedoch nur die eine Seite der Medaille. Die andere war, dass die Organisationen um Mitglieder konkurrierten und im Kampf um Mitglieder auch mit harten Bandagen kämpften, indem sie beispielsweise Fußball spielende Mitglieder von Turnvereinen nicht bei Meisterschaften mitspielen oder die Leichtathleten die volkstümlichen Turner nicht bei Meisterschaften an den Start gehen ließen und umgekehrt. Hintergrund dieses Konflikts war der von den Sportverbänden und dem DRA unter Führung von Lewald und Diem vertretene „Grundsatz der Ausschließlichkeit", der besagte, dass ein Sportverband für die von ihm vertretene Sportart oder Sportarten das ausschließliche Vertretungsrecht bekommen müsse. Der Grund für dieses Prinzip war die Teilnahme an Olympischen Spielen und die Meldung einer Olympiamannschaft. Der zuständige Fachverband hatte aber auch die Verantwortung für die Regeln, die Durchführung von Meisterschaften oder auch die Vertretung der jeweiligen Sportart gegenüber der Politik. Da die Turnerschaft aber kein Fachverband im sportlichen Sinn war, musste dieses Prinzip naturgemäß zu Konflikten mit der

Deutschen Turnerschaft führen, in deren Vereinen natürlich auch Leichtathletik betrieben und Fußball gespielt wurde (Neuendorff, o.J. [1932], Bd. IV, S. 670).

Dieser Konflikt beherrschte die Zusammenarbeit der Turn- und Sportverbände im nach 1917 neu konstituierten und so genannten Deutschen Reichsausschuss für Leibesübungen. Staatsekretär Dr. Theodor Lewald wurde zum Vorsitzenden gewählt. Seine beiden Stellvertreter wurden der Vorsitzende der DT, Dr. Oskar Berger und Alexander Dominicus, der 1921 für wenige Monate preußischer Innenminister war und der liberalen Deutschen Demokratischen Partei (DDP) angehörte. Dominicus hatte 1915, nach dem Tod Emil von Schenckendorffs, dessen Nachfolge als Vorsitzender des Zentralausschusses für Volks- und Jugendspiele angetreten. Er war auch einer der Herausgeber der Jahrbücher für Volks- und Jugendspiele und wurde 1929 Nachfolger von Oskar Berger als DT-Vorsitzender.

Ausgerechnet unter diesen liberalen Turn- und Sportfunktionären und Freunden des Spielsports kam es 1922 zur „reinlichen Scheidung" zwischen Turnen und Sport und 1925 zum förmlichen Austritt der DT aus dem DRA. Der Streit eskalierte dermaßen, dass Lewald offenbar erwog, Berger zum Duell herauszufordern, was jedoch dann doch nicht realisiert wurde (Eisenberg, 1999, S. 380). Turnern wurde nun nicht mehr erlaubt, an Sportwettkämpfen und Sportlern, an Turnfesten und Turnmeisterschaften teilzunehmen.

Diese „reinliche Scheidung" hatte katastrophale Folgen, wie auch Carl Diem und Guido von Mengden im Rückblick berichteten: „Mit brutaler Unbekümmertheit wurden Freundschaften auseinandergerissen; der Nachbar, gestern noch beliebter und bequemer Wettkampffreund, wurde zum ‚Verbandsgegner', mit dem zu verkehren verboten war. [...] Hunderte von Wettkampfgruppen wurden zerstört. Man musste nicht mehr nur bis ins nächste oder übernächste Dorf oder Städtchen fahren, um für alle Mannschaften Partner zu finden. Man musste Zeit und Fahrgeld opfern, nur weil es einer engstirnigen Führung gefiel, sich die eigene Verbandsmacht zu erhalten" (zit. nach Eisenberg, 1999, S. 380).

Was das konkret bedeutete, belegt das Beispiel des MTV Stuttgart, der die DT- und DRA-Führung „im Interesse der deutschen Jugend" vergeblich um eine Lösung des Problems anflehte. Die Spielabteilung des MTV Stuttgart musste den Verein verlassen, wenn sie weiterhin an den Spielrunden des Süddeutschen Fußballverbandes teilnehmen wollte. Der neue Fußballverein im DFB nannte sich demonstrativ „Jahn 1912", nach dem Jahr, in dem die Spielabteilung im MTV gegründet worden war, um seine Verbundenheit mit dem Stammverein und der Turnbewegung zum Ausdruck zu bringen. 1933, als die nationalsozialistische Gleichschaltung des Sports begonnen hatte, kehrte der Verein wieder als Fußballabteilung in den Stammverein MTV Stuttgart zurück (Körner, 1953, S. 129).

Die gescholtenen Funktionäre der DT entfalteten nun jedoch große Aktivitäten, um die Spieler in den Turnvereinen zu halten. Es gelang aber nur mühsam, ein attraktives Ligasystem aufzubauen; zumal man eben nicht nur das Fußballspiel, sondern auch die anderen Turnspiele pflegen und wettkampfmäßig betreuen und dazu noch Deutsche Meisterschaften im volkstümlichen Turnen und anderen Sportarten ausrichten wollte.

Im Handbuch der Turnspiele, das die Turnerschaft seit 1925 in der Nachfolge des Jahrbuchs für Volks- und Jugendspiele des im DRA aufgegangenen Zentralausschusses herausgab, wurden diese Aktivitäten dokumentiert.[27] Demnach wurde in 13 der 15 Turnkreise Fußball gespielt. „Rund 500 Mannschaften waren an den Wettspielreihen 1923/24 beteiligt", hieß es (Handbuch der Turnspiele, 1925, S. 130). Das war im Vergleich zum DFB noch wenig, unterstreicht aber das Bemühen der DT, die Konkurrenz zum DFB aufzunehmen. Gespielt wurde im Übrigen nach den englischen Fußballregeln, genauso wie im Deutschen Fußball-Bund. Der Allgemeine Turnverein von Leipzig, der 1889 beim Deutschen Turnfest in München das Demonstrationsspiel gegen den Londoner Fußballclub Orion bestritt, hatte sich die offiziellen englischen Fußballregeln übersetzen lassen (Handbuch der Turnspiele, 1925, S. 52). Die Einheitlichkeit der Fußballregeln war ein wichtiger Grund für die allgemeine Verbreitung und Popularität des Fußballspiels über Vereins- und Verbandsgrenzen hinweg. Einheitliche Regeln gab es dagegen im Turnen nicht.

Die Deutsche Turnerschaft trug sieben Mal von 1925 bis 1930 Fußball-Meisterschaften aus und verlieh den Titel eines Deutschen Fußballmeisters der Turnerschaft. Zweimal spielte eine Auswahl der Turner-Fußballer in einem Fußball-Länderspiel gegen die niederländische Fußball-Nationalmannschaft: 1927 in Köln mit 2:2; und 1932 endete die Begegnung der Fußballauswahl der DT mit einem klaren 5:0-Sieg. DT-Fußballmeister wurde 1925 und 1926 der MTV Fürth, 1927 der TV 1861 Forst, 1928 der Harburger TV, 1929 der TV Mannheim und 1930 die Kruppsche Turngemeinde Essen.

Die reinliche Scheidung, die 1926 nach dem Wiedereintritt der DT in den DRA beendet wurde, trug jedoch auch zur Klärung der Verhältnisse bei – allerdings zum Nachteil der Turnerschaft. Der DFB profitierte auf längere Sicht von der Konkurrenz mit der Turnerschaft; denn die DT und ihr Spielausschuss schafften es nicht, ein attraktives Meisterschaftssystem aufzubauen. Der DFB sicherte sich das Monopol auf Fußball. Er definierte die Regeln, organisierte die Ligen und bestimmte Niveau und Qualität des Spiels in Deutschland.

Der Deutsche Fußball-Bund entwickelte sich in der Weimarer Republik rasch neben der Deutschen Turnerschaft zum größten Sportfachverband in Deutschland, und der Fußballsport wurde zu einem echten Massensport. Allerdings war der DFB ein reiner Männer-Sportbund. In Anlehnung an Norbert Elias könnte man sagen, dass die Männer beim Fußballspielen, sei es als aktive Spieler oder als Massenpublikum bei den Spielen von Schalke, Hertha, Köln oder Preußen Münster eine Möglichkeit fanden, ihre aggressiven Leidenschaften zu befriedigen und die Spannungen zu lösen, die sie in ihrem Arbeits- und Familienleben zu über-

---

27 Eigentlich wurden die Jahrbücher des 1921 aufgelösten Zentralausschusses im Jahrbuch der Leibesübungen aufgenommen, das Carl für den DRA herausgab. Die DT verstand ihr Handbuch der Turnspiele auch als Alternative zu diesem Jahrbuch des DRA.

wältigen drohten. Dies ist sicher bis heute ein wesentlicher Grund für die Karriere von „König Fußball".

Die Weimarer Zeit war geprägt von wachsenden sozialen Spannungen und nationalen Emotionen. Turnen und Sport wurden insgesamt als Mittel der nationalen Erziehung und Wehrhaftigkeit angesehen; zumal im Versailler Friedensvertrag das Heer auf 100.000 Mann reduziert wurde. In diesen politisch-gesellschaftlichen Zusammenhang sind auch die Versuche einzuordnen, Sport und Fußball zu verdeutschen oder besser zu germanisieren; d.h. in der Terminologie von Elias, das Spiel dem Habitus der (männlichen) Deutschen zu adaptieren. Nicht nur an Barren und Reck sollte fürs Vaterland geturnt, sondern auch auf dem Fußballfeld fürs Vaterland gestürmt, gekämpft und gesiegt werden. Allein an diesem Sprachspiel kann man jedoch erkennen, dass sich der Kampfsport Fußball für aggressive nationalistische und militaristische Funktionalisierungen weit besser eignete als das biedere und immer weiblicher werdende Turnen.

Fußball als deutsches Kampfspiel

Der „Turnführer ins Dritte Reich" (Ueberhorst), Edmund Neuendorff, ein glühender Verehrer der nationalsozialistischen Bewegung, bewunderte diesen kämpferischen „Grundgedanken beim Fußballspiel" besonders: „Zwei feindliche Heere stehen zwischen ihren Burgen", schrieb er in seinem Jugend- Turn- und Sportbuch" (1926, S. 115/116). „Jedes sucht mit seinen Stoßtrupps die feindliche Burg zu erobern und mit seiner Besatzung die eigene Burg gegen den feindlichen Angriff zu verteidigen. (…) Jedes Heer besteht aus 11 Fußballspielern."

Der Tübinger Universitätsturnlehrer Paul Sturm vertrat eine noch elaboriertere Ideologie des „deutschen Kampfspiels" Fußball; wie neben ihm zahlreiche weitere Sport- und Fußball-Ideologen. Sturm war m.E. der wichtigste und auch einflussreichste von ihnen. Er hatte bei dem schwäbischen „Turnlehrerbildner" Otto Heinrich Jaeger seine Turnlehrerprüfung abgelegt und veröffentlichte im Jahr 1924 ein Buch mit dem Titel „Die seelischen und sittlichen Werte des Sports, insbesondere des Fußballsports, als Grundlage zur Befreiung aus der Knechtschaft."

In Sturms Fußballbuch kommt zum Ausdruck, welche Funktion dem Fußballsport nach dem Ersten Weltkrieg in Deutschland zugesprochen wurde. Er sollte helfen, nach der Niederlage im Weltkrieg und dem „Schmachfrieden" von Versailles die körperlichen und „sittlichen" Kräfte des Volks wieder zu stärken und zu bündeln. Mit den Mitteln des Kampfsports Fußball könnte es gelingen, sich aus der „Knechtschaft", wie Sturm schreibt, zu befreien, in die das deutsche Volk von den Siegermächten gezwungen worden sei.

In Sturms Interpretation des Kampfmotivs beim Fußball lässt sich ein typisch deutsches Verständnis von Kampf und Wettkampf erkennen, das bereits im alten deutschen Turnen angelegt ist. Der Kampf spielte eine große Rolle in der Tradition der deutschen Leibesübungen; aber nicht im Sinne des sportlich-fairen Wettkampfs, sondern zur Stärkung des „Wir-Gefühls" der Deutschen und um die

Kräfte des Volkes gegen äußere Feinde zu mobilisieren. In diesem Sinn entdeckte Sturm den Fußball als „deutsches Kampfspiel". Aber nicht nur herausragende körperliche und kämpferische Fähigkeiten sowie spielerisches Können seien nötig, schreibt Sturm, um eine Mannschaft zum Sieg zu führen, sondern vor allem Disziplin, Kampfgeist und mannschaftliche Geschlossenheit. Bis heute gelten diese drei Elemente als die besonderen fußballerischen Tugenden der Deutschen, denen man bekanntlich nachsagt und die auch von sich selber sagen, dass sie in der Regel über den Kampf zum Spiel finden würden.

Die besondere Aufgabe des „Fußballlehrers" (bis heute wird in Deutschland offiziell nicht von Trainern, sondern von Fußballlehrern gesprochen), bestand nach Sturm darin, die Einzelspieler zu einer Mannschaft zu formen. Die Betonung lag bei Sturm auf der *Mann*schaft als einer verschworenen Gemeinschaft männlicher Kämpfer. „Bedenkt man, wie unwürdig es ist, seine eigene Kraft nutzlos zu vergeuden, wie unklug es ist, das gemeinsame Vorwärtsstreben zu stören, wie wichtig es dagegen ist, auch die geringste Handlung so einzurichten, dass sie dem gemeinsamen Ziele näher führt, so muss man zu der Ansicht gelangen, dass in der Zügelung der sinnlichen Lust, des Ehrgeizes, die vornehmste Aufgabe einer Mannschaft liegt und die Hauptaufgabe eines Fußballlehrers in dieser Richtung liegen muss. Der Grad der Selbstbeherrschung hängt ab vom Grade der Verstandeszucht. Diese Richtung der Arbeit greift tief hinein in das Reich des Geistes und der Seele" – so weit der Tübinger Universitätsturnlehrer Paul Sturm (1924, S. 93).

Das alte Turnen hatte dies nicht zu bieten. Die DT konnte auch mit dem organisatorischen und logistischen Apparat und Geschick des DFB nicht mithalten; denn es ging den Turnern ja nicht nur um Fußball speziell, sondern um Fußball als einem Turnspiel unter anderen. Die Turnspiele selbst waren wiederum nur Elemente des Turnens als Kultur „deutscher Leibesübungen", wie Edmund Neuendorff seine Sammelbände überschrieb. Für ihn gehörten alle deutschen Leibesübungen einschließlich des Nationalspiels Fußball zur Turnkultur. Dies war der tiefere körper- und bewegungskulturelle Grund, warum er 1933 ernsthaft glaubte, die Turnerschaft würde im Dritten Reich die Gesamtverantwortung für alle deutschen Leibesübungen übertragen bekommen.

Wie bekannt hatte sich der selbst ernannte Turnführer Neuendorff in diesem Punkt gewaltig getäuscht. Die Deutsche Turnerschaft wurde auf geradezu zynische Art und Weise zum 75-jährigen Jubiläum der DT aufgelöst. Der Reichssportführer schrumpfte die DT zum Fachamt 1 für Turnen, Gymnastik und Sommerspiele. Fußball gehörte natürlich nicht dazu, sondern bildete ein eigenes Fachamt. Durch Zwang wurde das Organisationsmodell des Sports nach Sportarten, das Diem schon als DRA-Geschäftsführer favorisiert hatte, nun unter den Vorzeichen einer Diktatur realisiert. Es wurde nach dem Zweiten Weltkrieg in der DDR fortgeführt.

Die Beziehung zwischen Turnen und Fußball war damit geklärt: Sie waren geschiedene Leute und hatten nichts mehr miteinander zu tun.

In der Bundesrepublik begann nun die eigentliche große Karriere des deutschen Nationalspiels Fußballs: Die Mitgliederzahl in den Vereinen und Abteilungen des Deutschen Fußball-Bundes wuchs von 1950 mit knapp 1,5 Millionen Mitgliedern auf heute 6,7 Millionen in 25.000 Vereinen mit rund 170.000 Mannschaften. Der Deutsche Turner-Bund zählte im Jahr nach seiner Gründung 1951 rund 900.000 Mitglieder und heute rund 5 Millionen Mitglieder in etwa 20.000 Vereinen. D.h., praktisch jeder der insgesamt 27.000 Turn- und Sportvereine in Deutschland hat eine Fußballabteilung; außerdem ist der Anteil der reinen Fußballvereine besonders in dörflichen Gegenden hoch. Fast jeder Sportverein hat aber auch eine Turnabteilung; wobei nach der Strukturanalyse des Deutschen Olympischen Sportbundes gerade die größeren, mehrspartigen Vereine aus traditionellen Turnvereinen hervorgingen. Sie weisen in der Regel ein großes Angebot im Breiten-, Freizeit- und Gesundheitssport auf, sprich im Bereich von Gymnastik, Turnen, Spiel und Sport für Groß und Klein. Ich hatte schon eingangs erwähnt, dass Fußball und Turnen heute die an Mitgliedern und Vereinen stärksten Verbände im Deutschen Olympischen Sportbund sind. Vergröbert kann man sagen, dass der DFB ein Männersportverband und der DTB ein Frauen- und Mädchensportverband ist. Der DFB vertritt eine kämpferisch-aggressive Sportart – Fußball – und der DTB gymnastische und ästhetische sowie gesundheitlich motivierte Sport- und Gymnastikbereiche. Zu den vier olympischen Sportarten – Kunstturnen männlich und weiblich, Trampolinturnen und Wettkampfgymnastik – kommen zahlreiche weitere Sportarten und Fachgebiete; auch solche, die sich nicht einer bestimmten Sportart zuordnen lassen wie Kinderturnen oder Gesundheitssport.

Resümee und Ausblick

Der zehnte Abschnitt des zweiten Kapitels im „Prozess der Zivilisation" von Norbert Elias (1976) lautet „Über Wandlungen der Angriffslust" und enthält Passagen, in denen die spätere Beschäftigung von Elias mit Sport und speziell mit Fußball vorweggenommen wird. „Angriffslust" oder allgemeiner Triebe und Affekte, die mit der Lust am Kämpfen, Besiegen oder Töten von anderen Menschen verbunden sind, sind menschlich und deshalb bei Männern und Frauen, Mädchen und Jungen gleichermaßen vorhanden. Sie erfahren nach Elias im Prozess der Zivilisation eine spezifische, auch geschlechtsspezifische Modellierung. Sie werden in bestimmte Bahnen gelenkt, „modelliert", „verfeinert", „raffiniert" oder „zivilisiert", wie Elias sagt.

Die Lust zu kämpfen und zu töten ist aus zivilisierten Gesellschaften nicht verschwunden, sondern sie wurde zum einen „verfeinert", und zum anderen hat sie ihren Platz in eigens legitimierten Räumen und Situationen. „Die Kampf- und Angriffslust findet z.B. einen gesellschaftlich erlaubten Ausdruck im sportlichen Wettkampf", schreibt Elias im Prozess der Zivilisation. „Und sie äußert sich vor allem im ‚Zusehen', etwa im Zusehen bei Boxkämpfen, in der tagtraumartigen Identifizierung mit einigen Wenigen, denen ein gemäßigter und genau geregelter Spielraum zur Entladung solcher Affekte gegeben wird. Und dieses Ausleben von Affekten im Zusehen oder selbst im bloßen Hören, etwa eines Radio-Berichts, ist ein besonders charakteristischer Zug der zivilisierten Gesellschaft. Er ist mitbestimmend für die Entwicklung von Buch und Theater, entscheidend für die Rolle des Kinos in unserer Welt. Schon in der Erziehung, in den Konditionierungsvorschriften für den jungen Menschen wird diese Verwandlung dessen, was ursprünglich als aktive, oft aggressive Lustäußerung auftritt, in die passivere, gesittetere Lust am Zusehen, also in eine bloße Augenlust, in Angriff genommen." (Elias, 1976, Bd. 1, S. 280).

Nach der Lektüre dieser Abschnitte aus Elias' Buch „Im Prozess der Zivilisation" aus dem Jahr 1939 kann man verstehen, warum der moderne Sport und gerade der Fußballsport in zivilisierten Gesellschaften, in denen von den Menschen ein hohes Maß an Kontrolle gefordert wird, eine so große Rolle spielt, und warum dieser Sport inzwischen eine enge Verbindung mit der Unterhaltungsbranche und Kulturindustrie eingegangen ist.

Die Modellierung des Aggressionshaushalts ist bei Männern und Frauen unterschiedlich verlaufen, weil noch bis vor wenigen Jahren die Erziehung und Sozialisation von Jungen und Mädchen unterschiedlich und in spezifischen Erziehungsinstitutionen erfolgte. Dies traf auch auf die Leibeserziehung von Jungen und Mädchen zu, und es betraf ebenso die Rolle von Jungen und Mädchen in Sicherheitsberufen und im Militär, die zum Teil noch bis heute ausschließlich Männern vorbehalten sind, wie etwa der Einsatz in Sondereinsatzkräften der Polizei und beim Militär. In der Bundeswehr dürfen Frauen bei Kampfeinsätzen beispielsweise nicht eingesetzt werden (gem. Artikel 12a des GG), obwohl seit 2001 alle Berufe bei der Bundeswehr für Frauen offen sind.

In der Männerdomäne Fußball spielen selbstverständlich auch Mädchen und Frauen mit. Das weibliche Zuschauerinteresse am männlichen und weiblichen Fußball ist erheblich gestiegen und kommt dem des männlichen Publikums nahezu gleich. Gleichwohl ist der Männerfußball die wichtigste und am meisten nachgefragte Sportart junger Männer geblieben.

Sport besteht für Elias aus Kämpfen und Wettkämpfen nicht gewalttätiger Art, die durch körperliche Kraft und Geschicklichkeit gekennzeichnet sind. Kämpfe und Wettkämpfe sind das konstituierende Element des modernen Sports und prägen besonders den Fußballsport, wobei die damit verbundene körperliche Gewalt auf spezifische Weise kontrolliert wird. Ausprägung und Richtung dieser Verfeinerung körperorientierter Kämpfe und Wettkämpfe sind in den Zivilisations- und Staatsbildungsprozess der modernen Gesellschaften des 19. und 20. Jahrhunderts eingelassen, die in England als Sport und auf dem Kontinent, respektive in Deutschland als Gymnastik und Turnen bezeichnet wurden.

Bei der Entwicklung von „König Fußball" in Deutschland ist jedenfalls auffällig, dass er nach jedem verlorenen Weltkrieg einen gewaltigen Aufschwung erlebte – sowohl an aktiven Spielern als auch an Zuschauern. Erst nach den Kriegen ist der Fußball zum „König" geworden, und erst im Kalten Krieg konnte in Deutschland ein genialer Fußballspieler sogar zum ungekrönten Kaiser aufsteigen, der über den Parteien schwebt.

Nach 1945 wurde die Rolle des Fußballsports als moderner Kriegsersatz ganz offensichtlich: Das „Wunder von Stalingrad" blieb aus, aber dafür bekamen die Deutschen 1954 ihr „Wunder von Bern"; es machte Stalingrad nicht vergessen, aber der Sieg im Ersatzkrieg Fußball tröstete darüber hinweg. Die „Helden von Bern" wurden von einem Fußballlehrer zu einer Mannschaft zusammengeschweißt, der seinen Fußballverstand bereits als „Reichstrainer" entwickelte. Nach dem Zweiten Weltkrieg kam der große Erfolg: Nun stand auch das im Krieg besiegte Volk geschlossen hinter den „Helden von Bern". Ihr Triumphzug von Bern über den Bodensee und das Allgäu bis nach München führte zu einer Massenmobilisierung, die Alfred Georg Frei, der Leiter der Singener Ausstellung zur Fußball-Weltmeisterschaft von 1954, mit dem Bauernkrieg von 1524/25 verglich.

Die Heimkehr der „Helden von Bern" erinnert aber auch an den triumphalen Einzug einer siegreichen Armee in die Heimat, der die Bevölkerung Opfer- und Weihegeschenke darbringt, auch wenn es sich dabei zeittypisch in den 1950er Jahren um Kühlschränke und Maggiprodukte handelte. Heimkehrende, siegreiche Truppen hatte man in Deutschland allerdings lange nicht mehr gesehen; auch deshalb war die Begeisterung groß, dass man endlich wieder einen Sieg feiern und darauf stolz sein konnte, zumal es sich um den Sieg auf einem Felde handelte, das nach dem Krieg als unpolitisch erklärt worden war: das Sport- und Fußballfeld.[28] Im Fußball durfte man auch nach dem verlorenen Krieg wieder erleben, was Jahn und die Turner als „Volkstum" bezeichnet, im Dritten Reich verordnet und nach 1945 als Begriff tabuisiert wurde: „Volksgemeinschaft".

Zivilisationstheoretisch gesehen ließe sich zusammengefasst die Erfolgsgeschichte des Fußballs in Deutschland, speziell nach 1945, dadurch erklären, dass sich nach zwei katastrophalen militärischen Niederlagen das Fußballspiel besonders dafür eignete, aggressive Leidenschaften, die weder beim Militär, das es nicht mehr oder noch nicht wieder gab, noch im zivilen Leben offen gezeigt werden konnten, wieder in spielerisch-kultivierter Form zu befriedigen; und zwar sowohl beim Spielen selbst als auch beim Zusehen. Das alte Turnen konnte dieses

---

28 In dem mehrfach prämierten Kinofilm „Die Helden von Bern", der rechtzeitig zum 50. Jahrestag des Siegs bei der WM in Bern über die Leinwände flimmerte, wird in romantisierender Perspektive nur die Bedeutung dieses Ereignisses für das erwachende Selbstbewusstsein der Westdeutschen dargestellt; dass sich dahinter auch militaristische und chauvinistische Motive verbargen, möchte man heute nicht mehr wahrhaben.

Bedürfnis schon lange nicht mehr befriedigen. Zudem erlaubte es den Deutschen, bei Fußballspielen ihre nach 1945 zwangsweise tabuisierten nationalen Gefühle zu artikulieren, in den letzten Jahren zunehmend selbstbewusster mit der Präsentation nationaler Symbole. Und schließlich durfte die nach 1945 geschrumpfte Nation wieder einmal den Rausch des Sieges erleben. Auch deshalb sind sportliche Wettkämpfe für die internationale politische Hygiene so wichtig, weil sie den Menschen helfen, mit Hilfe von sportlichen Siegen und Erfolgen ihre nationale Identität zu stärken, die auch heute noch das Selbstkonzept der Menschen maßgeblich bestimmt. „Sport is war minus the shooting", sagte treffend George Orwell, und er dachte dabei an Fußballspiele, genauer gesagt an die Tour von Dynamo Moskau in Großbritannien 1945, nach dem Zweiten Weltkrieg und vor Beginn des Kalten Kriegs.

Diese Diagnose trifft vor allem auf die männliche Bevölkerung zu, deren Selbstbewusstsein und „männliche" Moral nach dem Krieg vollständig am Boden lag. Sie waren die Verlierer des Krieges, während die Frauen den Schutt wegräumen und das zivile Leben wieder in den Griff bekommen mussten. Obwohl auch die Frauen ihren Anteil an Schuld für Krieg und Nationalsozialismus hatten, galten sie in erster Linie als Opfer. Auf ihnen ruhten die Hoffnungen des zivilen Wiederaufbaus in Deutschland. Die Bundesrepublik wurde weiblicher, obwohl in der Adenauer-Ära die Frauen zunächst wieder an den Herd zurückkehrten. In der DDR wurden sie in die Fabriken geschickt. Es war jedoch in Ost und West selbstverständlich geworden, dass Mädchen und Frauen an Turnen und Sport teilnahmen. Im Westen war der Weg frei für die Transformation der ehemals männlichen Turnbewegung zum größten Frauen-Sportverband der Welt. In den 1970er Jahren war es schließlich so weit, dass auch die letzte Männerbastion der Gesellschaft, der Fußball, geschleift werden konnte.

Wie lässt es sich jedoch angesichts dieser martialischen Diagnose das Sommermärchen 2006 und das nicht ganz so zauberhafte Frauen-FIFA-WM-Sommermärchen 2011 erklären, die beide darauf angelegt waren, „Die Welt zu Gast bei Freunden" empfangen zu haben. Dieses Motto der WM 2006 erinnert doch sehr an die Olympischen Spiele des Jahres 1972 in München, als mit dem Konzept der „heiteren Spiele" der Welt ebenfalls demonstriert werden sollte, dass Deutschland wieder „Freunde" hat. Damals wollten die Westdeutschen klar machen, dass sie auf ihrem „langen Weg nach Westen", wie das Buch des Historikers Heinrich August Winkler lautet, in der westlichen Kultur und Zivilisation angekommen seien; praktisch ihren Rückfall in die Barbarei überwunden hätten.

Bei der WM 2006 präsentierte sich der Gastgeber wie schon bei den Spielen von München vor allem durch tolle, moderne Sportstätten und durch ein ehrgeiziges und teures Kulturprogramm als Kulturnation. „Kein Austragungsland einer WM hat sich derart leidenschaftlich und großzügig den künstlerischen und kulturellen Aktivitäten als flankierenden Taten zur erhofften Qualität der Fußballspiele verschrieben", meinte André Heller im Vorwort zur WM-Kulturzeitschrift „Anstoß", in der die kulturelle und intellektuelle Avantgarde Deutschlands zu Wort kommt und dessen erste Nummer ein eigens von Georg Baselitz angefertigtes Bild ziert. Augenscheinlich war gerade in Deutschland über 60 Jahre nach dem Zweiten Weltkrieg das Bedürfnis besonders stark, die Zivilisierung der männlichen Bevölkerung auch gegenüber der Weltöffentlichkeit unter Beweis zu stellen; garniert mit deutschen Fähnchen der Fans, die zeigen, dass sich Deutschland in den ganz normalen Fußball-Nationalismus des internationalen Fußballs eingereiht hat. So faszinierend und anspruchsvoll dieses in erster Linie von André Heller entwickelte Konzept auch sein mag, man kann sich des Eindrucks nicht erwehren, dass es doch in einem merkwürdigen Gegensatz zur Alltagskultur des überwiegend männlichen deutschen Fußballvolks steht.[29]

Die hohe Fußballkultur ist die eine, die andere Seite von König Fußball sollte jedoch nicht unterschlagen werden. Gewaltige Anstrengungen werden unternommen und keine Kosten werden gescheut, für die letztlich die Fans und die Steuerzahler aufkommen müssen, um die Sicherheit bei Fußballspielen zu garantieren und die trotzdem immer wieder aufflackernden Gewaltexzesse rund um Fußballspiele im Zaum zu halten. Im Mittelpunkt stehen dabei junge Männer – sowohl auf der Seite der gewalttätigen Hooligans als auch der Sicherheitskräfte. Junge Frauen spielen auf beiden Seiten Nebenrollen.

Eine Gesellschaft, schrieb Norbert Elias in seinem gemeinsam mit Eric Dunning verfassten Buch „Quest for Excitement" (1986), die es nicht ermögliche, ihre Mitglieder, und besonders ihre jungen Männer, mit ausreichenden Gelegenheiten an freudvollen und aufregenden Kämpfen und Wettkämpfen zu versorgen, die auch körperliche Anstrengung und Geschicklichkeit beinhalten (aber nicht unbedingt müssen), eine solche Gesellschaft gerate in Gefahr, dass das Leben dieser Menschen und besonders der jungen Menschen in nicht mehr erträglichem Ausmaß abstumpfe; „it may not provide sufficient complementary correctives for the unexciting tensions produced by the recurrent routines of social life." (Elias & Dunning, 1993), S. 58/59; übersetzt in (Elias, Dunning, Blomert & Bremecke, 2003), S. 114).

---

29 Die „Alltagskultur" des deutschen Fußballs kommt beispielsweise in der Untersuchung von Pilz (2005) bei Jugendfußballspielern zum Ausdruck. Er befragte C-Jugend-Fußballspieler über ihr Verständnis und ihre Erfahrungen über „Fairplay" und kam zu dem doch ernüchternden Ergebnis, dass es damit nicht weit her ist und in Fußballvereinen eher das Gegenteil gelernt bzw. erfahren wird.

Literatur

Bernett, H. (1987). *Geschichte der Leichtathletik im Wandel.* Schorndorf: Hofmann.

Beyer, B. (2003). *Der Mann, der den Fußball nach Deutschland brachte. Das Leben des Walther Bensemann. Ein biographischer Roman.* Göttingen: Verlag Die Werkstatt.

Bloomfield, A. (2005). Martina Bergman-Oesterberg (1849-1915): Creating a Professional Role for Women in Physical Training. *History of Education* 34 (5): 517-534.

Bräunche, E.O. (Hrsg.) (2006). *Sport in Karlsruhe. Von den Anfängen bis heute* (Veröffentlichungen des Karlsruher Stadtarchivs, 28). Karlsruhe: Info-Verl.

Brettschneider, W.-D., Kleine, T. (2002). *Jugendarbeit in Sportvereinen. Anspruch und Wirklichkeit.* Schorndorf: Hofmann.

Doerry, K. (1904). *Leichte Athletik,* m. Abb. Leipzig.

Düding, D. (1984). *Organisierter gesellschaftlicher Nationalismus in Deutschland (1808-1847): Bedeutung und Funktion der Turner- und Sängervereine für die deutsche Nationalbewegung.* München: Oldenbourg.

Dunning, E. (1973). The Structural-Functional Properties of Folk Games and Modern Sports: A Sociological Analysis. *Sportwissenschaft* 3, 215-232.

Dunning, E. (1999). *Sport Matters. Sociological Studies of Sport, Violence and Civilization.* London: Routledge.

Dunning, E. et al. (2002). *Fighting Fans. Football Hooliganism as a World Phenomenon.* Dublin: University College Dublin Press.

Dunning, E., Murphy, P., Williams, J. (1988). *The Roots of Football Hooliganisms. A Historical and Sociological Study.* London/ New York: Routledge.

Dunning, E., Murphy, P., Williams, J. (1990). *Football on Trial. Spectator violence and development in the football world.* London/ New York: Routledge.

Dunning, E., Sheard, K. (1979). *Barbarians, Gentlemen, and Players: Sociological Study of the Development of Rugby Football.* Oxford: Blackwell.

Eisenberg, C. (1994). Fußball in Deutschland. *Geschichte und Gesellschaft* 20/2, S. 185f.

Eisenberg, C. (1999). *"English sports" und deutsche Bürger. Eine Gesellschaftsgeschichte 1800-1939.* Paderborn: Schöningh.

Eisenberg, C. (Hrsg.) (1997). *Fußball, Soccer, Calcio. Ein englischer Sport auf seinem Weg um die Welt.* München: dtv.

Elias, N. (1976). *Über den Prozess der Zivilisation. Soziogenetische und psychogenetische Untersuchungen.* 2 Bände. Frankfurt: Suhrkamp (1. Aufl. 1969).

Elias, N. (1989). *Studien über die Deutschen. Machtkämpfe und Habitusentwicklung im 19. und 20. Jahrhundert.* Frankfurt: Suhrkamp.

Elias, N. (1990). *Studien über die Deutschen. Machtkämpfe und Habitusentwicklung im 19. und 20. Jahrhundert.* (4. Aufl.). Frankfurt M: Suhrkamp.

Elias, N. & Dunning, E. (1986/1993). *Quest for excitement. Sport and leisure in the civilizing process.* Oxford: Basil Blackwell.

Elias, N., Dunning, E. (2003). *Sport und Spannung im Prozeß der Zivilisation.* Frankfurt: Suhrkamp.

Elias, N., Dunning, E. (o.J.). *Sport im Zivilisationsprozess.* Studien zur Figurationssoziologie), hrsg. von W. Hopf. Münster: Lit.

Elias, N., Dunning, E., Blomert, R. & Bremecke, D. (2003). *Sport und Spannung im Prozeß der Zivilisation* (Gesammelte Schriften, 7) (1. Aufl.). Frankfurt am Main: Suhrkamp.

Frei, A.G. (1995). Die Imagination des Wirtschaftswunders. Überlegungen zu einer modernen Erzählung über das Finale Grande der Fußballweltmeisterschaft. In *„Elf Freunde müßt ihr sein!" Einwürfe und Anstöße zur deutschen Fußballgeschichte.* Geschichtswerkstatt 28. Freiburg.

Geisow, H. (1925). *Deutscher Sportgeist.* Stuttgart: Dieck & Co. Sportverlag.

Gerulat, O. (2006). Ehemals verboten, jetzt prosperierend – Die Zukunft des Fußballs ist weiblich. In S. Gocht (Hrsg.), *Wo das Fußballherz schlägt. Fußball-Land Nordrhein-Westfalen* (S. 102-112). Essen: Klartext.

GutsMuths, J.C.F.G. (1793). Gymnastik für die Jugend. In: Schwarze, M. & W. (Hrsg.) *Quellenbücher der Leibesübungen,* Band I. Dresden: Limpert.

GutsMuths, J.C.F.G. (1796/1959). *Spiele zur Übung und Erholung des Körpers und Geistes.* Hrsg. von der Deutschen Hochschule für Körperkultur Leipzig, mit einer Einleitung von Dr. Paul Marschner. Leipzig: Sportverlag.

Guttmann, A. (1994). *Games & Empires. Modern Sports and Cultural Imperialism.* New York: Columbia University Press.

Handbuch der Turnspiele. *Amtliches Jahrbuch der Turnspiele der Deutschen Turnerschaft (D.T.),* Jahrgänge 1925 und 1926.

Havemann, N. (2005). *Fußball unterm Hakenkreuz. Der DFB zwischen Sport, Politik und Kommerz.* Frankfurt am Main: Campus.

Hennies, R. & Meuren, D. (Hrsg.) (2009). *Frauenfußball. Der lange Weg zur Anerkennung.* Göttingen: Verlag Die Werkstatt.

Hoffmann, A. (1965). *Frau und Leibesübungen im Wandel der Zeit* (Beiträge zur Lehre und Forschung der Leibeserziehung, 24). Schorndorf: Hofmann.

Holt, R. (1989). *Sport and the British. A Modern History.* Oxford: Oxford University Press.

Hueppe, F. (1926). Über die Spielbewegung in Deutschland und die Entstehung des Deutschen Fußball-Bundes. *Die Leibesübungen* 2, 1926. S. 267-270.

Jahn, F. L., Eiselen, E. (1816). Deutsche Turnkunst. In: Schwarze, M. & W. (Hrsg.) *Quellenbücher der Leibesübungen,* Band IV. Dresden: Limpert.

Jürgs, M. (2003). *Der kleine Friede im großen Krieg. Westfront 1914: Als Deutsche, Franzosen und Briten gemeinsam Weihnachten feierten.* München: Bertelsmann.

Koch, K. (1895). *Die Geschichte des Fußballs im Altertum und in der Neuzeit.* Berlin: Gaertner.

Koppehel, C. (Bearb.) (1954). *Geschichte des deutschen Fussballsports.* Herausgegeben in Zusammenarbeit mit dem deutschen Fußballbund. Frankfurt am Main: Limpert.

Körner, F. (1953). *Männerturnverein Stuttgart. Die Geschichte eines Turnvereins*. Stuttgart: Selbstverlag.

Krüger, M. (1996). *Körperkultur und Nationsbildung. Die Geschichte des Turnens in der Reichsgründungsära – eine Detailstudie über die Deutschen*. Schorndorf: Hofmann.

Krüger, M. (2000). Fußball im Zivilisationsprozeß. In Schlicht, W./ Lang, W. (Hrsg.): *Über Fußball*. Schorndorf: Hofmann.

Krüger, M. (2011). Die Neugründung des deutschen Turner-Bundes 1950. In D. Donnermeyer & A. Hofmann (Hrsg.), *200 Jahre Turnbewegung. 200 Jahre soziale Verantwortung* (S. 118-122). Frankfurt am Main: DTB.

Langenfeld, H., Prange, K. (2002). *Münster. Die Stadt und ihr Sport*. Münster: Aschendorff.

Mangan, J.A. (1981). *Athleticism in the Victorian and Edvardian Public School*. Cambridge: University Press.

Mangan, J.A. (2012). *Manufactured masculinity. Making imperial manliness, morality and militarism* (Sport in the global society: historical perspectives). London/New York: Routledge.

Markovits, A.S, Hellermann, L. (2002). *Im Abseits. Fußball in der amerikanischen Sportkultur*. Hamburg: Hamburger Edition (am. Original: Offside: Soccer and American Exceptionalism. Princeton University Press 2001).

Neuendorff, E. (1926). *Jugend- Turn- und Sportbuch*. Berlin: Richard Bong.

Neuendorff, o.J. [1932]. *Geschichte der neueren deutschen Leibesübung von Beginn des 18. Jahrhunderts bis zur Gegenwart*. University of Wisconsin: Madison.

Novak, M. (1999). Frauen am Ball: Eine dreißigjährige Erfolgsbilanz. In W. Gerhardt (Hrsg.), *100 Jahre DFB. Die Geschichte des Deutschen Fussball-Bundes* (S. 489-496). Berlin: Sportverlag.

Orwell, G. (1945). The sporting spirit in: *Tribune*. London.

Pfister, G. (Hrsg.) (1980). *Frau und Sport* ([Fischer-Taschenbücher], 2052) (Orig.-Ausg.). Frankfurt am Main: Fischer-Taschenbuch-Verl.

Pilz, G.A. (1994). *Jugend, Gewalt und Rechtsextremismus*. Münster: Lit.

Pilz, G.A. (2005). Erziehung zum Fairplay im Wettkampfsport. Ergebnisse aus Untersuchungen im wettkampforientierten Jugendfußball. *Bundesgesundheitsblatt* 48,8, S. 881-890.

Planck, K. (1898/1982). *Fußlümmelei. Über Stauchballspiel und englische Krankheit*. Nachdruck. Münster: Lit.

Prange, K. (1991). Der Zentralausschuss zur Förderung der Volks- und Jugendspiele in Deutschland (1891-1922). *Stadion* XVII, 2, S. 193-206.

Röger, U. (Hrsg.) (2008). *Frauen am Ball. Analysen und Perspektiven der Genderforschung* (TrendSportWissenschaft, 11). Hamburg: Czwalina.

Schiffer, J. (2011). *Frauenfußball-Literatur. Eine kommentierte Bibliografie [zu wissenschaftlichen Aspekten des Frauenfußballs]* (Schriftenreihe der Zentralbibliothek der Sportwissenschaften der Deutschen Sporthochschule Köln, 11). Köln: Sportverlag Strauß.

Seiffert, H. (1932). Weltreligion des 20. Jahrhunderts. Aus einem Werk des 120. Jahrhunderts. *Der Querschnitt* 12, 6, S. 385-287.

Sturm, P. (1924). *Die seelischen und sittlichen Werte des Sports, insbesondere des Fußballsports, als Grundlage zur Befreiung aus der Knechtschaft.* Stuttgart.

Veblen, T. (1899/1981). *Theory of the leisure classes.* Köln: Kiepenheuer und Witsch.

Vogt, K. (1876). Die 8. deutsche Turnlehrer-Versammlung in Braunschweig vom 27. bis 30.7.1876. *Deutsche Turn-Zeitung* 21, 305-310.

Annette R. Hofmann

Frauenfußball aus einer internationalen Perspektive[1]

Wer Frauenfußball in den letzten Jahren verfolgt hat, kann feststellen, dass der Fußballsport keine männliche Bastion mehr ist. Rund um die Welt „dürfen" Frauen nun das runde Leder treten, heben und rollen, in kurzen Hosen und eng anliegenden T-Shirts, genauso wie in Röcken oder in Ganzkörperkleidung, wie es in manchen muslimischen Kulturen der Fall ist. Historisch betrachtet, stand der Frauenfußball in zahlreichen Ländern lange Zeit unter Kritik. Deshalb war die Prognose des FIFA-Präsidenten Sepp Blatter im Zuge der Weltmeisterschaft von 1995, dass die Zukunft des Fußballs weiblich sei, gewagt (Lopez, 2001). Rückblickend hatte er jedoch nicht Unrecht. In vielen Ländern ist der Frauenfußball die Sportart mit dem höchsten Anstieg an Aktiven. Nach Schätzungen der FIFA zufolge spielen derzeit ca. 29 Millionen Mädchen und Frauen im organisierten Fußball (http://de.fifa.com/womensworldcup/index.html).[2] Weltweit gibt es Aktionen und Initiativen der nationalen Fußballverbände, aber auch der FIFA Frauenfußball zu fördern.[3] Zum Teil sind es auch Entwicklungshilfeprojekte bei denen durch das sportliche Engagement die Persönlichkeit von Frauen und ihr Selbstbewusstsein gestärkt werden sollen. Auch sind Frauen bis hin zur Nationalebene immer häufiger in Trainerpositionen zu finden. Es gibt derzeit keine andere Spielsportart, die so viele Nationaltrainerinnen aufweist. Bei der Frauenfußball-WM 2011 in Deutschland waren über 30 Prozent der Nationaltrainer Frauen (Hofmann & Sinning, 2013).

Doch ist die Situation nicht nur rosig. Frauen mussten – und müssen zum Teil noch immer – in dieser männlich dominierten Sportart ihre Teilhabe über viele Jahrzehnte hinweg erkämpfen. Nicht nur vom Fußball, auch von zahlreichen anderen sportlichen Aktivitäten und insbesondere vom Wettkampfsport waren sie lange Zeit ausgeschlossen. Mediziner und Pädagogen entschieden darüber, welche sportlichen Aktivitäten und Bewegungen für das weibliche Geschlecht medizinisch und auch moralisch vertretbar waren (Hofmann, 2012). In den westlichen Ländern sind mittlerweile fast alle Sportarten für Mädchen und Frauen geöffnet, dies ist in anderen Kulturkreisen noch nicht der Fall, auch wenn bei den Olympischen Spielen 2012 erstmals alle teilnehmenden Nationen Athletinnen entsandten.

---

1 Hierbei handelt es sich um einen ergänzten und überarbeiteten Beitrag von Hofmann in Sinning (2012).
2 Das sind neun Millionen mehr als Scraton, Fasting, Pfister & Bunual für das ausgehende 20. Jahrhundert angegeben haben (1999).
3 So war die ehemals deutsche Fußballspielerin Monika Staab als Beraterin in Entwicklungsprojekten im Namen der FIFA vor allem im arabischen und asiatischen Raum tätig (Schneider, 2012). Heute ist sie Nationaltrainerin der Frauenmannschaft von Katar.

Wirft man einen Blick auf die Entwicklungen des Frauenfußballs, so wurden Frauen auf ihrem Weg auf die Fußballfelder und in die Stadien besonders viele Steine in den Weg gelegt. Vom Fußballsport – in vielen Ländern als höchste Form der Männlichkeit und Fußballfelder als öffentliche Orte, wo Männlichkeit produziert und präsentiert wird – wurden Frauen lange ausgeschlossen. Noch vor einem halben Jahrhundert wäre eine Öffnung des Fußballs für Frauen, wie es heute der Fall ist, in diesen Ländern unvorstellbar gewesen. Es wurde die Meinung vertreten, dass fußballspielende Frauen den Wert des Männerfußballspiels herabsetzen. Zudem wurde davon ausgegangen, dass es Frauen an den körperlichen Voraussetzungen für diesen Sport fehle und die Ausübung zu einer Maskulinisierung führen würde. Dazu kam noch, dass es zu den Anfängen des Frauenfußballs für Frauen noch als unschicklich galt Hosen zu tragen. Kurz: Fußball wurde als etwas angesehen, das nur den Männern zusteht (Knoppers & Anthonissen, 2003). So wurde zum Beispiel in Großbritannien, dem Geburtsland des modernen Fußballsports, fußballspielenden Frauen von den 1920er bis in die 1970er Jahre die Nutzung der Stadien verwehrt. Auch im Westen Deutschlands war es nicht viel anders. In den 1950er Jahren verbot der DFB seinen Vereinen Frauenabteilungen zu gründen. Ähnliche Beispiele gibt es aus anderen Kontinenten, die unten noch aufgegriffen werden. Dennoch haben Frauen in sehr vielen Ländern in den 1970er Jahren einen ersten Durchbruch geschafft. Mittlerweile ist der Frauenfußball weltweit verbreitet, was sich nicht zuletzt in der Austragung großer internationaler Turniere widerspiegelt. 1984 trug die UEFA die ersten Europameisterschaften aus, die FIFA folgte 1991 mit der ersten Weltmeisterschaft. Für die letztere gab es kein Qualifikationsturnier, da der Sport noch zu wenig international verbreitet war, das hat sich aber mittlerweile geändert. Bei den Olympischen Spielen 1996 in Atlanta feierte der Frauenfußball sein olympisches Debüt. Dieses Turnier hat bis heute eine viel höhere Bedeutung als das olympische Fußballturnier der Männer, die in der Regel ihre U-21 Mannschaften schicken (Meân, 2010).

Im Folgenden soll in einem knappen historischen Rückblick die Verbreitung des Frauenfußballs anhand ausgewählter Länder aufgezeigt werden. Dabei wird zum Teil auch auf die Schwierigkeiten in den Anfangsjahren eingegangen. Eine besondere Rolle nimmt dabei die USA ein, da hier im Vergleich zu den meisten anderen Ländern der Fußball kulturell bedingt einen anderen Stellenwert hat und seit jeher als Frauensport akzeptiert wird. Deshalb soll auf diese Nation ein etwas tieferer Blick geworfen werden. Deutschland wird nur am Rande erwähnt, da andere Beiträge in diesem Buch hierauf Bezug nehmen (siehe z.B. Krüger in diesem Band). Zur weiteren Vertiefung soll auf das Buch *Soccer, Women, Sexual Liberation. Kicking off a New Era* (2004), herausgegeben von Hong, F. & Mangan, J.A. verwiesen werden, das noch weitere Länder aufgreift. Zudem wurde im Weltmeisterschaftsjahr 2011 von Jürgen Schiffer eine kommentierte Bibliografie zu wissenschaftlichen Veröffentlichungen des Frauenfußballs herausgegeben.

Hierin findet man weitere Literatur und Quellen für tiefer gehende Recherchen zur internationalen Verbreitung dieser Sportart.

Historischer Rückblick

In zahlreichen Kulturen (z.B. in Asien oder bei den Indianern Nordamerikas) gab es schon immer Spielformen, bei denen ein Ball mit den Füßen gestoßen wurde. Zum Teil durften auch Frauen an den Spielen teilnehmen. In Schottland gab es eine Art „Folk-Football", bei dem Frauen gemeinsam mit Männern spielten, aber auch unverheiratete Frauen gegen verheiratete. Diese Spielformen waren jedoch lokal beschränkt und es gab keine standardisierten Regeln; sie haben auch noch wenig mit unserem modernen Fußball zu tun, dessen Ursprünge auf England zurückgehen, wo sich das Fußballspiel im 19. Jahrhundert ausgehend von englischen Privatschulen entwickelt und verbreitet hat (Müller, 2008). Auch Mädchen und Frauen fanden an diesem Spiel rasch Gefallen. Das erste offiziell anerkannte Frauenfußballspiel wurde 1888 in Schottland ausgetragen, wo auch sechs Jahre später eine erste Frauenfußballorganisation gegründet wurde. Zu diesem Zeitpunkt war noch kein Fußballverbot für Frauen ausgesprochen. Nettie Honeyball, eine englische Frauenaktivistin, wurde berühmt dafür, dass sie ein Jahr darauf ein Spiel zwischen den Schottinnen und Südengländerinnen organisierte. Um den Anstand zu wahren trugen die Spielerinnen Hüte und Röcke über ihren Knickerbockern. Ein paar Jahre nach diesem Spiel kam es auch schon zu ersten Einschränkungen. 1902 gab die *Football Association* in England ein Gesetz heraus, das es verbot, dass Herrenmannschaften gegen Frauen spielten. Der Frauenfußball hat sich dennoch – vor allem über Arbeiterinnen – weiterverbreitet. In den frühen 1920er Jahren gab es um die 150 Teams in Großbritannien. In diese Phase steigender Popularisierung fällt dann ab 1921 das oben schon angeführte Verbot, das Frauen das Fußballspiel in Stadien untersagte. Das Gesetz hielt sich genau 50 Jahre (Williams, 2004; Pfister, 2012).

Mit der internationalen Verbreitung des Männerfußballs auf dem europäischen Kontinent im ausgehenden 19. Jahrhundert stieg in den verschiedenen Ländern auch das Interesse von Frauen an der Ausübung dieses Spiels. Auch der Erste Weltkrieg trug zu einer Internationalisierung des Frauenfußballs bei. Als Beispiel ist der *Dick, Kerr Ladies Football Club* aus England anzuführen. Diese Frauenmannschaft spielte ursprünglich um Gelder für den Krieg zu sammeln. Sie war auch die erste Mannschaft, die an internationalen Begegnungen im Frauenfußball teilnahm. 1920 spielten die Engländerinnen auf französischem Boden gegen Frauen aus Paris[4] und 1922 tourten sie durch Kanada und die USA (Hall, 2003; Pfister, 2012). 1965 wurde die Mannschaft aufgrund finanzieller Schwierigkeiten aufgelöst. Von 828 Spielen hat sie 758 gewonnen, bei 46 war das Ergebnis unent-

---

4 Auch in Frankreich waren Frauenfußballmannschaften während des Ersten Weltkrieges entstanden. In den 1930er Jahren gab es hier sogar eine erste Verbandsgründung, der aber aufgrund des Widerstandes von männlicher Seite nicht bestehen konnte (Pfister, 2012).

schieden (Schiffer, 2011). Auf eigene große internationale Turniere mussten Frauen aber noch über 60 Jahre warten.

Internationale Verbreitung

2011 wurde in Deutschland die sechste Frauenfußball-Weltmeisterschaft ausgetragen. An den vergangenen fünf Weltmeisterschaften haben Mannschaften aus 22 Ländern teilgenommen. 2015 werden es sogar noch zwei Mannschaften mehr sein (FIFA, http://www.fifa.com/womensworldcup/index.html). Es zeigt sich deutlich, dass Frauenfußball mittlerweile auf allen Kontinenten zu finden ist, wenn auch der Ausbreitungsprozess und der Kampf um die Anerkennung zum Teil noch lange nicht abgeschlossen sind. Zudem handelt es sich um eine Sportart, die sehr unterschiedliche gesellschaftliche Stellungen in den verschiedenen Ländern einnimmt.

USA

Während sich in Nationen, dazu zählt auch Deutschland, in denen sich der Männerfußball als Nationalsportart etablieren konnte und stark maskulin geprägt ist, Mädchen und Frauen z.T. noch immer gewisse Schwierigkeiten zu überwinden haben Zugang zu dieser Sportart zu finden, ist Fußball in anderen Ländern, wie z.B. den USA, ein anerkannter Frauensport. Nicht überall wird Frauenfußball als „Imitat eines hegemonialen Männlichkeitskultes" empfunden (Schiffer, 2011, S. 17). Dies liegt auch darin begründet, dass der Männerfußball sich in den USA als Einwanderersport nie gegen die „Großen Drei", also die Nationalsportarten Baseball, American Football, Basketball – zumindest als Zuschauersport – durchsetzen konnte. Er nahm – im Gegensatz zu vielen europäischen und auch südamerikanischen Ländern – von je her eine Außenseiterposition ein. Dies kam den Frauen zu Gute, die in dieser Sportart eine Nische finden konnten, die noch nicht männlich besetzt war. Es gab kaum Einwände gegen ihr Fußballspiel. Dies auch deshalb, da Fußball – im Gegensatz zum American Football – eher als eine leichte körperliche Aktivität – „non competitive, nonviolent, and nonconfrontational" – angesehen wurde. So wurde Fußball schon im frühen 20. Jahrhundert in den Sportunterricht und den Hochschulsport der führenden amerikanischen Frauencolleges (*Seven Sisters*) eingeführt. Hierbei sollte allerdings der Spaß wichtiger sein als Spiele zu gewinnen. Trotz Akzeptanz und der frühen Verbreitung des Frauenfußballs an amerikanischen Bildungsinstitutionen dauerte es bis 1970, bis er als Wettkampfsport an den Hochschulen eingeführt wurde. Die Brown University war 1971 die erste Universität, die eine Frauenfußballmannschaft in ihrem wettkampforientieren Sportprogramm etablierte. 1981 wurde ein erstes *National Collegiate* Frauenfußballturnier ausgetragen (Knoppers & Anthonissen, 2003).

Heute ist an den amerikanischen High Schools und Colleges Fußball ein überaus populärer Sport – übrigens auch für Jungen und Männer. Während der beiden letzten Jahrzehnte hat er sich nach Basketball zum beliebtesten Frauenmannschaftssport entwickelt. Fußball wird aber auch in zahlreichen privaten Soccer Clubs gespielt. Zu Beginn der 2000er Jahre gab es fast neun Millionen Mädchen und Frauen, die diesen Sport in den USA ausübten. Diese Popularität spiegelt sich auch in den Erfolgen der amerikanischen Frauen-Nationalmannschaft wider. Mit ihren WM Siegen 1991 und 1999 und vier olympischen Goldmedaillen (1996, 2004, 2008, 2012) gehört sie zu den international erfolgreichsten Teams (http://en.wikipedia.org/wiki/United_States_women's_national_soccer_team; Markovits & Hellerman, 2002; Lopez, 2001). Natürlich haben sich auch die Sportartikelhersteller auf diese Popularität eingestellt. Schiffer (2011) verweist auf eine Studie, die angibt, dass 2002 60% des Umsatzes des Sportartikelherstellers Nike in der amerikanischen Fußballbranche durch Frauenfußballartikel getätigt wurde. Der Bekanntheitsgrad von Fußballspielerinnen der Nationalmannschaft ist sehr hoch in der amerikanischen Bevölkerung. Namen wie Mia Hamm, Abby Wambach oder Hope Solo sind den Amerikanern ein Begriff.

Die erste 2001 in den USA ins Leben gerufene Profiliga (*Women's United Soccer Association* – WUSA), die amerikanischen und internationalen Spielerinnen die Möglichkeiten bot, professionell ihren Sport auszuüben, existierte allerdings nur drei Jahre. Aufgrund finanzieller Schwierigkeiten musste sie wieder aufgelöst werden. Meân (2010) meint, dass eine Ursache dafür das mangelnde Medieninteresse zum einen am Fußball, zum anderen am Frauensport, sei. Andere Quellen gehen davon aus, dass das Budget unrealistisch aufgestellt war und sich die Liga finanziell übernommen hat. Im März 2009 startete *Women's Professional Soccer* (WPS) nach einigen Verschiebungen einen neuen Versuch, den Spielbetrieb in einer professionellen Liga wieder aufzunehmen. Diese wurde aber 2012 aufgelöst (http://de.wikipedia.org/wiki/Women%E2%80%99s_United_Soccer_Association). Doch die Amerikaner geben nicht auf, in enger Verbindung mit dem Fernsehsender FOX wurde 2013 die *National Women's Soccer League* (NWSL) ins Leben gerufen. Es bleibt abzuwarten wie lange diese Liga bestehen wird.

Skandinavien

Eine große Popularität des Frauenfußballs trifft auch auf die skandinavischen Länder Schweden und Norwegen sowie Dänemark zu. In diesen Ländern weisen die Männer keine großen internationalen Erfolge auf und Fußball nimmt eine eher zweitrangige Stellung ein. Die Norwegerinnen sind entsprechend erfolgreich. Bei den Olympischen Spielen 2000 in Sydney konnten sie die Goldmedaille im Fußballturnier für ihr Land gewinnen, zudem hatten sie schon 1987 die Europameisterschaft und dann 2005 die Weltmeisterschaft gewonnen. Heute ist Fußball mit über 106.000 aktiven Spielerinnen der beliebteste Frauensport in

Norwegen. Wie in vielen Ländern war der Aufschwung vor allem in den 1970er Jahren zu verzeichnen. Der norwegische Fußballverband hat sich trotz anfänglicher Bedenken und Kritik schon früh der Bedürfnisse der Mädchen und Frauen angenommen. Derzeit gibt es Bestrebungen Frauen auch in Trainer- und Funktionärstätigkeiten des Fußballverbandes zu integrieren, was bisher allerdings nur in begrenztem Maße gelang (Fasting, 2004; Lopez, 2001) und wieder rückläufig ist. Es wird damit begründet, dass immer mehr Männer Interesse am Frauenfußball gefunden haben, da jetzt damit auch etwas Geld zu verdienen ist. Als Beispiel kann man die Sportfunktionärin Karen Espelund (Norwegen) anführen, die den norwegischen Fußballverband vorstand aber 2011 ihren Posten verlassen musste, weil sich Machtkämpfe mit den Männern anbahnten. Auch die Schweden gehören zu den großen Frauenmannschaften im Fußball. Sie ziehen derzeit die Aufmerksamkeit auf sich, da die erfolgreichste Trainerin, Pia Sundhage, die über einige Zeit die amerikanische Nationalmannschaft trainierte, den Posten als Cheftrainerin in ihrem Heimatland übernahm und einen hohen Beliebtheitsgrad aufweist, wie auch bei den Europameisterschaften im Heimatland 2013 zu sehen war (Hofmann & Sinning, 2013).

Südamerika

Wirft man einen Blick auf Südamerika, führt kein Weg an Brasilien vorbei, ein Land, in dem es vor 1975 für Frauen verboten war, Fußball zu spielen. Heute zählt die brasilianische Nationalmannschaft der Frauen, wie die der Männer, zu den erfolgreichsten der Welt. Das große Fußballidol Pelé, der in den Jahren 1995-98 das Amt des Sportministers inne hatte, kann als eine Schlüsselfigur in der Förderung des Frauenfußballs angesehen werden, aber dennoch sind noch lange nicht alle Hindernisse und geschlechterspezifischen Vorurteile überwunden (Votre & Mourão, 2004). Die Spielerinnen beklagen sich, dass der Verband den Frauenfußball nur wenig unterstütze, es gibt nicht mal eine regelmäßige Liga, sondern nur Turniere für die Meisterschaft. So spielte die weltbekannte brasilianische Starspielerin Marta Vieira da Silva spielte lange Zeit für ein schwedisches top-level Team.

Asien

Ein weiterer Kontinent, der in den letzten Jahren in mehreren Ländern immer mehr Anhängerinnen im Frauenfußball aufweist, ist Asien. 1974 wurde die *Asian Women's Football Association* gegründet. Ursprünglich war China Vorreiter in Sachen Frauenfußball. Hier wurde Fußball schon früh von den Engländern in Hongkong eingeführt, konnte sich zum Nationalsport entwickeln und ist als ein Verbindungsglied zwischen der chinesischen und westlichen Kultur anzusehen. 1991 war China der Gastgeber der ersten Fußball-Weltmeisterschaft für Frauen, was an sich schon auf ein Interesse an dieser Sportart hinweist. Die Chinesinnen – die „Eisenrosen", wie die Spielerinnen nach ihren großen Erfolgen in den 1990er Jahren in ihrem Heimatland genannt wurden – gehörten in den vergangenen Jahren bei internationalen Turnieren stets zu den Favoritinnen. In ihrem Land selbst gibt es eine Reihe von großen Turnieren, dazu zählt u. a. der *China World Cup*. Dadurch, dass die Frauennationalmannschaft international erfolgreicher ist als die der Männer, sind auch die Spielerinnen sehr angesehen und beliebt. Auch im benachbarten Korea spielen Mädchen und Frauen seit über 50 Jahren Fußball und es ist die Sportart mit dem größten Wachstum (Hong & Mangan, 2004). In den letzten Jahren hat allerdings Japan China sportlich eingeholt. Die Japanerinnen haben es geschafft an die Weltspitze zu gelangen. 1989 wurde die *Japan Ladies Soccer League* gegründet (Mentschel, 2007; Hofmann, Schaaf & Schimmel, 2012). Der größte Erfolg der Japanerinnen war der unerwartete Sieg der Fußball-WM 2011 gegen das favorisierte amerikanische Team. Bei den Olympischen Spielen 2012 traten die gleichen Mannschaften gegeneinander im Finale an, doch dieses Mal gewannen die Amerikanerinnen. Schon 2008 hatten die Japanerinnen um die Bronzemedaille bei den Olympischen Spielen in Peking gespielt, ihr Land hat der Frauennationalmannschaft liebevoll den Namen „Nadeshiko", Prachtnelke, gegeben.

In Indien dagegen sieht es mit der Verbreitung des Frauenfußballs ein wenig anders aus. Man könnte zwar vermuten, dass sich aufgrund des Einflusses der englischen Kolonialherren – ähnlich wie in England – Frauenfußball ausgebreitet hätte. Doch das Gegenteil ist der Fall, wie schon in dem bekannten Kinofilm „Kick it like Beckham" zum Ausdruck kam. Fußball ist nicht in der indischen Gesellschaft akzeptiert, Fußballspielerinnen gehören der Unterschicht an. Für „respectable middle-class women" ist es noch immer ein Tabu diese Sportart auszuüben. Demzufolge kämpft der Frauenfußball in Indien um finanzielle Unterstützung und öffentliche Anerkennung, obwohl es auch hier Mannschaften gibt (Majundar, 2004, 81).

Afrika

Auf ähnliche, wenn nicht zum Teil sogar auf noch größere Schwierigkeiten als in Asien stößt der Frauenfußball auf dem afrikanischen Kontinent. Saavedra (2004, S. 225) schreibt, dass diesem Sport „scepticism, neglect and sometimes outright hostility" entgegengebracht werden. Afrika besteht aus vielen Ländern mit unterschiedlichen Kulturen und Religionen, die nicht über einen Kamm geschoren werden können. Mittlerweile sind in über 30 afrikanischen Ländern Ansätze des Frauenfußballs zu finden. Seit 1991 wird von der *Confederation of African Football* eine *African Women Championship* ausgetragen. Was den sportlichen Erfolg angeht, zeigt sich hier eine Dominanz Nigerias. Sieben Mal gingen die nigerianischen Spielerinnen als Siegerinnen aus diesem Turnier hervor, diese Vorrangstellung könnte jedoch schon bald von Südafrika abgelöst werden (Saavedra, 2004).

Fußball wird in afrikanischen Ländern zum Teil auch im Rahmen der Entwicklungshilfe eingesetzt. Sporttreiben und damit auch das Fußballspielen wird als eine Möglichkeit zur Förderung des Selbstbewusstseins und der Emanzipation von Mädchen und Frauen angesehen. Häufig ist die Einforderung ihrer Rechte mit vielen Hindernissen und Vorurteilen verbunden. Zahlreiche internationale Organisationen, darunter auch die FIFA und der DFB unterstützen aus diesem Grund Frauenfußballprojekte in Afrika. Ein solches Projekt, das der DOSB zusammen mit dem DFB fördert, ist der Frauenfußball in Namibia.[5] Doch sind diese auf den Frauensport bezogenen Projekte nicht einfach umzusetzen. In manchen Regionen Afrikas gibt es große Ressentiments gegen den Frauensport im Allgemeinen, „indigeneous cultural prohibitions", wie es von Saavedra beschrieben wird (2004, S. 232). Zudem wird in vielen afrikanischen Ländern in der Regel nur der Sport der Männer und insbesondere der Elitesport, d.h. der olympische, mit öffentlichen Geldern gefördert. Dies wird zum Beispiel in Marokko deutlich, wo es zwar nach langen Kämpfen eine Frauenfußballliga gibt, den teilnehmenden Mannschaften aber immer wieder die versprochene finanzielle Unterstützung verweigert wird. Keine der Fußballspielerinnen bekommt ein Gehalt, wie es im Männerfußball der Fall ist und kaum ein Sponsor findet sich die Spielerinnen oder ihre Mannschaften zu unterstützen. Zudem fehlt es an Strukturen, die es Mädchen erlauben schon in jungen Jahren in einer Mannschaft zu spielen. Wenn sie Interesse an dem Sport haben, und es werden immer mehr, so sind sie häufig auf das Einverständnis der Jungen angewiesen, sie mitspielen zu lassen (Matuska, 2010).

Eine weitere Schwierigkeit für Frauen stellt die Religion dar. Für die Frauen, die dem islamischen Glauben angehören, ist aufgrund ihrer persönlichen Einstellung oder den Vorschriften ihres Landes, es häufig nur in langer Kleidung möglich Sport zu treiben, was mit bestimmten körperlichen Erschwernissen verbunden ist.

Das Kopftuchverbot: Der Islam und der Frauenfußball

Es gibt Beispiele aus der Sportgeschichte der Leichtathletik, die zeigen, dass Frauen auch mit einer Ganzkörperbedeckung an internationalen Wettkämpfen teilnehmen. Dies ist auch im Fußball immer wieder der Fall. Ein Beispiel, das heran gezogen werden kann, ist der Iran, wo es angeblich um die 30.000 Fußballspielerinnen gibt. Das Fußballspielen ist hier für Frauen unter bestimmten Einschränkungen möglich. Dazu gehört die Austragung von Training und Spielen in von der Männerwelt abgeschotteten Hallen. Dabei müssen weite Trikots und lange Hosen getragen werden und die Haare werden von einem Hijab oder Abaja

---

verdeckt. Die Spielerinnen dürfen nur von Frauen trainiert werden, ebenso sind die Schiedsrichter Frauen. Obwohl es schon vereinzelt Freundschaftsspiele gegen ausländische Mannschaften gab, so zum Beispiel 2006 gegen die Frauenmannschaft des türkischen Vereins Al-Dersimspor aus Berlin-Kreuzberg,[6] haben die Iranerinnen nicht zuletzt aufgrund dieser Bekleidung große Probleme bei internationalen Turnieren anzutreten. Das jüngste Beispiel ist ihr ursprünglicher Ausschluss von den Olympischen Jugendspielen in Singapur 2010. Das IOC berief sich hier auf die FIFA, die es angeblich aufgrund der Verletzungsgefahr nicht zulassen wollte, dass Frauen in dieser Verhüllung Fußball spielen. Letztendlich wurde die IOC-Entscheidung noch kurz vor den Jugendspielen gekippt, und die iranischen Fußballspielerinnen durften mit Kappen am olympischen Turnier teilnehmen. Die Teilnahme hat sich gelohnt, sie verloren im Spiel um Platz 3 (Payvan Iran News). Allerdings wurde dann im Juni 2011 das iranische Fußball-Frauenteam wegen seiner Kleidung vom Olympia-Qualifikationsspiel in Jordanien ausgeschlossen. 2012 wurde das ursprünglich seit 2007 bestehende Kopftuchverbot von der FIFA aufgehoben (DFB, 2012).

Auch im Golfstaat Katar wird neben dem Männerfußball der Frauenfußball immer beliebter. Es erfolgt eine systematische Talentförderung und die deutsche Monika Staab hat seit 2013 die Stelle der Nationaltrainerin inne. Im Iran wie auch Katar kann aus religiösen Gründen nur eine Frau die Fußballspielerinnen trainieren.[7]

Die Zukunft ist weiblich?

In diesem Überblick konnte nur auf einzelne Länder eingegangen und ein Einblick in die Parallelen und Unterschiede in der Entwicklung und Verbreitung des internationalen Frauenfußballs gegeben werden. Dabei wurden besonders die Barrieren, die noch immer in vielen Ländern nicht überwunden sind, hervorgehoben. Wenn es auch heute in den westlichen und zahlreichen asiatischen Ländern möglich ist, als Mädchen oder Frau Fußball zu spielen, so ist die Situation in islamischen Ländern eine andere.

Zusammenfassend kann postuliert werden, dass in den meisten aufgeführten Ländern bis in die 1970er Jahre der Frauenfußball zumindest als organisierter Wettkampfsport nur eingeschränkt möglich und zum Teil verboten war. Erst als die Frauen vermehrte Selbständigkeit zeigten, d.h. sie damit begannen, selbst Turniere und Vereine zu organisieren, und sie Pläne entwickelten, eigene Verbände und Dachorganisationen zu gründen, witterten die UEFA und die FIFA, die Gefahr ihre Vormachtstellung im gesamten Fußballsport zu verlieren. Diese Or-

---

6   Hierzu wurde der Dokumentarfilm „Football under Cover" gedreht.
7   Siehe hierzu auch ein Interview mit Monika Staab, die in verschiedenen muslimischen Ländern, so Bahrain und Pakistan, Erfahrungen als Nationaltrainerin sammeln konnte (Schneider, 2012).

ganisationen wollten – wie auch zahlreiche nationale Fußballverbände – weiterhin die dominierende Macht über den gesamten Fußballsport ausüben. So unterstützten sie nach und nach auch den Fußball der Frauen. Schaut man sich die Verbandsstrukturen der internationalen und nationalen Fußballfachverbände an, so sind diese weiterhin ganz klar von Männern dominiert, Frauen haben nach wie vor kaum ein Mitspracherecht in diesen Institutionen und sind selten in nationalen oder internationalen Führungspositionen zu finden. Einzig auf der Nationaltrainerinnenebene zeigt sich international ein etwas positiveres Bild (Hofmann & Sinning, 2013).

Obwohl sich insgesamt die Situation um den Frauenfußball in den meisten Ländern in den letzten Jahren zum Positiven verändert hat, ist sein Schattendasein noch immer offensichtlich. Dies ist nicht zuletzt auch daran zu erkennen, dass Fußballspielerinnen noch nicht eine vergleichbare Popularität und Anerkennung gefunden haben wie ihre männlichen Kollegen, die zum Teil große nationale Idole sind. Zudem werden mit ihnen keine Millionenverträge abgeschlossen. Auch die Tatsache, dass in den Nationen, in denen Fußball als „der" Männersport an sich gilt, bedeutende Frauenfußballspiele nicht immer in den großen Stadien ausgetragen werden, wie dies übrigens auch bei der Fußball-WM in Deutschland der Fall war, spiegelt dies wider. Hier zeigt sich auch ein mangelndes Interesse von Seiten der Medien. Durch ihren Einfluss könnte sich im Frauenfußball sicherlich noch einiges zum Positiven verändern.

Ob der Frauenfußball in allen Ländern je die Popularität und Akzeptanz des Männerfußballs erreichen und in allen Gesellschaftsgruppen rund um den Globus voll akzeptiert werden wird, ist zu bezweifeln. In jedem Fall wird es noch ein sehr langer, mühsamer und überaus spannender Weg sein.

Literatur

DFB (2012). FIFA hebt Kopftuchverbot auf. http://www.dfb.de/index.php?id= 511739&tx_dfbnews_pi1[showUid]=35072&tx_dfbnews_pi4[cat]=137 (abgerufen am 10.11.2012).

Fasting, K. (2004). Small Country – Big Results: Women's Football in Norway. In Hong, F. & Mangan, J. A. (Hrsg.). *Soccer, Women, Sexual Liberation. Kicking off a New Era*, (S. 149-161). London: Frank Cass.

Hall, A. (2003). The Game of Choice: Girl's and Womans's Soccer in Canada. In Hong, F. & Mangan, J. A. (Hrsg.). *Soccer, Women, Sexual Liberation. Kicking off a New Era*, (S. 161-178). London: Frank Cass.

Hofmann, A.R. (2012). Frauenfußball aus internationaler Perspektive. In S. Sinning (Hrsg.). (2012). *Auf den Spuren des Frauen- und Mädchenfußballs* (S. 51-62). Weinheim/Basel: Beltz Juventa.

Hofmann, A.R., Schaaf, D. & Schimmel, K. (2012). Team of destiny? US and German print media representations of Japan's victory in the 2011 FIFA

Women's World Cup tournament. Unveröffentlicher Vortrag bei der North American Society of Sport Sociology in New Orleans.

Hofmann, A. R. & Sinning, S. (2013). Die Medienpräsentation der Nationaltrainerinnen Silvia Neid und Pia Sundhage bei der Frauenfußball-WM 2011. In Sinning, S., Pargätzi, J. & Eichmann, B. (2013). *Frauen- und Mädchenfußball im Blickpunkt – Empirische Untersuchungen – Probleme und Visionen*, (S. 228-242). LIT: Münster.

Hong, F. & Mangan, J. A. (2004). Will the 'Iron Roses' Bloom Forever? Women's Football in China: Changes and Challenges. In Hong, F. & Mangan, J. A. (Hrsg.). *Soccer, Women, Sexual Liberation. Kicking off a New Era*, (S. 47-66). London: Frank Cass.

Hong, F. & Mangan, J. A. (Hrsg.). (2004). *Soccer, Women, Sexual Liberation. Kicking off a New Era*. London: Frank Cass.

Knoppers, A. & Anthonissen, A. (2003). Women's Soccer in the United States and the Netherlands: Differences and Similiarities in Regimes of Inequalities. In *Sociology of Sport Journal 20*, S. 351-370.

Lopez, J. (2001). Soccer. In Christensen, K., Guttmann, A. & Pfister, G. (Hrsg.). *International Encyclopedia of Women Sports. Vol. 3*, (S. 1061-1071). New York/Detroit/San Francisco/London/Boston/Woodingbridge: Macmillan.

Majundar, B. (2004). Forwards and Backwards: Women's Soccer in Twentieth-Century India. In Hong, F. & Mangan, J. A. (Hrsg.). *Soccer, Women, Sexual Liberation. Kicking off a New Era*, (S. 80-94). London: Frank Cass.

Markovits, A. S. & Hellerman, S. L. (2002). *Im Abseits. Fußball in der amerikanischen Sportkultur*. Hamburg: HIS Verlag.

Matuska, L. (2010). Maroccan Female Soccer Players Fight Uphill Battle for Resources. In Chicago Public Radio. Worldview. www.chicagopublicradio.org, gesendet am 14. Mai 2010, 12.00.

Meân, L. J. (2010). Dare to Dream: U.S. Women's Soccer versus the World. In Wiggins, D. K. & Rodgers, P. (Hrsg.). *Rivals. Legendary Matchups that made Sports History*, (S. 293-304). Fayetteville: The University of Arkansas Press.

Mentschel, J. (2007). „Mannschaftsportrait Japan. Nichts ist unmöglich". Abgerufen unter: http://www.bpb.de/themen/2VKE1B,0,0,Mannschaftsportr%E4t_Japan.html (abgerufen im September 2010).

Müller, M. (2008). *Fußball als Paradox der Moderne. Zur Bedeutung ethnischer, nationaler und geschlechtlicher Differenzen im Profifußball*. Wiesbaden: Verlag für Sozialwissenschaften.

Payvan Iran News. http://payvand.com/sports/ (abgerufen im September 2010).

Pfister, G. (2012). Frauen-Fußball-Geschichte(n). In Sinning, S. (Hrsg.). *Auf den Spuren des Frauen- und Mädchenfußballs*, (S. 4-47). Weinheim/Basel: Beltz Juventa

Saavedra, M. (2004). Football Feminine – Development of the African Game: Senegal, Nigeria and South Africa. In Hong, F. & Mangan, J. A. (Hrsg.). *Soccer, Women, Sexual Liberation. Kicking off a New Era*, (S. 225-253). London: Frank Cass.

Schiffer, J. (2011). *Frauenfußball-Literatur.* Köln: Sportverlag Strauß.

Schneider, K. (2012). Kathrin Schneider im Gespräch mit Monika Staab. In Sinning, S. (Hrsg.). *Auf den Spuren des Frauen- und Mädchenfußballs,* (S. 63-70). Weinheim/Basel: Beltz Juventa.

Scraton, S., Fasting, F., Pfister, G. & Bunual, A. (1999). 'It's still a man's game?' The experiences of top-level women footballers in England, Germany, Norway and Spain. In *International Journal of Sport Sociology 34,* S. 99-111.

Sinning, S. (Hrsg.). (2012). *Auf den Spuren des Frauen- und Mädchenfußballs.* Weinheim/Basel: Beltz Juventa.

Votre, S. & Mourão, L. (2004). Women's Football in Brazil: Progress and Problems. In Hong, F. & Mangan, J. A. (Hrsg.). *Soccer, Women, Sexual Liberation. Kicking off a New Era,* (S. 254-267). London: Frank Cass.

Williams, J. (2004). The Fastest Growing Sport? Women's Football in England. In Hong, F. & Mangan, J. A. (Hrsg.). *Soccer, Women, Sexual Liberation. Kicking off a New Era,* (S. 112-127). London: Frank Cass.

Internet

http://de.fifa.com/womensworldcup/index.html, abgerufen am 2. August, 2013.

http://de.wikipedia.org/wiki/Women%E2%80%99s_United_Soccer_Association, abgerufen am 2. August 2013.

http://en.wikipedia.org/wiki/United_States_women's_national_soccer_team, abgerufen am 2. August 2013.

******

Warum ich Frauenfußball toll finde

Ich finde Frauenfußball toll weil
sonst immer die Männer Fußball spielen
dann ist das mal mal was anderes.
Und die zweite Begründung ist, dass
Frauen genauso gut Fußball gut
spielen können. Und ich finde
Frauenfußb es nicht so gut
daß sich niemand für Frauenfußball
interesiert

Und ich würde mir
wünschen dass
Frauenfußball noch lang erhalten
bleibt

Die Frauenfußball-WM 2011 –
ein journalistischer Rückblick

Daniel Küchenmeister & Thomas Schneider

Die Frauenfußball-Weltmeisterschaft 2011 – ein kritischer Rückblick auf gesellschaftspolitische Debatten[1]

Das „Sommermärchen reloaded" ist bekanntlich ausgeblieben. Ob es nun an den viel zu hohen Erwartungen lag, an der falschen Vorbereitung, an Spannungen im Team oder was auch immer im Nachhinein für das Ausscheiden der Titelfavoritinnen verantwortlich gemacht wurde: „Entscheidend ist" auch im Frauenfußball – und das ist die erste, beruhigende Aussage, die man in einer Bilanz der Frauen-Fußball-Weltmeisterschaft 2011 in Deutschland treffen muss – nach Adi Preißler immer noch „auf'm Platz", und hier war, so viel steht fest, das Team der Japanerinnen ein verdienter Weltmeister.

Wieso es nicht zur Titelverteidigung im eigenen Land gereicht hat, weshalb der werbewirksame, aber arrogante Anspruch nicht eingelöst werden konnte, dritte Plätze seien etwas für Männer, warum das fast wie ein Plansoll anmutende Jubelfest ausbleiben musste (und es dennoch ein absolut gelungenes, sportlich interessantes und organisatorisch perfektes Turnier gewesen ist), ist eine viel diskutierte, letztlich aber müßige Frage. Viel interessanter ist schon, ob es gelungen ist, die noch ungleich größere Aufgabe zu erfüllen: Nämlich alle – auch die Männer! – für den Frauenfußball zu begeistern, in der Nation den Impuls der Emanzipation zu stärken und ein (Fußball-)Volk für die Idee der Gleichberechtigung in allen Bereichen der Gesellschaft zu gewinnen.

Was Ersteres angeht, so kann im Rückblick von einem vollen Erfolg gesprochen werden, blieben doch auch nach dem für viele überraschenden Ausscheiden des deutschen Teams die Stimmung in den Stadien gut und die Einschaltquoten der TV-Übertragungen hoch. Elf ausverkaufte Spiele und 17 Millionen Fernsehzuschauer als Spitzenwert bei der Partie Deutschland gegen Japan – und immerhin noch 13,5 Millionen beim Endspiel ohne deutsche Beteiligung! – sprechen eine deutliche Sprache. Dass es dem Veranstalter tatsächlich nicht nur gelungen ist, das Turnier auch finanziell mit einer „schwarzen Null" abzuschließen, sondern stolze 40 Prozent des Budgets mit Ticketeinnahmen abzudecken und insgesamt sogar ein deutliches Plus zu erzielen, sei hier nur am Rande bemerkt.

All dies spricht für eine hohe Akzeptanz in der Bevölkerung und dafür, dass das Turnier vom Publikum als internationales Sportereignis von Weltrang anerkannt worden ist. Inwiefern sich diese Begeisterung nachhaltig auf die Wahrnehmung des Frauenfußballs in Deutschland auswirkt, ist eine andere Frage – die Realität in den Stadien der Frauenfußball-Bundesliga sieht anders, nämlich nach wie vor traurig aus. Zwar lassen sich in der Saison 2011/12 leichte Zuwächse ge-

---

1 Der vorliegende Text entstand im November 2011.

genüber dem Vorjahr verzeichnen, sodass erstmalig ein Schnitt von über 1.000 Zuschauern erreicht werden konnte[2], doch immer noch lassen die absoluten Zahlen zu wünschen übrig, zumal sich einige Vereine von dem viel beschworenen „WM-Boom" zweifellos wesentlich mehr erhofft hatten.

Selbst der ehemalige DFB-Präsident Theo Zwanziger, dessen Lieblingskind der Frauenfußball erklärtermaßen war, musste zu den aktuellen Zuschauerzahlen kritisch einräumen: „Es ist bemerkenswert, was in Frankfurt, Potsdam und Duisburg passiert. Aber man muss sich fragen, wie sich die Frauen-Bundesliga entwickeln soll, wenn zu den Vereinen unter dem Dach der Männer-Bundesligisten weiterhin nur 200 Zuschauer kommen."[3] Eine andere Seite nicht zuletzt seines persönlichen Einsatzes ist natürlich die angestrebte Stärkung des Mädchenfußballs. Hier hat der Verband eine beispiellose Fülle von Anstrengungen unternommen, um bereits im Vorfeld der WM die Vorfreude zu schüren und den Fokus auf die erfolgreiche Frauen-Nationalmannschaft zu legen, die als Vorbild einer neuen Generation von Nachwuchs-Kickerinnen dienen sollte.

Das verbandliche Kerngeschäft mit gesellschaftspolitischem Engagement zu verbinden und im Umfeld von sportlichen Großereignissen gezielte Kampagnen zu lancieren, ist beim DFB seit der Präsidentschaft von Theo Zwanziger gute Tradition. Neben der Neuauflage des Umweltprojektes „Green Goal", das bereits bei der WM 2006 Beachtung und Interesse bei potenziellen Nachahmern gefunden hat, war „Kinderträume 2011" ein von der Herren-Nationalmannschaft finanziell unterstütztes soziales Programm, das in über 240 Projekten Kinder und Jugendliche gefördert hat.

Doch vor allem war es erklärte Zielstellung des DFB, für einen Zuwachs in seinen Mitgliedsvereinen zu sorgen – dies allein schon vor dem Hintergrund, dass bereits in den vergangenen Jahren einzig Mädchen für steigende Mitgliederzahlen in den Vereinen sorgten. „Team 2011" lautete beispielsweise der Name einer groß angelegten Schul- und Vereinskampagne, die nicht nur die ursprüngliche Zielsetzung von 7.500 Kooperationen und damit sämtliche Erwartungen deutlich übertroffen hat, sondern mit einer Größenordnung von über 18.000 teilnehmenden Schulen und Vereinen die größte Kampagne war, die der DFB jemals durchgeführt hat. Die Absicht lautete schlicht, junge Menschen auf den Fußball aufmerksam zu machen – indem vor allem Mädchen in Schul-AGs Fußball spielen und irgendwann dann in die Vereine übergehen.

Dass der DFB strategisch denkt und weit über die WM hinaus die gesellschaftlichen Rahmenbedingungen in den Blick genommen hat, verdeutlicht die Verstetigung des Konzepts: „Wir werden natürlich auch ‚Team 2011' fortsetzen, nicht mehr mit der Ausstattung wie bisher, aber die Vereine und Schulen, die sich in Kooperation zusammengeschlossen haben, werden auch in der Zukunft gerade

---

2   http://www.soccer-magazin.de/tm/feed.php?type=viewer&lgeid=1&season=15
3   Zit. n. http://www.framba.de/content/index.php?option=com_content&view=article&id=2
    579:positiver-zuschauertrend-in-der-frauenfussball-bundesliga&catid=118:bundesliga&Ite
    mid=576

auch vor dem Hintergrund des Ausbaues von Ganztagsschulen den Nutzen haben, dass am Nachmittag Sportangebote gemacht werden können", so Hannelore Ratzeburg, Vizepräsidentin für Frauen- und Mädchenfußball im Deutschen Fußball-Bund, am 19. Oktober 2011 vor dem Sportausschuss des Deutschen Bundestages. „Wenn hier ‚Team 2011' dazu beiträgt, dass auch die Vereine in die Schulen gehen und umgekehrt, ist das sehr hilfreich."[4]

Eine weitere, ebenfalls auf dauerhafte Wirksamkeit abzielende Maßnahme hieß „20.000 plus", eine Schulungskampagne für Grundschullehrerinnen. Weil, so die Annahme, das richtige Einstiegsalter die Grundschulzeit ist und Mädchen hier am ehesten für den Fußball zu gewinnen sind, sollten Grundschullehrerinnen in die Lage versetzt werden, mindestens Grundkenntnisse zu haben. Und schließlich wurden in 330 Kreisen die „Tage des Mädchenfußballs" ausgetragen – um durch Schnupperangebote Mädchen zu gewinnen, die bislang noch nicht im Verein gebunden sind. Der DFB folgt dabei einem Frauenfußballentwicklungsplan, der auch die demografische Entwicklung berücksichtigt.

Alles in allem also eine breite Phalanx an Programmen, Projekten und Maßnahmen, die allesamt zunächst ein wesentliches Ergebnis zeitigen: Die Entwicklung des Frauenfußballs ist und bleibt auf absehbare Zeit eine Erfolgsgeschichte für den DFB. Und sonst? War die Frauenfußball-Weltmeisterschaft nur eine gigantische Mitgliederbeschaffungsmaßnahme des DFB? Ob es daneben – beziehungsweise darüber hinaus – gelungen ist, über den Sport auch gesellschaftliche Themen zu transportieren, steht in der Tat auf einem gänzlich anderen Blatt.

Immerhin bot die Fußballweltmeisterschaft der Frauen für eine breite Öffentlichkeit einen erneuten Anlass, den Fußball-Sport und seine Stellung in der Gesellschaft zu bewerten und zu diskutieren. Es galt, den Blick auf den Fußball zu erweitern und den bisher weniger beachteten Zusammenhang von gesellschaftlicher Emanzipation und Sport zu beschreiben. Denn dass Fußball in Geschichte und Gegenwart mit verschiedenen Emanzipationsbestrebungen verbunden war und ist, wurde bisher selten oder nur auf den Frauenfußball eingeschränkt erörtert. Die Weltmeisterschaft wäre also eine weitere Gelegenheit gewesen zu ergründen, wie der Sport seiner sozialen Verantwortung in einer sich wandelnden Gesellschaft gerecht wird und wie er emanzipatorisches Potenzial freisetzt und befördert (Küchenmeister & Schneider, 2011).

Zwar wurde im Vorfeld der WM – wie bei jedem größeren Turnier seit 2006 – ein umfassendes Kulturprogramm veranstaltet, zum großen Teil initiiert und gefördert durch die DFB-Kulturstiftung. Dabei wurde nicht nur die Geschichte des Frauenfußballs in allen Facetten ausgeleuchtet, sondern auch so ziemlich jeder Gegenstand thematisiert, der sich mit dem Frauenfußball in Verbindung bringen ließ. Es hatte fast den Anschein, als hätte die WM eine riesige Bühne geschaffen und damit manche Gelegenheit geboten, nicht nur wichtige gesellschaftliche An-

---

4 Auszug aus dem Wortprotokoll der 38. Sitzung des Sportausschusses des Deutschen Bundestages am 19. Oktober 2011 (unveröffentlicht).

liegen vorzubringen, sondern auch persönliche Angelegenheiten aufzuarbeiten. So ehrbar manche Absicht gewesen sein mag, so überambitioniert waren einige Fragestellungen, so fragwürdig waren einzelne Auftritte und so leer blieben deshalb auch manche Veranstaltungsorte.

Am Ende blieb zudem von alledem auch nicht viel übrig. Rückblicke beschränkten sich auf die Ursachen für das frühe Ausscheiden, Bilanzen stellten allein die sportlichen und organisatorischen Leistungen dar. Eine kritische Aufarbeitung des gewaltigen Medien- und des allgegenwärtigen Diskussions-Aufwandes im Vorfeld fand nicht statt. Einzig der Sportausschuss des Deutschen Bundestages widmete sich in einer Sitzung dieser Angelegenheit mit einer größeren Distanz und ließ die vergangene WM Revue passieren.

Die veranstaltenden Institutionen hingegen müssen sich letztlich fragen lassen, was denn aus den in Broschüren, Einladungsflyern, Eröffnungsvorträgen etc. beschworenen Problemfeldern geworden ist – sind diese nach der WM nicht mehr aktuell? Sind plötzlich alle offenen Fragen geklärt und alle gesellschaftlichen Spannungen gelöst? So sehr die Erfahrung zeigt, dass alle Debatten im Umfeld von Fußballgroßereignissen ein Ende haben, sobald der Ball rollt, so sehr wird man wohl erwarten dürfen, dass im Nachhinein auch ein Resümee gezogen, der Ressourcen-Einsatz evaluiert und nach den mittelfristigen Effekten geschaut wird.

Es scheint, dass gegenwärtig der Sport von den Institutionen und Akteure der Politik, Bildung und Kultur noch zu sehr als Bühne der Selbstdarstellung und Konjunkturereignis verstanden wird und zu wenig als wichtiges Feld gesellschaftlicher Entwicklung und Verständigung breitester Kreise. Denn die offenen Fragen werden ja nicht weniger in einer Gesellschaft, die sich aktuell in einem tief greifenden Wandlungsprozess befindet. Im Gegenteil geben die im Vorfeld des Turniers aufgeworfenen Themenstellungen ja eine Ahnung von dem, was unter der Oberfläche des fußballaffinen Geredes schlummert: nämlich ein ganzes Arsenal drängender Zukunftsfragen.

Es bedarf dringend einer ernsthaften gesellschaftlichen Debatte um Teilhabegerechtigkeit und soziale Balance. Und die Gelegenheit wäre günstig gewesen. Denn Sport und vor allem der Fußball ist mehr als nur ein Spiegelbild der Gesellschaft, sondern ein einflussreicher gesellschaftlicher Akteur. Es gilt, ihn zukünftig stärker als das wertzuschätzen, was er ist: als Kultur bildenden und Gesellschaft prägenden Faktor. Sport bildet und prägt aber nicht allein durch die vielfältigen Vernetzungen und Verflechtungen, seine politischen, ökonomischen, sozialen, gesellschaftlichen und kulturellen Wirkungen und Bezüge. Er tut dies, indem er mannigfache Gelegenheiten bietet, individuelle und kollektive Identitäten auszubilden und zu leben. Und er tut dies, indem er zwischen Individuen und Gruppen Begegnungen ermöglicht, soziale Beziehungen stiftet und gesellschaftliche Bindungskräfte freisetzt sowie emanzipatorischen Bestrebungen Raum und Darstellungsmöglichkeit bietet (Küchenmeister & Schneider, 2011, S. 3-8).

So aber bleibt nach der WM der fade Nachgeschmack, dass – mal wieder – ein buntes Feuerwerk abgebrannt worden ist, von dem am Ende nicht viel mehr bleibt als ein paar Fetzen Papier. In einer der wenigen öffentlichen Veranstaltungen, die eine Bilanz der zurückliegenden Frauenfußball-WM versuchten, resümierte Steffi Jones, Präsidentin des Organisationskomitees für die Frauenfußball-WM: „Wir haben wirklich eine schöne, stimmungsvolle und friedfertige Weltmeisterschaft erlebt und sind sehr zufrieden. Das Medien-Interesse war gigantisch, das Publikum in den Stadien weltmeisterlich. Unsere Erwartungen sind mehr als erfüllt worden und ich glaube, dass sich das Image des Frauenfußballs nachhaltig und langfristig erheblich verbessert hat."[5] Wenn das der Anspruch war, kann man sicherlich zufrieden sein. Und dennoch wäre es nicht nur für den Sport, sondern für die ganze Gesellschaft wichtig gewesen, sein (emanzipatorisches) Potenzial herauszuheben und über den Frauenfußball hinaus zu stärken.

---

5   Zit. n. http://www.zirp.de/images/stories/pdf/Steffi_Jones.pdf

Eva Hammel

Reise in eine neue (Medien-)Welt –
Die WM 2011 aus Sicht einer Sportjournalistin

Frauenfußball auf der ersten Sportseite und auf der Titelseite! Zwei(!) Reporterinnen bei der Weltmeisterschaft! Täglich Sonderseiten zum Turnier. Die Tageszeitungen sind zwischen dem 26. Juni und 17. Juli 2011 ein bisschen weiblicher geworden.

Oft wird der Sportteil einer Tageszeitung von Männern für Männer gemacht. Frauen in den Redaktionen sind meist Fehlanzeige. Ich bin eine der wenigen. Eine von denen, die eine Abseitsfalle erklären können, und wissen, wie eine Viererkette funktioniert. Bei den Stuttgarter Nachrichten[1] ist das nichts Neues. Im neunköpfigen Sportteam gibt es sogar zwei Frauen.

Die Vorbereitung

Dass sich die beiden „Mädels" um die WM im eigenen Land kümmern werden, lag auf der Hand. Allerdings nicht primär aus Gendergründen oder weil – so wie es in manchen Redaktionen der Fall ist – der Frauenfußball gerne den jungen und/oder weiblichen Kollegen überlassen wird. Sowohl meine Kollegin Julia Rapp als auch ich kennen uns in der Materie Fußball aus, nicht zuletzt deshalb, weil ich jahrelang selbst gespielt habe, und Julia Rapp unter anderem bei der täglichen Berichterstattung für den Fußball-Bundesligisten VfB Stuttgart zuständig ist. Somit fiel dem Chef[2] die Entscheidung nicht schwer, wen er für dieses Turnier akkreditieren sollte.

Bei uns in der Redaktion gab es schon lange vor dem Sommer 2011 den Konsens, dass die WM etwas Außergewöhnliches werden wird. Deshalb begannen die Planungen ähnlich früh wie bei einem Männer-Turnier. In die Detailplanung ging es bereits Ende 2010. Nach der Auslosung und einem Informationstag des Deutschen Fußball-Bundes (DFB) standen die Eckdaten fest, und wir konnten unsere Vorgehensweise planen. Obwohl unsere so genannte Task-Force – gebildet von Julia Rapp und mir – schon reichlich Ideen auf dem Zettel hatte, veranstaltete die StN-Sportredaktion zusätzlich am 11. April 2011 einen Kick-Off.

---

1   Die Stuttgarter Nachrichten sind eine Tageszeitung in Baden-Württemberg. Neben der Produktion der eigenen Ausgabe beliefern sie 15 Zeitungstitel von Partnerverlagen mit dem Mantel. Sie bilden mit diesen zusammen die größte Zeitungsgruppe in Baden-Württemberg und die viertgrößte im Bundesgebiet. Die StN-Redaktion betreut zusätzlich die „Sonntag Aktuell", die als siebte Ausgabe vieler Tageszeitungen in Baden-Württemberg in einer Gesamtauflage von etwa 650.000 Exemplaren erscheint.
2   Leiter des Sportressorts ist Gunter Barner.

Eine solche Veranstaltung hatte es bereits 2006 zur Männerfußball-WM gegeben, mit dem Ziel beim netten Beisammensein die eine oder andere außergewöhnliche Idee zu kreieren. Zum Kick-Off waren alle Redakteure der Stuttgarter Nachrichten eingeladen. Als Veranstaltungsort hatten wir eine Lounge in der Mercedes-Benz-Arena[3] gebucht, um für das nötige Fußball-Flair zu sorgen, und um vielleicht noch einige Kollegen mehr anzulocken. Diese Mühe hat sich gelohnt. Redakteure aus allen Ressorts waren zum Brainstorming nach Bad Cannstatt gekommen – die gesammelten Ideen überwältigend. Somit hatten wir auch die letzten Zweifler überzeugt, dass es während der WM mehr als nur einen Frauenfußball-Text am Tag geben muss.

Ein weiterer Vorteil der Veranstaltung war, dass die Kollegen eine andere Sichtweise in die Diskussion einbrachten. Es war eine große Hilfe, um zu erfahren, wie das Thema Frauen und Fußball außerhalb des Sportressorts – das ja bekanntlich eine eigene Welt ist – aufgenommen wird. Viele wollten mehr über die Spielerinnen wissen, die Klischees, die Geschichte. Aber alle waren sich einig: Vorsicht! Von Artikeln mit Macho-Charakter, in denen der Frauenfußball belächelt wird bzw. sich über ihn lustig gemacht wird, sollten und wollten wir die Finger lassen. Dieser Meinung waren übrigens auch unsere Leser, die uns im Vorfeld der WM immer wieder ermunterten, mehr über Frauenfußball zu berichten.

Abgesehen von einem Interview mit OK-Präsidentin Steffi Jones, einer Sonderseite über die Nationalspielerin Kim Kulig und diverser kleinerer Artikel, in denen es auch um die letzten Testspiele ging, starteten wir zehn Tage vor der WM mit der intensiven Berichterstattung. Ein Sonderheft gab es wegen mangelndem Interesse der Anzeigenkunden jedoch nicht.[4] Dafür brachten wir im Blatt einige Sonderseiten unter. An diesen Veröffentlichungen waren übrigens alle Sportredakteure – nicht nur die Frauen – beteiligt. Mit unseren Themen wollten wir Lust auf das Turnier machen und zudem den Frauenfußball erklären. Viele Leser wussten zum Beispiel nicht, wer die Spielerinnen sind, sie waren sich auch nicht sicher, ob es vielleicht andere Regeln oder ähnliches gibt. So hatten wir zum Beispiel eine Rubrik mit dem Namen „Rückpass". Zehn Bilder – vom Anfang des 20. Jahrhunderts, über das berühmte Kaffeeservice bis zur heutigen Zeit – zählten als Countdown die Tage bis zum Start herunter. Das 40-teilige Kaffeeservice von Villeroy & Boch (1b-Ware) gab es 1989 für den überraschenden Gewinn des Europameistertitels als Prämie vom DFB.

Zudem wurden auf einer Doppelseite die Spielerinnen vorgestellt, Parallelen zwischen Männern und Frauen gezogen, indem wir die Protagonisten nicht ganz so ernst gemeint miteinander verglichen haben, und wir haben elf Männer-Fragen zur Frauen-WM beantwortet. Dabei ging es unter anderem um den oft geforderten Trikottausch, aber auch um Rituale und Verdienstmöglichkeiten von Fuß-

---

3   Die Mercedes-Benz-Arena ist das Stadion des Fußball-Bundesligisten VfB Stuttgart.
4   Monothematische Sonderhefte aus dem Sportbereich gibt es in der Regel nur bei einer Fußball-Welt- oder Europameisterschaft der Männer.

ballerinnen. Der eine oder andere – auch intern – hätte wohl gerne noch eine ernsthafte Antwort auf die Frage bekommen, ob bei den „Mädels eigentlich der Physiotherapeut mitduscht". Diesen Wunsch erfüllten wir nicht, aber wir fügten diesbezüglich unserem Vorwort einige Worte hinzu: „Eine Frage sollten aber auch Laien auf jeden Fall vermeiden. Denn wer wissen will, ob der Physio mitduscht, hat selbst eine kalte Dusche verdient."

Natürlich veröffentlichten wir, wie bei großen Sportveranstaltungen üblich, auch Spielplan, Wissenswertes zu den Spielorten und vieles mehr. Frauenfußball lag bei der Vor-Berichterstattung auf Augenhöhe mit der Leichtathletik-WM und den Olympischen Spielen.

Das Turnier – vor dem Ausscheiden der deutschen Elf

Das Eröffnungsspiel[5] machte Eindruck – nicht nur bei den Spielerinnen. Frauenfußball-Kritiker, die es natürlich auch in unserer Redaktion gibt, hielten hinterher lieber erst einmal den Mund. 74.000 Zuschauer und zahlreiche Journalisten[6] waren vor Ort. Das überzeugte. Julia Rapp saß ebenfalls auf der ziemlich überfüllten Pressetribüne. Es sei so viel los gewesen, dass nicht alle Kollegen Zugang zur Pressekonferenz und zur Mixed Zone[7] hatten, was die Arbeit vor Ort nicht gerade erleichterte. Vor der WM war es beim Frauenfußball noch nie zu Engpässen gekommen.

In den anderen Stadien, in Sinsheim zum Beispiel, wo ich am ersten Spieltag die Partie Frankreich gegen Nigeria[8] verfolgte, war es auf der Pressetribüne ebenfalls voll. So lange aber nicht Deutschland auf dem Spielfeld stand, war die Anzahl der Reporter überschaubar.

Generell waren viele Berichterstatterinnen vor Ort, zumindest mehr als sonst bei Fußball-Länderspielen zu erwarten sind. Subjektiv betrachtet dürfte der Frauenanteil bei 50 Prozent gelegen haben. Bei mir ist auch der Eindruck entstanden, dass keiner zur Frauenfußball-WM „musste", sondern wirklich alle gerne von den Spielen berichtet haben. Wie professionell mit dem Thema auch in den anderen Redaktionen umgegangen worden ist, zeigt schon die Tatsache, dass alle exzellent informiert waren, sodass es auf den Tribünen nicht nur ab und zu fachliche Diskussionen gab.

Die Berichterstattung der *Stuttgarter Nachrichten* sah zu Beginn so aus, dass Julia Rapp die deutsche Mannschaft begleitete und jeden Tag mindestens eine

---

5　Im Berliner Olympiastadion besiegte Deutschland Kanada mit 2:1.
6　Laut des Weltfußballverbands Fifa gab es bei der WM 21.293 Turnierakkreditierungen.
7　Die Mixed Zone ist ein abgegrenzter Bereich im Stadion, in dem Spieler und Journalisten nach dem Spiel aufeinander treffen. Die Medien-Vertreter haben dort die Möglichkeit, die Sportler anzusprechen, die nicht in der Pressekonferenz sind. Dort war während der Weltmeisterschaft – wie generell bei Länderspielen üblich – neben den Trainern immer nur die Spielerin der Partie (Player of the match) zu Gast.
8　Frankreich siegte 1:0.

Geschichte lieferte. Meist war mit der Elf von Silvia Neid jedoch eine ganze Seite gefüllt. Es ging unter anderem um den Konkurrenzkampf in der Mannschaft, um das Team hinter dem Team oder sie stellte die Spielerinnen im Portrait vor. Auch ich steuerte regelmäßig Stücke für die „deutsche Seite" bei, unter anderem eine kleines Stück über die nächsten Gegnerinnen oder einen Experten oder Expertin. Wenn aktuell von den Spielen berichtet wurde, gab es zudem immer ein kleines einschätzendes Interview – zum Beispiel mit Gero Bisanz, dem ersten Trainer der deutschen Frauennationalmannschaft.

Das war jedoch noch nicht genug. Auf einer zweiten Frauenfußball-Seite ging es dann um alles, was nicht mit dem deutschen Team zu tun hatte. Unser Ziel war es bei dieser WM, den Lesern auch einmal die etwas andere Geschichte zu bieten. Denn mit 1:0-Berichterstattung lässt sich heutzutage keine Zeitung mehr verkaufen. Manchmal reicht es schon, nicht zur Pressekonferenz zu gehen, die alle Journalisten besuchen, sondern im Stadion eigene Wege einzuschlagen. So ergab sich auch mein – im Nachhinein – eindrücklichstes WM-Erlebnis: Der Zusammenstoß mit dem nordkoreanischen Team. Es war nach der 0:1-Niederlage gegen Schweden, als die Mannschaft fast im Gleichschritt an mir vorbeimarschierte. Ungeduscht. Fast alle Spielerinnen hatten noch das Trikot an. Ich hatte im Vorfeld viel über das Team gelesen, wollte und konnte jedoch nicht alles glauben. Also ging ich einfach auf Torfrau Hong Myong Hui zu und fragte sie auf Englisch, ob ich ihr eine Frage stellen dürfe. Hong Myong Hui sah völlig erschreckt zu mir hoch, riss ihre Augen weit auf und senkte schnell wieder den Blick, um weiterzulaufen und wie der Rest der Mannschaft im Bus hinter zugezogenen Vorhängen zu verschwinden ... Nordkorea drohte nach diesem zweiten Spiel das Aus ohne Punkt und Tor.

Zum Glück gab es während dieser drei Wochen auch andere Beispiele. Genoveva Anonma zum Beispiel. Die Stürmerin Äquatorialguineas plauderte nach der 0:1-Niederlage gegen Norwegen in Augsburg lange mit den Reportern über ihre vergebenen Chancen und ihre Geschichte. Über Anonma kursierten vor der WM Gerüchte, dass sie keine Frau ist. Damit nicht genug. Weil in ihrem Land das Passwesen reformiert worden ist, schlich sich ein Buchstabenverdreher in ihren Ausweis und damit auch in die offizielle Aufstellung bei den WM-Spielen. Aus Anonma wurde Anonman und die *Süddeutsche* Zeitung machte daraus „A non man". In der Mixed Zone erzählte sie so lange davon, dass am Ende nicht mehr viele Journalisten da waren. Allerdings war auch ihre Mannschaft verschwunden. Der Bus war ohne die Stürmerin abgefahren.[9] Eine tolle Story für die, die bis zum Schluss ausgeharrt und die Augen offen gehalten hatten.

Es waren solche kleinen aber auch größeren Geschichten, die Julia Rapp und ich während der WM gesucht und auch gefunden haben. Ein Highlight war si-

---

9   Ein Kollege aus einer anderen Redaktion, der das Ganze ebenfalls mitbekommen hatte, fuhr Genoveva Anonma anschließend ins Teamhotel.

cherlich auch der Stadionbesuch mit Matthias Jaissle.[10] Der Fußballprofi hatte noch nie ein Frauen-Spiel live im Stadion gesehen, war aber gerne bereit, dies gemeinsam mit mir nachzuholen. Im Gegenzug durften wir darüber berichten, wir er das Spiel Neuseeland gegen Mexiko[11] erlebt hat. „Technisch und taktisch ist das richtig gut", schwärmte Jaissle während des Spiels. Er ist auf den Geschmack gekommen. Es war bestimmt nicht sein letztes Frauenfußballspiel.

Doch nicht nur wir Kolleginnen draußen schrieben Artikel, auch die Männer, die wir quasi zurückgelassen hatten, steuerten Stoff bei. Zum Beispiel gab es eine Geschichte über Männer im Frauenfußball oder eine über die schlechten Leistungen der Schiedsrichterinnen während der Vorrunde. Wie bei einer Männer-WM war die gesamte Sportredaktion eingespannt.

Das Turnier – nach dem Ausscheiden der deutschen Elf

Hätte es redaktionsintern ein Tippspiel gegeben – das Ausscheiden der deutschen Elf bereits im Viertelfinale hätte wohl niemand auf der Rechnung gehabt. Was den Titel angeht, war ich skeptisch, doch das Halbfinale war in unserer Vorstellung schon gebucht. Umso schockierender kam das 0:1 gegen Japan in der Verlängerung. Unsere Planungen für das Wochenende waren Makulatur geworden. Statt nach Augsburg ins Stadion ging es in die Redaktion. Das Aus der deutschen Mannschaft musste aufgearbeitet werden.

Jetzt trauten sich auch die kritischeren Kollegen wieder aus ihrer Ecke hervor: „Dritte Plätze sind nur etwas für Männer – die Frauen wären dankbar dafür", „Das Leiden hat ein Ende" und so weiter. Die Späße auf Kosten der Frauen-Nationalmannschaft verstummten an diesem Tag nicht mehr.

Auch wenn in dem einen oder anderen Kollegen der Macho erwachte, arbeiteten wir das Aus der deutschen Elf professionell auf. Der Aufmacher im Sport war zum Beispiel eine Geschichte[12] mit dem Titel „Der Traum ist geplatzt – Was nun Frau Neid?" In diesem Artikel versuchten wir unter anderem Antworten auf folgende Fragen zu geben: Was macht die Bundestrainerin? – Dabei wurde nicht an Kritik[13] gespart. – Waren die Erwartungen zu hoch? Was lief schief? und natürlich die Frage: Wie geht es nun weiter?

---

10 Der Fußballprofi Matthias Jaissle spielt beim Fußball-Bundesligisten TSG 1899 Hoffenheim.

11 Das Spiel endete 2:2.

12 Autorin in der Ausgabe vom 11. Juli 2011 (Montag) war Julia Rapp.

13 Kritik erntete Silvia Neid unter anderem für diverse Auswechslungen im Viertelfinale gegen Japan und für ihr Verhalten im Fall Birgit Prinz. Die Rekord-Nationalspielerin und Spielführerin fand sich nach schwachen Leistungen plötzlich auf der Bank wieder. Im Text hieß es „Statt die schwächelnde Kapitänin aus der Schusslinie zu nehmen und klare Worte zu sprechen, hat sie Spekulationen durch vielsagende – oder gar keine – Antworten noch angeheizt."

Auch an den folgenden Tagen ging die Berichterstattung nahtlos weiter. Wenn auch in einem etwas anderen Ausmaß. Zunächst einmal musste Julia Rapp ihre Dienstreise abbrechen. Wir berichteten vermehrt aus der Redaktion, beziehungsweise aus Frankfurt, das von Stuttgart aus schnell zu erreichen ist.

Frauenfußball tauchte nun auch nicht mehr auf der ersten Sportseite auf. Auch nicht beim Finale, wobei lange darüber diskutiert worden war. Allerdings war die Konkurrenz an diesem Tag zu gewaltig. An jenem Sonntag ging es bei der Mitglieder-Versammlung des Fußball-Bundesligisten VfB Stuttgart heftig zur Sache,[14] ein neuer Präsident wurde gewählt etc. Für eine Tageszeitung mit regionaler Ausrichtung hatte dies Priorität vor einem Endspiel ohne deutsche Beteiligung.

Wenn auch nicht mehr ganz so prominent platziert, gab es trotzdem jeden Tag noch mindestens eine ganze Seite über das Turnier – auch wenn gar keine Spiele auf dem Programm gestanden haben. Dadurch hatten wir die Möglichkeit, noch intensiver hinter die Kulissen zu schauen. Zum Beispiel in Heidelberg. Dort waren die Mannschaften untergebracht, die ihre Spiele in Sinsheim absolvierten. Aus dem Rundgang vom Trainingsgelände zum Mannschaftshotel und durch die Stadt wurde eine kleine Reportage, die auch zeigte, dass an der Stadt das WM-Spektakel doch ein wenig vorbei gegangen ist.

Beim Finale waren wir ebenfalls vor Ort. Dieses Mal saß ich auf der leicht überfüllten Pressetribüne und durfte die tolle WM-Stimmung genießen. Was in der einen oder anderen Kolumne schon während des Turniers bei uns im Blatt zur Sprache kam, war auch heute wieder zu sehen: Familien, Kinder, sehr, sehr viele Frauen und ältere Fußball-Fans sind die Zuschauer der Frauen. Betrunkene Hooligans bleiben freiwillig draußen. So entstand auch bei der WM eine ganz eigene Atmosphäre in den Stadien. Im Endspiel allerdings war sie zumindest international, denn japanische und amerikanische Fans waren extra für diese Partie angereist – vielen anderen Spielen während der WM hatte diese Vielfalt etwas gefehlt.

Das Endspiel war unser letztes Highlight während dieser WM. Auch für eine Journalistin ist solch ein Spiel eine besondere Aufgabe – erlebt man so etwas doch nicht alle Tage. Am darauf folgenden Montag gab's einen aktuellen Bericht zum Spiel,[15] am Dienstag noch einmal eine ganze Sonderseite mit Hintergründen zum Finale, zu Japan und zum gesamten Turnier.

14　Die Mannschaft des VfB hatte sich in der Saison 2010/2011 nicht gerade mit Ruhm bekleckert. Das Team belegte am Ende zwar noch Platz 12, hatte aber trotzdem nur knapp den Klassenverbleib geschafft. Der Gesprächsbedarf bei den Mitgliedern war hoch.

15　Japan – USA 5:3. 2:2 nach Verlängerung, 3:1 im Elfmeterschießen.

Und wie geht es nun weiter?

Es war eigentlich schon im Vorfeld abzusehen. Den großen Boom im Frauenfußball wird es nicht geben. Dafür ist der Männerfußball (noch) zu dominant. Aber wer hätte das auch erwartet, bei einer Sportart, die es international eigentlich erst seit 1990 – als die erste WM ausgetragen worden ist – gibt? Ein bisschen hat sich aber getan, auch wenn es nur kleinere Schritte sind. Zum einen ist die Entwicklung des Frauenfußballs sichtbar geworden. Die üblichen 10:0-Ergebnisse gab es dieses Mal nicht. Auch Taktik und Strategie sind nun mit den Systemen der Männer vergleichbar – Niveau und Spannung haben davon auf jeden Fall profitiert.

Hinzu kommt: Wird nach dieser WM ein Mädchen sagen: „Ich möchte Fußball spielen.", werden ihre Eltern wohl nur noch wenige Argumente dagegen finden, denn viele Vorurteile konnten während der drei Wochen ausgeräumt werden. Frauenfußball ist gesellschaftsfähig geworden. Die Medien dagegen tun sich noch ein bisschen schwerer. ARD und ZDF werden nach wie vor nicht regelmäßig über die Frauen-Bundesliga berichten und auch bei uns kommt das Thema Frauenfußball im Blatt nun in einem geringeren Ausmaß vor wie bei der Weltmeisterschaft.

Kleine Veränderungen sind allerdings sichtbar. So drucken wir nun auch die Tabelle der Bundesliga jeden Montag ab. Mangels Platz und Regionalität hatten wir bisher darauf verzichtet, denn die Vereine im Fußball-Oberhaus kommen von überall her, nur nicht aus Stuttgart und der Umgebung. Dennoch sind wir uns sicher, dass sich unsere Leser nun – nachdem sie die Spielerinnen und die Sportart drei Wochen lang intensiv kennen gelernt haben – regelmäßig über die Ergebnisse in der Bundesliga informieren wollen.

Wir werden auch bei der Berichterstattung am Ball bleiben, sei es mit Berichten über den Zweitligisten VfL Sindelfingen aus unserem Verbreitungsgebiet, Geschichten über die Bundesliga oder Storys über Nationalspielerinnen. Einiges ist schon passiert, viel anderes in Planung und manches ist auch schon in die Wege geleitet.

Auch beim ersten Länderspiel nach der Weltmeisterschaft waren wir wieder vor Ort, haben sowohl in unserer siebten Ausgabe, der *Sonntag Aktuell* als auch in den *Stuttgarter Nachrichten* ausführlich berichtet. Wie es jedoch bei den nächsten Großveranstaltungen sein wird, bleibt abzuwarten. Die Europameisterschaft 2013 findet in Schweden statt, die Weltmeisterschaft 2015 in Kanada. Ob Sportreporter(innen) von den *Stuttgarter Nachrichten* dabei sind, hängt wohl schlicht weg auch mit der Entwicklung des Reiseetats zusammen. Zwei Reporterinnen bei einem Turnier wird wohl eine einmalige Sache bleiben. Frauenfußball auf der Titel- und der ersten Sportseite aber sicherlich nicht.

Warum spielen Fraun weniger Fußball als
Männer? Weil die Fraun sich für etwas
anderes intresieren. Sie wollen auch keine
blauen flecken bekommen. Sie machen
lieber Balet oder kochen oder Fraunsport.
Sie haben auch nicht so viel spaß wie
die Männer. Sie durften auch früher kein
Fußball spielen zu mindest nach kurzer
zeit durften sie nicht spielen, wiso sollten
sie jetzt spielen wen es ganz andere sachen
gibt. Sie kochen lieber oder sowas der in der art
reicht den Fraun.

Ballarten

Frauenfußball aus Sicht der Gender-Forschung

Daniela Schaaf

Gefangen im Klischee? Mediale Inszenierung von Weiblichkeit im Frauenfußball

Einleitung

Schön, anmutig, sexy – auffallend oft wurden Fußballerinnen im Vorfeld der Frauen-WM 2011 mit diesen Attributen in der Berichterstattung belegt.[1] Körperliche Attraktivität und Weiblichkeitszuschreibungen spielten in der medialen Inszenierung der Kickerinnen eine größere Rolle als bei den Turnieren zuvor. Die hohe redaktionelle Aufmerksamkeit während des Events erscheint jedoch vor dem Hintergrund erstaunlich, dass diese Sportart bis zum Sieg der deutschen Elf bei der WM 2003 kaum redaktionell gewürdigt wurde. „Wir müssten Geld zahlen, damit die Fußball-Magazine vier Seiten über uns bringen", beschreibt die ehemalige Nationaltrainerin Tina Theune-Mayer die mediale Situation des Frauenfußballs in den 1990er Jahren (zit. n. Brusius, 1999, S. 11). Zudem war die marginale Berichterstattung oftmals durch ironische und abfällige Bemerkungen geprägt. So wurden die Fußballerinnen aufgrund ihrer angeblich fehlenden Feminität als „Mannweiber" diffamiert (vgl. Pfister, 2006, S. 116). Dieser redaktionelle Umgang ließ sich auch darauf zurückführen, das ein Großteil der Spielerinnen in der Vergangenheit „Körperideale, Präsentationsformen und Praktiken [bevorzugt hat], die eher ‚männlich' definiert [waren] und dies nicht nur während der sportlichen Aktivität, sondern auch im Alltag" (Sobiech, 2006, S. 164). Eine gezielte weibliche Inszenierung der Nationalteams außerhalb der klassischen Sportberichterstattung in Beauty- oder Modestrecken war kaum vorstellbar. Doch während die langjährige Nationalspielerin Birgit Prinz noch 2004 stellvertretend für ihr Team postulierte „Wir wollen unseren Sport vermarkten, nicht unseren Hintern" (zit. n. o.V., 2004), konnte sie während der WM 2011 beobachten, wie sich ihre ‚Girlie'-Kolleginnen als „retraditionalisierte Modelle normativer Weiblichkeit" (McRobbie, 2010, S. 94) in der Frauenzeitschrift ‚Brigitte' und dem People-Magazin ‚Bunte' präsentierten sowie der nackte Fußballnachwuchs im Männermagazin ‚Playboy' posierte.

Dieser Imagewechsel im Frauenfußball war jedoch kein Produkt des Zufalls, sondern der strategischen Planung. So haben Manager und Spielerinnenberater erkannt, dass eine Betonung der Weiblichkeit hilft, das Klischee des deutschen Frauenfußballs als kaum vermarktbaren „Lesbensport" aufzupolieren. Zu dieser Strategie passt der offizielle WM-Slogan „20elf von seiner schönsten Sei-

---

1 Insbesondere das deutsche Boulevardleitmedium bediente sich eindeutiger Klischees, z.B. „Sexy Hope und ihr Traum vom WM-Titel" (Bild 17.07.11); „Nationalspielerin Fatmire Bajramaj: Deutschland schönstes Fußballmodel" (Bild 08.09.09); „Jungs, aufgepasst! Bajramaj: Sexy WM-Kickerin ist noch Single" (Bild, 30.04.11).

te", mit dem der Verband zwar die besondere Ästhetik des Frauenfußballs zum Ausdruck bringen möchte, implizit aber auch auf die physische Attraktivität der Akteurinnen anspielt. Auch mit dem Kätzchen-Maskottchen ‚Karla Kick' und der offiziellen DFB-‚Barbie' wollte das Funktionärspatriarchat[2] offenbar ein neues Bild dieser Sportart vermitteln. Dies zeigte sich bereits bei der Auslosung der WM-Gruppen, für die der Weltverband FIFA anstatt einer prominenten Spielerin lieber eine Spielerfrau, das ehemalige Fotomodel Adriana Karembeau, engagierte. So scheint der Profifußball der Frauen inzwischen denselben Marktmechanismen wir der Männerfußball zu unterliegen. Er ist ein kommerzialisiertes Medienereignis geworden, das von der Sport-Medien-Wirtschafts-Allianz profitorientiert vermarktet wird. Es gilt neue Fangruppen und Sponsoren zu erschließen, auch um die hohen Kosten, die dem Gastgeberland für die Austragung des Turniers entstehen, wieder einzuspielen. Insofern „bleibt ein gewisses Unbehagen angesichts der aufgehübschten Frisuren, der taillierten Trikots und der aufdringlich selbstbewussten Attitüde. Der neue Frauenfußball erscheint zeitgeistig, aber seine Verfechter bedienen sich zugleich hemmungslos altbekannter Weiblichkeitsbilder" (Berendsen, 2011).

Während sich Birgit Prinz auch zur WM 2011 der „kapitalistischen Ausbeutung ihres Spielerinnenkörpers" (Schaaf & Nieland, 2011, S. 63) konsequent verweigerte,[3] feminisierte die junge Generation der Nationalelf ihr äußeres Erscheinungsbild bereits im Vorfeld des Turniers durch ein aktives „Schönheitshandeln" (Degele, 2004, S. 10). Damit näherten sie sich dem heteronormativen Frauenideal der männlich dominierten Sportressorts an, um eine erhöhte Berichterstattung und in Folge potenzielle Werbepartner zu generieren. Dieser Plan ging auf: Das „neue deutsche Fräuleinwunder" (Krull & Stolpe, 2011) wurde von den Redaktionen begeistert angenommen, insbesondere die Boulevardmedien widmeten dem Phänomen einen Großteil ihrer Sportseiten. Eine Selbstkritik in Bezug auf die redaktionelle Sexualisierung der Spielerinnen ließ sich hingegen kaum beobachten, zumal diese eher im Feuilleton der Qualitätsmedien als in der Sportberichterstattung vorzufinden war.[4] Vor diesem Hintergrund stellt sich die Frage, welche Bedeutung die physische Attraktivität der Fußballerinnen tatsächlich im

---

2   Frauen sind in den Präsidien der Spitzenverbände, des Landessportbunds und des Deutschen Olympischen Sportbunds deutlich unterrepräsentiert. So liegt der Anteil von Frauen in Führungspositionen je nach Institution zwischen 10 und 20 Prozent (vgl. DOSB 2008). Insofern sind die Schlüsselpositionen überwiegend mit Männern besetzt, die damit über einen Großteil der Bedeutungs- und Definitionsmacht verfügen. Dies gilt auch und insbesondere für den Fußball: Im DFB-Präsidium ist mit Hannelore Ratzeburg gerade einmal eine Frau vertreten – unter 16 Männern.

3   Birgit Prinz blieb der Pressekonferenz zur Präsentation der DFB-‚Barbie' fern, obwohl das Unternehmen Mattel ihr zu Ehren ein Unikat nach ihrem Ebenbild angefertigt hatte.

4   So stellte die F.A.Z. fest, dass die Kickerinnen des WM-Kaders keine Gelegenheit auslassen, zu betonen, dass sie gerne shoppen gehen und fragt in diesem Zusammenhang, ob „es wirklich so [ist], dass nur wer einen Schuhfimmel hat, in unserer Gesellschaft als richtige Frau wahrgenommen wird?" (Berendsen, 2011). Und *Die Zeit* wundert sich „warum sich der Frauenfußball zur WM als Sport für Tussis [inszeniert]?" (Faller, 2011).

Rahmen des redaktionellen Auswahlprozesses einnimmt. Darüber hinaus ist von Interesse, wie die Sportkommunikatoren das Schönheitshandeln einzelner Spielerinnen bewerten und inwiefern eine erotische Medienpräsenz auch im Sportressort als berichterstattungswürdig gilt.

Der vorliegende Beitrag begegnet dieser Problemstellung mit den Befunden einer qualitativen Befragung von 23 Sportjournalisten.[5] Die Interviewstudie wurde bereits im Vorfeld der Frauenfußball-WM durchgeführt, um Erkenntnisse über die Entstehungsbedingungen der Medieninhalte sowie die Bedeutung der physischen Attraktivität im redaktionellen Auswahlprozess von weiblichen Fußballprofis zu ermitteln. Der Beitrag beginnt mit einer Erläuterung des theoretischen Zugangs zur Thematik und zur wissenschaftlichen Relevanz. Anschließend werden die medialen Rahmenbedingungen der Kommerzialisierung des Frauenfußballs dargestellt. Nach einer kurzen Beschreibung des methodischen Vorgehens verdeutlichen ausgewählte Ergebnisse der Leitfadeninterviews die Einstellung der Sportkommunikatoren zur Sportart und zu den Protagonistinnen. Abschließend erfolgen ein Fazit sowie ein Ausblick auf die potenzielle Entwicklung der sexualisierten Berichterstattung über Sportlerinnen.

Theoretischer Zugang und wissenschaftliche Relevanz

Als theoretischer Zugang wird die Kommunikatorforschung gewählt. Diese befasst sich mit den Personen, die an der Entstehung und Verbreitung von Medieninhalten beteiligt sind. So besteht eine zentrale Aufgabe der Journalisten in der Entscheidung, welche Aspekte der Realität in die redaktionelle Berichterstattung einfließen. Die Kommunikatorforschung untersucht also, „aufgrund welcher Kriterien Journalisten Nachrichten auswählen und welche Einflussfaktoren hierbei eine Rolle spielen" (vgl. Kunczik & Zipfel, 2005, S. 241). Ein grundlegendes Konzept zur Erklärung der Nachrichtenauswahl in den Massenmedien stellt die Nachrichtenwert-Theorie dar, die variablenorientiert ist und bei der Wahrnehmung von Ereignissen und Fakten selbst ansetzt. Die Grundannahme dieser auf Lippmann (1922) zurückzuführenden Theorie besagt, dass Ereignissen bestimmte Eigenschaften anhaften, die sie beachtenswert oder interessant machen. Diese Nachrichtenfaktoren genannten Eigenschaften bestimmen den Nachrichtenwert (news value), also die Publikationswürdigkeit eines Ereignisses (vgl. Staab, 2002) Die Nachrichtenwert-Theorie wurde von Becker (1983) und Loosen (1998) auf die Sportberichterstattung übertragen. Dabei ließ sich feststellen, dass die Faktorengruppe *Personalisierung und Prominenz* zunehmend an Bedeutung gewonnen hat und sich verstärkend auf den Nachrichtenwert auswirkt. Bekannte Perso-

---

5   Der besseren Lesbarkeit halber wird im allgemeinen Kontext die maskuline Form verwendet und hiermit die feminine Form mit angesprochen. Eine explizite Trennung erfolgt nur im Sonderfall.

nen werden häufig von den Massenmedien als „handelndes Subjekt, Ursache oder Mittelpunkt eines Ereignisses" dargestellt (Schulz, 1976, S. 45). Empirische Studien zeigen zudem, dass die *Personalisierung und Prominenz* in der Sportberichterstattung im Vergleich zu anderen Ressorts in besonderem Maße als Selektionskriterium entscheidend ist (vgl. Weischenberg, 1976; Loosen, 1998).

Demzufolge ist davon auszugehen, dass sich die Berichterstattung zur Frauenfußball-WM auf jene Protagonistinnen fokussieren wird, die bereits über Bekanntheitsgrad und damit einen gewissen Prominenzgrad verfügen. Sofern dieses Kriterium nicht erfüllbar ist, lässt sich eine Personalisierung auch realisieren, in dem die Spielerinnen neben der sportlichen Leistung einen journalistischen „Mehrwert" anbieten. In diesem Kontext stellt die physische Attraktivität ein wesentliches Kriterium im redaktionellen Auswahlprozess dar. So ist ein sexuellanziehender, athletischer Körper unter sozioökonomischen Gesichtspunkten als Aufmerksamkeitskapital einzuordnen, da die physische Attraktivität in der westlichen Gesellschaft zunehmend an Bedeutung gewonnen hat und sich einen gleichbedeutenden Platz neben anderen Gütern des sozialen Kapitals erringen konnte (vgl. Koppetsch, 2000, S. 100f.). Dabei ist die Sportlerin zur Verdeutlichung ihrer physischen Attraktivität stets auf eine massenmediale Verbreitung angewiesen, um die für die kommerzielle Verwertbarkeit erforderliche Reputation zu erzeugen. Denn im kommunikationswissenschaftlichen Verständnis generiert sich die Reputation in einem Verbreitungsprozess, der durch eine „interpersonale Anschlusskommunikation prinzipiell beliebiger Netzwerke mit Rekurs auf öffentliche, insbesondere medienvermittelte Kommunikation" geprägt ist (Eisenegger, 2005, S. 195).

Die Verknüpfung von Sport und Sexualität ist „mit Blick auf Medien- und Vermarktungsstrategien ein schon länger anhaltendes Phänomen" (Rulofs & Hartmann-Tews, 2011, S. 101). Bereits 1995 wies die Sportsoziologin Marie-Luise Klein (1995, S. 229) darauf hin, das in den 20 Jahren zuvor eine Tendenz zur Ästhetisierung und Erotisierung des Sports zu beobachten war. In diesem Zusammenhang hat sich die sportwissenschaftliche Forschung insbesondere der Analyse der Medieninhalte gewidmet. Zahlreiche Befunde verweisen auf relevante Geschlechterunterschiede in der textlichen und visuellen Medienpräsenz von Spitzenathleten, die sich in einer redaktionellen Fokussierung auf den sexualisierten Sportkörper manifestieren (für einen Überblick vgl. Rulofs & Hartmann-Tews, 2011). Dagegen liegen umfassende empirische Analysen zu den Entstehungsbedingungen der medialen Inhalte kaum vor.[6] Zudem ist ein grundlegendes Forschungsdefizit in Bezug auf den Frauenfußball zu konstatieren. Klein (2009, S. 40) spricht sogar von einer „fast völligen Ausblendung in der Forschung".

---

6 Erste Tendenzen lassen sich hier lediglich aus einigen studentischen Qualifikationsarbeiten ableiten (etwa Scheer, 2004).

Mediale Rahmenbedingungen

Im Rahmen der medialen Positionierung stoßen die Fußballerinnen in den männlich dominierten Sportressorts oftmals auf Widerstand. So gilt der Sportjournalismus in einer zunehmend emanzipierten und feminisierten Gesellschaft als eines der letzten Refugien männlicher Hegemonie (vgl. Schaaf & Nieland, 2011). Ein Großteil der Entscheidungen im redaktionellen Auswahlprozess erfolgt nach den Präferenzen des journalistischen Patriarchats, das eine Medienrealität konstruiert, die sich primär an männlichen Präferenzen orientiert (vgl. Hartmann-Tews & Rulofs, 2007). Daher fokussiert sich die Sportberichterstattung oftmals nur auf solche Athletinnen, die traditionelle Weiblichkeitskonzepte aufrechterhalten. Dazu zählen insbesondere Vertreterinnen der sogenannte „socially acceptable" Individualsportarten (Bernstein, 2002, S. 418), wie etwa Turnen und Eiskunstlauf, bei denen Eleganz und Anmut im Vordergrund der sportlichen Leistung steht. Neben diesen ästhetisch-kompositorischen Sportarten werden auch jene akzeptiert, die keinen direkten körperlichen Zweikampf beinhalten, wie etwa Tennis. Die mediale Präsentation von Sportlerinnen ist somit stark geprägt von gesellschaftlich vorherrschenden Geschlechterkonstruktionen und traditionellen Stereotype (vgl. Bernstein, 2002; Pfister, 2002).

Während über männliche Athleten überwiegend aufgrund ihrer Leistung berichtet wird, hängt das mediale Interesse an Sportlerinnen primär von ihrem Aussehen ab, wobei ihre sportliche Performance auf dem Spielfeld zunehmend in den Hintergrund rückt. Die steigende Popularität des Frauensports führt zudem zu einer verstärkten Erotisierung des weiblichen Sportkörpers, der zu einer marktfähigen Ware geworden ist. Die Fokussierung auf das Aussehen der weiblichen Sportakteure verwandelt sie in „objects of desire and envy" und führt oftmals zu dem falschen Eindruck, Athletinnen seien „sexual women" (Hargreaves, 1994, S. 162). Damit scheinen die Medien den Interessen der Öffentlichkeit gerecht zu werden, die viel Haut sehen und am Privatleben der Sportstars teilhaben will.[7] In diesem Zusammenhang hält Pfister (2002, S. 55) fest, „wer im Sport und durch Sport verdienen will, muss sich dem Geschmack der Medien [...] anpassen". Sie formulieren die Werturteile und bestimmen die Spielregeln. Daher verfügen die Sportjournalisten auch über die Entscheidungsmacht, jene Sportlerinnen aus der Berichterstattung auszuschließen, die nicht dem weiblichen Schönheitsideal entsprechen und insofern nach dem „männlichen Blick" nicht über ein erotisches Körperkapital verfügen. Die mediale Ausgrenzung trifft insbesondere Protagonistinnen aus sogenannten „Männersportarten" (Kleindienst-Cachay & Kunzendorf, 2003, S. 121), also Mannschafts- und Wettkampfsportarten, die das männliche Stereotyp verkörpern. Dies lässt sich auch im Fußball beobachten, der sich

---

7   Diese Annahme wird durch empirische Daten gestützt: Nach einer Studie des Westdeutschen Rundfunks (WDR) interessieren sich 80 Prozent der Zuschauer allein aufgrund der dargebotenen Erotik und nur 20 Prozent aufgrund der Leistung für den Frauensport (vgl. Nagel, 1999).

wie keine weitere Sportart über einen Ausschluss von Spielerinnen in der Sportberichterstattung definiert, sodass eine gleichberechtigte Partizipation von Frauen an der Kommerzialisierung ihres sportlichen Erfolgs dauerhaft verhindert wird. Dabei richtet sich die Kritik der Sportjournalisten oftmals gegen die durchtrainierten und muskulösen Körper der Spielerinnen, die nicht dem vorherrschenden Ideal des grazilen Sportkörpers entsprechen. Abweichungen von der männlich konstruierten Norm von Weiblichkeit werden jedoch nicht nur mit redaktioneller, sondern auch mit kommerzieller Ausgrenzung gestraft, sodass eine Akquise von Sponsoren – die zur Existenzsicherung der Spielerinnen erforderlich sind – deutlich erschwert wird (vgl. Schaaf, 2011, S. 122).

Da sich die „hegemoniale Sportkultur"[8] (Markovits, 2006, S. 255, Fn. 1) an männlichen Präferenzen orientiert, müssen sich Sportlerinnen dieser Logik nach in ihrer Selbstvermarktung anpassen, um eine höhere mediale Aufmerksamkeit zu erlangen (vgl. Schaaf & Nieland, 2011b). Einzelne Spielerinnen versuchten, „die Weiblichkeit, die ihnen auf dem Spielfeld abgesprochen wird, abseits davon wieder herzustellen – durch betont genderkonformes Verhalten" (Lange, 2011). Eine solche Inszenierung erfolgt über den gezielten Einsatz von Genderattributen, wie weiblich konnotierter Kleidung, Make-up, Nagellack, Frisur und Schmuck (vgl. Kleindienst-Cachay & Heckemeyer, 2006, S. 54). Diese Rechtfertigung des „Frau-Seins" erfolgt sowohl im sportlichen Kontext, z.B. wenn Spielerinnen frisiert und geschminkt das Turnier bestreiten, als auch im außersportlichen Kontext, z.B. wenn die physische Attraktivität mittels Mode- und Beautystrecken in General-Interest-Magazinen signalisiert wird. Damit zeigt die Nutzung dieser Selbstvermarktungsstrategie das Dilemma auf, in dem sich der Frauenfußball befindet: „Nehmen wir ihn als ernsthaften, männlich geprägten Hochleistungssport mit entsprechend angepassten Spielerinnen wahr, so gilt er als unweiblich und unattraktiv. Wird Frauenfußball aber als Sphäre neuer Weiblichkeit inszeniert, könnte er zwar populärer werden; doch dann muss er sich innerhalb der Grenzen bewegen, die durch Weiblichkeitsstereotype definiert werden" (Berendsen, 2011).

Methodisches Vorgehen

Die in der Einleitung formulierten Forschungsfragen werden mittels einer Befragung von Sportjournalisten untersucht. Die gewählte Untersuchungsmethode des Leitfadeninterviews ist der qualitativen Sozialforschung zuzuordnen. Es handelt sich um eine mündliche, teilstandardisierte Befragung, bei der qualitative Aspekte in einer offenen Gesprächsführung mit freien Antwortmöglichkeiten erfasst werden (vgl. Atteslander, 2003, S. 156). Die Auswahl der Sportkommunikatoren

---

8 Nach Markovits (2006, S. 255, Fn. 1) ist eine hegemoniale Sportkultur „eine soziale Konstruktion, die all das enthält, was die Leute in Hinblick auf einen bestimmten Sport aufnehmen, was sie lesen, diskutieren, analysieren, vergleichen und in ihrem historischen Gedächtnis bewahren."

als Interviewpartner erfolgte nach ihrer Affinität zum Frauenfußball und nach der Bedeutsamkeit ihres Mediums. Als Richtwert wurde hierfür die Auflage/Reichweite des Printmediums nach Zahlen der Informationsgemeinschaft zur Feststellung der Verbreitung von Werbeträgern (IVW) bzw. der Quote des TV-Mediums nach Zahlen der Gesellschaft für Konsumforschung (GfK) zugrunde gelegt. Für die Auswahl der TV-Sender war es zudem relevant, inwiefern sie schon internationale Frauenfußballturniere übertragen haben respektive eine Würdigung der Thematik in der Vor-, Nach- und Hintergrundberichterstattung erfolgte. Aus diesem Grund sind in der Liste überwiegend öffentlich-rechtliche Fernsehanstalten zu finden. Darüber hinaus ist mit dem Sport-Informationsdienst (SID) die einzige deutsche Sportpresseagentur in die Stichprobe mitaufgenommen worden, da diese frauenfußballrelevante Meldungen deutschlandweit streut. In Vorgesprächen mit Sportjournalisten wurde zudem deutlich, dass den Web-Angeboten zum Frauenfußball ebenfalls eine hohe Bedeutung zugemessen werden muss. Deshalb galt es die Medienschaffenden der fünf am häufigsten genannten Online-Medien ebenfalls in die Studie miteinzubeziehen. Unter den insgesamt 23 Interviewpartnern waren nur fünf Frauen. Dieser niedrige Anteil von weiblichen Sportkommunikatoren unter den Gesprächspartnern spiegelt die geringe Partizipation von Frauen in den Männerdomäne Fußballjournalismus wider. Die befragten Redaktionen werden in Tab. 1 zusammenfassend dargestellt.

Tab. 1: Stamm-Redaktionen der befragten Sportkommunikatoren

Tageszeitungen	Publikumszeitschriften	TV-Sender	Online-Medien
Frankfurter Allgemeine Zeitung (F.A.Z)	Sportbild	Westdeutscher Rundfunk (WDR)	womensoccer.de
Süddeutsche Zeitung (SZ)	Kicker	Hessischer Rundfunk (HR)	spielfeldschnitte.de
Kölner Stadt-Anzeiger (KStA)	11 Freunde	Zweites Deutsches Fernsehen (ZDF)	spox.com
Kölner Express	BRAVO Sport	Sky TV	framba.de
Hamburger Abendblatt	FF Magazin		soccerdonna.de
	WM 2011/arvato		
Nachrichtenagentur: Sport-Informations-Dienst (SID)			

Den Sportkommunikatoren wurde – wie in qualitativen Interviewstudien üblich – vorab die Anonymisierung ihrer Daten zugesichert, um ein offenes Gesprächsklima zu gewährleisten und sensible Themen anzusprechen. Die Befragten waren somit in der Lage auch negative Einschätzungen abzugeben, ohne dass ein Rückschluss auf ihre Person möglich ist. Aus diesem Grund werden in diesem Beitrag lediglich die befragten Redaktionen, aber nicht die konkreten Gesprächspartner namentlich genannt respektive zugeordnet. Nachfolgend werden ausgewählte Ergebnisse der Interviews mit den Sportjournalisten dargestellt. Wörtliche Zitate sind als solche gekennzeichnet und optisch vom Text abgesetzt. Aufgrund der großen Datenmasse, die sich aufgrund der aufgezeichneten 1.200 Audiominuten generieren ließ, muss sich in der folgenden Ergebnispräsentation auf die wesentlichen Befunde konzentriert werden.

Ausgewählte Ergebnisse der Interviewstudie

a) Bewertung der weiblichen Präsentation

Der DFB hat im Vorfeld der WM 2011 erkannt, dass die Mehrheit der Nationalspielerinnen außerhalb der Kernfangruppe keinen nennenswerten Bekanntheitsgrad aufwies. Das Turnier brauchte jedoch bekannte Gesichter, die den Frauenfußball über die Grenzen der Nationalmannschaft hinaus repräsentieren, um das Interesse der Medien zu generieren. Insofern versuchten die Verantwortlichen nun selbst „Stars" zu konstruieren, die als Identifikationsfiguren dienen sollten. Die relevante Strategie beschrieb Teammanagerin Doris Fitschen im ‚Handelsblatt': „Sehr wichtig ist [...] dieses Lifestyle-Thema, da wollen wir die Spielerinnen noch besser platzieren" (zit. n. Renner & Merx, 2010). Die Lifestylestrategie des DFB bestand hauptsächlich darin, eine Medienkooperation mit der Frauenzeitschrift „Brigitte" einzugehen, in der die Nationalelf in Modestrecken „weiblich" präsentiert wurde.

Diese Vorgehensweise des Verbands wird von den Sportjournalisten jedoch ambivalent bewertet. Die Hälfte der Befragten ist der Meinung, dass diese Ausrichtung sowohl den einzelnen Spielerinnen als auch dem Frauenfußball zu einem deutlichen Popularitätsschub verhelfen könnte. Denn hierdurch ließe sich das Image des Frauenfußballs nachhaltig verändern. Dagegen vertritt die andere Hälfte der Sportkommunikatoren die Meinung, dass eine weibliche Präsentation zu einem „Ausverkauf des Frauenfußballs" führt. Sie sehen die Gefahr, dass die Sportart nicht mehr ernst genommen wird.

> „Ich denke nicht, dass so eine Präsentation langfristige Effekte hätte. Es mag für den Moment amüsant sein, aber eigentlich kann man sein Kommunikationsziel nicht damit erreichen. Denn was will man z.B. mit einer Bajramaj denn wirklich kommunizieren? Diese Frage stelle ich mir und das ist das Problem, vor dem wir allen stehen: die Medien, die Sponsoren, der DFB, weil der Frauenfußball eigentlich noch in den Anfängen steht. [...] Wenn ich eine unbekannte Spielerin jetzt besonders weiblich abbilde, die sich in dieser Rolle mitunter gar nicht wohlfühlt, erreiche ich meine Zielgruppe doch gar nicht. Der DFB und

die FIFA müssen sich wirklich die Frage stellen, wo sie mit dem Frauenfußball eigentlich hinwollen".

(Sportjournalist U)

„Ich bewerte diese Strategie zweischneidig. Es bringt den Frauenfußball an sich nicht nach vorne, aber es wird vielleicht dazu führen, dass mehr Leute einschalten. [...] Ein Problem hätte ich damit, wenn so wäre wie bei der Kournikova. Also das die Leistung nicht stimmt und alles nur noch über die Optik läuft.

(Sportjournalist K)

Einige der Befragten gehen davon aus, dass der Frauenfußball mit einer stärkeren redaktionellen Fokussierung auf feminine Spielerinnen eher als attraktive Sportart etabliert werden kann. Langfristig ließen sich somit neue Fangruppen erschließen und potenzielle Sponsoren generieren. Hinsichtlich der Lifestyle-Strategie konnten keine geschlechtsspezifischen Unterschiede festgestellt werden, auch weibliche Sportkommunikatoren teilten diese Einschätzung.

„Ich denke, ein weibliches Foto ist auch für eine Frau ansprechender, für einen Mann wahrscheinlich sowieso. Also statt einer Wuchtbrumme entgegen zu schauen, sage ich mir lieber ‚Mensch, das ist eine Hübsche und die kann auch Fußball spielen'. Ich glaube, dass das beide Seiten durchaus anmacht, ja. [...] Eine Betonung der Weiblichkeit finde ich also gar nicht schlecht, da man dann merkt, da gibt es hübsche Spielerinnen, das ist ein attraktiver Sport. Dass man versucht auf dieses Pferd zu setzen, weil ich denke, mit der Sportart alleine, nur mit dem Erfolg funktioniert es nicht. Dafür ist der Männerfußball einfach zu dominant in Deutschland".

(Sportjournalistin E)

„Wenn jemand zunächst nur ins Stadion geht, weil er Fatmire Bajramaj so attraktiv findet, aber dann bleibt, weil er denkt: ‚Eigentlich ist Frauenfußball gar nicht so schlecht', dann ist das nicht negativ. Weil dadurch können neue Fans gewonnen werden, die sonst gar nicht zum Frauenfußball gekommen wären."

(Sportjournalist I)

Die „Betonung der weiblichen Seite" würde zudem auch dem vorherrschenden Image der Fußballerinnen entgegenwirken, das in der öffentlichen Meinung oftmals noch mit dem „Mannweib" oder der „Kampflesbe" gleichgesetzt wird.

„Es brauchte wirklich eine Nia Künzer, um damit aufzuräumen. Jetzt haben wir durch die Bank eigentlich recht weibliche Spielerinnen, die dieses alte Klischee nicht mehr erfüllen. [...] Das ist auf jeden Fall die richtige Strategie, zu transportieren, dass wir sehr attraktive, weibliche Frauen haben, ja, um diesen Vorurteil endlich den Garaus zu machen. Ob das dann auch in den Köpfen der Bevölkerung hängen bleibt, ist dann noch mal ein zweiter Schritt".

(Sportjournalist U)

„Die Fußballerinnen der Neunziger oder Anfang der Zweitausender Jahre sahen nicht wirklich nach Frauen aus, also wirkten nicht besonders weiblich. Und wenn ich mir die Nationalspielerinnen heute anschaue, sehen die ja nicht mehr aus wie Kampfsportler. Zum Beispiel Lira Bajramaj, die ja hauptberuflich eigentlich Model ist und dann noch ein bisschen Fußball spielt – natürlich lässt sich das besser verkaufen".

(Sportjournalist D)

Während die jüngeren Sportkommunikatoren einer Lifestyleoffensive deutlich offener entgegenstehen, wird die Strategie insbesondere von jenen bemängelt, die sich zu den „Pionieren der Frauenfußball-Berichterstattung" zählen. Diese bezweifeln einerseits, dass die physische Attraktivität einen entscheidenden Vorsprung im Vermarktungsprozess darstellt. Anderseits richtet sich ihre Kritik dagegen, dass ein attraktives Erscheinungsbild nur von Sportlerinnen gefordert wird.

„Ich glaube nicht, dass eine populäre Frauenfußballerin unbedingt jetzt eine Schönheit sein muss."

(Sportjournalist N)

„Ich finde es sehr schade, dass eine Sportlerin nur auf Äußerlichkeiten reduziert wird und sie deshalb aus den Sportteilen der Zeitung weg muss. Bei einem Mann fragt das auch keiner".

(Sportjournalistin B)

Die Mehrheit der Befragten bestätigte, dass eine potenzielle Präsenz der Nationalelf respektive einzelner Spielerinnen in Unterhaltungs- und Lifestylemedien durchaus einen Nachrichtenwert für die eigene Sportberichterstattung aufweisen würde. Die Aufbereitung der Thematik soll jedoch sehr unterschiedlich erfolgen: Während die Vertreter der Boulevardmedien die „neue Weiblichkeit" im Frauenfußball loben wollen, kündigten die Kollegen der Qualitätsmedien eine kritische Auseinandersetzung an.

b) Bewertung des Schönheitshandelns

Eine erfolgreiche Selbstvermarktung erfolgt über den gezielten Einsatz des Namens, der Bewegung, des Auftretens/Sozialverhaltens und der äußeren Erscheinung der Athletinnen. Insbesondere der letztgenannte Bereich „lässt sich [...] durch Kleidung, Frisuren und Make-up variieren und kann innerhalb und außerhalb des Sports als Differenzierungsmerkmal eingesetzt werden" (Schierl, 2011, S. 335). Das erotische Kapital kann also insbesondere mittels des äußeren Erscheinungsbilds signalisiert werden, um die Aufmerksamkeit der Journalisten zu generieren und eine verstärkte Berichterstattung zu realisieren. Ein solches Schönheitshandeln ließ sich auch bei einzelnen Spielerinnen der Deutschen Nationalmannschaft während der WM 2011 beobachten. Da die vorliegende Befragung jedoch im Vorfeld der WM stattfand und die Sportkommunikatoren die genannten Kampagnen noch nicht kannten, konzentrierte sich die Diskussion insbesondere auf Fatmire Bajramaj, die sich bereits zuvor durch eine äußerst feminine Erscheinung auf dem Spielfeld von einem Großteil der Nationalelf optisch absetzte. Während die Mehrheit der männlichen Sportjournalisten die Aufhübschung des Fußballerinnenkörpers begrüßte, wird eine solche Aufmachung während der Sportausübung insbesondere von älteren Kolleginnen kritisiert und als übertrieben angesehen.

> „Lira halten viele für hübsch, das muss jeder selbst wissen, also ich finde sie jetzt nicht so wahnsinnig attraktiv. Aber sie legt viel Wert auf ihre Außendarstellung. Die kommt immer geschminkt, auch zum Spiel. Die hat immer ihre Fingernägel lackiert, die hat die Haare nett gemacht. Darauf legt sie viel Wert. Ja, manchmal guckt sogar der Rand des Unterhöschens noch raus aus der Sporthose."
>
> (Sportjournalistin B)

Aufgrund der männlich dominierten Sport-Medien-Wirtschafts-Allianz befürchten sie zudem, dass sportlich mäßig erfolgreiche Spielerinnen, die jedoch konsequent Schönheitshandeln, wesentlich mehr Berichterstattung und Sponsorpartner generieren können als die vermeintlich weniger attraktiven Leistungsträgerinnen des Teams.

> „Lira Bajramaj stilisiert sich als Frauchen, klar. Lackierte Fingernägel, lockige Haare, das kommt natürlich an. Die Männer gucken erstmal aufs Bild, das ist immer noch so. Also Birgit Prinz wird man nie zum Schwarm der Männer machen können, selbst wenn die sagen, die spielt gut Fußball".
>
> (Sportjournalistin S)

Dagegen bewerten sowohl männliche als auch weibliche Sportkommunikatoren das Auftreten der „jungen Wilden" als angemessen. So wird explizit Alexandra Popp als Vertreterin der neuen Generation ein hoher Nachrichtenwert und entsprechendes Vermarktungspotenzial zugesprochen, da sie nicht durch ein überzogenes Schönheitshandeln auffällt, sondern ein natürlicher, aber dennoch femininer Typ sei. Popp galt als der mediale „Shooting-Star" der WM, weil sie männliche und weibliche Fans anspricht, wodurch sich die redaktionelle Kernnutzerschaft deutlich vergrößert.

> „Alexandra Popp ist schön, aber nicht zu schön. Sie ist sexy, aber nicht zu sexy. Sie hat diesen unwiderstehlichen ‚Girl next door'-Charme und spricht sowohl die männliche als auch weibliche Zielgruppe an. Junge Frauen können sich mit ihr identifizieren, junge Männer stehen auf sie".
>
> (Sportjournalist P)

In der öffentlichen Diskussion um die Feminisierung des Frauenfußballs steht ein genderkonformes äußeres Erscheinungsbild der Spielerinnen, das sich in weiblich konnotierten Trikots manifestiert. Dabei fällt auf, dass „attraktivere Kleidung" zunehmend vom Funktionärspatriarchat der internationalen Verbände verlangt wird, um primär das marktrelevante Segment potenzieller Sponsoren zu vergrößern und die Profitmaximierung zu erhöhen. Zur EM 2005 plädierte der damalige UEFA-Präsident Lennart Johannsen für eine neue Kleiderordnung: „[Es] ist sicher nichts dagegen zu sagen, wenn der Dress der Frauen auch nett aussieht. Sicher wäre es manchmal schön, wenn man sehen könnte, dass es Frauen sind" (zit. n. o.V., 2005). Im Zusammenhang mit den Frauentrikots steht der Rock als Alternative zur Hose in der stetigen Diskussion, zumal dieser als historisch bedingter Gendercode schlechthin gilt. So hoffen die Funktionäre, dass sich die Fußballerinnen ein Beispiel an den Hockeyspielerinnen nehmen, die von je her im kurzen Rock auf dem Spielfeld stehen. Einen Schritt weiter ging sogar Joseph Blatter (Präsident des Fußball-Weltverbandes FIFA), der sich für knappere Frauenfußball-Kleidung „wie beim Volleyball" (zit. n. o.V., 2005) einsetzte. Obwohl beide mit ihrer Forderung scheiterten, wurden die Trikots in der Zwischenzeit marginal angepasst und erhielten einen körperbetonteren Schnitt; zu einem Rock konnte sich bislang jedoch kein Frauenteam durchringen.

Auch die befragten Sportkommunikatoren sehen keine Notwendigkeit, das Nationaltrikot der Frauen mit einem Rock zu feminisieren. Im Gegenteil – dieses Schönheitshandeln könnte vielmehr ein falsches Signal aussenden und von der eigentlichen sportlichen Leistung ablenken. Nur ein einziger männlicher Sportjournalist setzt sich vehement für den Rock ein. Falls dieser schon nicht während des Turniers zum Einsatz kommt, sollte er zumindest verpflichtend für die „Ausgehuniform" sein, die zu öffentlichen Auftritten getragen wird.

„Wenn ich mir jetzt die Hockey-Frauen angucke – das ist ein Unterschied wie Tag und Nacht! Wenn ich die neben die Fußballerinnen stelle und frage jeden, der vorbei kommt: ‚Jetzt sag mir mal, wer von denen spielt Hockey und wer spielt Fußball?‘ Was glauben Sie wohl, was da rauskommt! [...] Aber die anderen Nationalmannschaften ... die Amerikanerinnen ... die Schwedinnen. Da laufen ein paar über den Platz – Junge, Junge! Die sind bei Weitem attraktiver. Wenn man die dann nach den Spielen sieht, in welchen Kostümen die ankommen, das ist schon eine ganz andere Hausmarke. Also, die spielen, was das angeht, in einer ganz anderen Liga als wir. Wir kommen da in einem Hosenanzug an, der aussieht wie ’ne Burka. Das geht nicht! Und die Schwedinnen und Italienerinnen schön im Rock, wunderbar. Also so, wie es sein muss“.

(Sportjournalist Q)

c) Bewertung einer erotischen Medienpräsenz

Im Rahmen der Selbstvermarktung wird zunehmend die Sexualisierung des Sportkörpers als produktpolitische Ästhetisierungsstrategie eingesetzt. Dabei ist seit Mitte der 1990er-Jahre verstärkt zu beobachten, dass sich Athletinnen außerhalb der klassischen Sportberichterstattung über entsprechende Fotostrecken positionieren. Allein für den Playboy haben sich seit 1995 mehr als 20 Spitzensportlerinnen ablichten lassen. Durch diese Art der Präsentation erlangen auch Vertreterinnen aus weniger medienaffinen Sportarten die Gelegenheit, eine erste mediale Beachtung demonstrieren (vgl. Schaaf, 2011). Da die vorliegende Befragung jedoch im Vorfeld der WM stattfand, waren die ‚Playboy‘-Fotos des Fußballnachwuchses den Sportkommunikatoren noch nicht bekannt, sodass sich die Debatte auf eine potenzielle erotische Medienpräsenz der Nationalspielerinnen bezog. Die befragten Sportjournalisten lehnten Nackt- oder Bikinifotos übereinstimmend als wenig geeignetes Selbstvermarktungsinstrument geschlechts- und medienübergreifend ab. Solche Bilder würden weder der betroffenen Spielerin noch der Sportart dauerhaft und nachhaltig zu einem positiven Image verhelfen. Darüber hinaus sei eine Steigerung des Bekanntheitsgrads höchstens kurzfristig realisierbar. Langfristig würde hingegen die sportliche Akzeptanz leiden, da die Gefahr besteht, dass Frauenfußball sowohl von den Fans als auch von den Medien und Sponsoren nicht mehr als ernstzunehmende Sportart betrachtet wird.

„Führt das nicht irgendwie nur zu einem kurzfristigen Erfolg? Also ich habe da so meine Zweifel. Den Monat über ist es in aller Munde. Aber dann war’s das auch schon wieder.“

(Sportjournalistin L)

„Also grundsätzlich ist es mir nicht wahnsinnig sympathisch, sich
für einen Marketingzweck auszuziehen. Aber funktionieren würde es,
glaube ich. Für mich stellt sich bei diesem Thema immer die Frage:
‚Wo wollen die eigentlich hin?‘. Also wollen [die Spielerinnen] in ihrem Sport und insbesondere im Fußballumfeld akzeptiert werden oder
geht es nur um Aufmerksamkeit? Und da bin ich mir nicht sicher, ob
erotische Fotos zur sportlichen Akzeptanz beitragen."

(Sportjournalist J)

Insbesondere die männlichen Sportjournalisten vertreten die Meinung, dass nur
wenige Protagonistinnen über das erforderliche Aussehen und den Sex-Appeal
verfügen, um glaubhaft in einem Männermagazin zu posieren. Des Weiteren gehen sie davon aus, dass die Mehrheit der Spielerinnen selbst eine solche Medienpräsenz aus persönlichen oder religiösen Gründen ablehnen würde.

„Man muss natürlich auch Spielerinnen haben, die sich a) darauf ein-
lassen und b) die dann auch der Typ dazu sind. Also, ich kann mir
eine Birgit Prinz oder eine Annike Krahn in einer solchen Fotostre-
cke nicht vorstellen. Bei einer Lira Bajramaj sieht das dann natürlich
schon wieder ganz anders aus. Das ist Eine, die gerne im Rampenlicht
steht."

(Sportjournalist H)

„Ich sehe bei der Nationalmannschaft relativ wenige Frauen, die die
Tendenz dazu hätten. Also, die Kulig wird das nicht machen. Die
Laudehr – vielleicht, aber irgendwie ist die auch zu bayerisch und bo-
denständig dafür. Die Bajramaj wir es aufgrund ihres religiösen Hintergrund nicht machen. Vielleicht eher eine von den Jungen, die irgendwann mal nachkommen".

(Sportjournalist A)

„Nacktfotos im Playboy? Das ist ein toller Gag. Das wird dann auch
in der Sportbild abgedruckt. Als Coverbild ... na, danke. Die Ausgabe kaufe ich nicht, also das Heft will ich nicht zuhause liegen haben.
Veröffentlicht der Verlag eigentlich Zahlen, wie viele Dinger im Laden
liegen geblieben sind?"

(Sportjournalist Q)

Die Sportkommunikatoren sind sich einig, dass die erotische Präsenz einer Nationalspielerin durchaus einen hohen Nachrichtenwert für die eigene journalisti-
sche Arbeit aufweist. Allerdings würde die Berichterstattung überwiegend einen
kritischen Tenor aufweisen, kündigten selbst die Boulevardjournalisten an. Die

Vertreter der Qualitätsmedien sehen insbesondere das Problem einer Diskrepanz zwischen dem vorherrschenden Image des Frauenfußballs als „Lesbensport" und dem durch die Nacktfotos künstlich erzeugten Image der „heterosexuellen sexy Kickerin". Sie vermuten, dass die entsprechende Präsenz einer Spielerin aufgrund mangelnder Glaubwürdigkeit nicht von den Fans angenommen wird. In diesem Kontext könnten sich Nackt- und Bikinifotos auch negativ auf die Akquise von Sponsoren auswirken, da sich ein solcher Auftritt negativ auf die Marke auswirkt. So positioniert die Mehrheit der Werbungtreibenden das sportliche Großereignis Frauenfußball-WM als Familien-Event in ihrer werblichen Kommunikation. Daher könnten sich Nacktfotos kontraproduktiv auf den Erfolg und die Wirkung der Kampagnen ausüben.

> „Im Frauenfußball würden Nacktfotos ein großes Presse-Echo auslösen, aber auch ein hämisches Echo. Und damit wäre – wenn man darauf abzielt, langfristig Spielerinnen als Werbetestimonials zu etablieren – wahrscheinlich mehr Schaden als Nutzen verbunden. Weil immer hinterfragt würde, ist das jetzt Fake oder echt? Denn unterschwellig hat der Frauenfußball dieses riesengroße Problem mit einer latenten Homosexualität".
>
> (Sportjournalist R)

Darüber hinaus bemängeln die „Pioniere der Frauenfußball-Berichterstattung" den Umgang der Verbandsverantwortlichen mit der Sexualisierung des Sportkörpers als produktpolitische Ästhetisierungsstrategie. Diese würden eine unkritische Haltung gegenüber dem in den Männermagazinen verbreiteten softpornoartigen, herabgesetzten Bild von Sportlerinnen einnehmen. Statt sich öffentlich von einer erotischen Medienpräsenz ihrer Schützlinge zu distanzieren, werden Fragen von Journalisten mit den im Sportsystem oftmals verwendeten inhaltsleeren Floskeln beantwortet, um weder die Medien noch die Werbewirtschaft zu brüskieren und als überlebensnotwendige Partner zu verlieren. So entgegnete Steffi Jones, die Präsidentin des Organisationskomitees der Frauenfußball-WM 2011, in einem Interview für *Die Welt* (Ausgabe vom 15.04.2010) auf die Anmerkungen der Journalisten, dass die Nationalelf doch auf sich aufmerksam machen könnte, indem sie sich für den Playboy auszieht: „Das ist die ganz persönliche Entscheidung einer jeden Einzelnen. Wenn eine unserer Spielerinnen das tun möchte, darf sie das. Wir haben viele Mädels, die das Aussehen dazu hätten. Warum sollten wir da einen Riegel vorschieben?" (zit. n. Krull et al., 2010). Mit dieser Aussage steht Steffi Jones in der Kritik der befragten Sportjournalisten, die eine deutliche Distanzierung der Verbände von der Sexualisierungsstrategie erwarten.

„Steffi Jones tut den Spielerinnen keinen Gefallen, wenn sie so etwas fordert. Ich glaube auch nicht, dass Steffi das selbst je hätte machen wollen. Das klingt wie eine Aufforderung, sich für jeden Mist herzugeben".

(Sportjournalist U)

Fazit und Ausblick

Die Befunde zeigen, dass die Mehrheit der Sportjournalisten die Sexualisierungsstrategie im Frauenfußball ambivalent betrachten. So würde kurzfristig durchaus die Aufmerksamkeit auf diese Sportart gelenkt, langfristig wäre dieses Image jedoch nicht zuträglich, da es von der Kernkompetenz der Spielerinnen – der sportlichen Leistungsfähigkeit – ablenke. Zudem würde die Inszenierung als heterosexuelles „Sexy Girl" der Realität nicht gerecht, da die Vielfalt der verschiedenen Frauentypen in der Nationalmannschaft kaum Berücksichtigung in der Berichterstattung fände, merkten einige Befragte selbstkritisch an. „Das Bild, das Funktionäre, Sponsoren und Medien [...] entwerfen, ist [vielmehr] eine Wunschvorstellung, die die Spielerinnen in ein Korsett zwängt, dem sie auf Dauer nicht entsprechen können" (Berendsen, 2011). Die Kritik richtet sich insbesondere gegen die Verbandsvertreter, die den Feminisierungstrend zwar nicht öffentlich forcieren, aber ihm auch kein alternatives Frauenbild entgegensetzen. Im Gegenteil – so herrschte beim Deutschen Fußball-Bund „klammheimliche Freude, dass das Lesbenklischee im Frauenfußball langsam vom Sexy-Girl-Klischee verdrängt wird – es passt besser ins patriarchalische Weltbild" (Lange, 2011) – und lässt sich letztlich auch besser vermarkten. Die Inszenierung der neuen Weiblichkeit im zunehmend profitorientiertem Frauenfußball ist jedoch ein Marketingexperiment, das primär auf Kosten der Spielerinnen geht. Sie werden lebenslang mit den Fotos identifiziert, da die erotischen Aufnahmen im ewigen Gedächtnis der Internets abrufbar bleiben, während ihre errungenen Titel in Vergessenheit geraten. Deutlich profitieren konnte hingegen die Sport-Medien-Wirtschafts-Allianz: Denn die aufgehübschten Fußballerinnen haben nicht nur die Auflage der Verlage gesteigert, sondern auch die Quote der TV-Sender erhöht und den Abverkauf der beworbenen Produkte intensiviert (vgl. Schaaf, 2011). Doch das Interesse am Frauenfußball währte nur kurz. 2012 publizierte der Playboy eine Spezialausgabe zu den Olympischen Spielen. Mit Vertreterinnen aus Randsportarten, die lieber dem Klischee unterwürfiger Weiblichkeit entsprechen, anstatt ihre sportlichen Leistungen zu betonen.

Literatur

Atteslander, P. (2003). *Methoden der empirischen Sozialforschung*. Berlin: Erich Schmidt Verlag.

Becker, P. (1983). Sport in den Massenmedien: Zur Herstellung der Wirkung einer eigenen Welt. *Sportwissenschaft*, 13, 24-45.

Berendsen, E. (2011). „Shoppen mit Tante Käthe". Frankfurter Allgemeine Zeitung vom 21.06.2011. Zugriff am 15.02.2012 unter http://www.faz.net/themenarchiv/sport/frauenfussball-wm-2011/frauenfussball-shoppen-mit-tante-kaethe-1651816.html.

Bernstein, A. (2002). Is It Time for a Victory Lap? Changes in the Media Coverage of Women in Sport [Electronic Version]. *International Review for the Sociology of Sport*, 37 (3-4), 415-428.

Brusius, I. (1999). Sportlerinnen in den Medien. In G. Anders & E. Braun-Laufer (Hrsg.), *Sportlerinnen in den Medien. Möglichkeiten und Grenzen* (S. 9-11). Köln.

Degele, N. (2004). *Sich schön machen. Zur Soziologie von Geschlecht und Schönheitshandeln*. Wiesbaden: VS Verlag.

DOSB (2008) (Hrsg.). *Sport in Deutschland 2008/09*. Frankfurt/M.

Eisenegger, M. (2005). *Reputation in der Mediengesellschaft. Konstitution – Issues Monitoring – Issues Management*. Wiesbaden: VS Verlag.

Faller, H. (2011). „Elf Frauen sollt ihr sein". Die Zeit vom 17.06.2011. Zugriff am 30.01.2012 unter http://www.zeit.de/2011/25/Frauenfussball.

Hargreaves, J. (1994). *Sporting Females. Critical Issues in the History of Women's Sports*. London: Routledge.

Hartmann-Tews, I. & Rulofs, B. (2007). Zur Geschlechterordnung in der Sportberichterstattung. In T. Schierl (Hrsg.), *Handbuch Medien, Kommunikation und Sport* (S. 137-154). Schorndorf: Hofmann.

Klein, M.-L. (1995). Sport und Sexualität – Zur Konstruktion eines diskursiven Feldes. In J. Winkler & K. Weis (Hrsg.), *Soziologie des Sports* (S. 229-240). Opladen: Westdeutscher Verlag.

Klein, M.-L. (2009). Vermarktung der Frauenfußball-Bundesliga in Deutschland. In H. Dietl, E. Franck & H. Kempf (Hrsg.), *Fußball – Ökonomie einer Leidenschaft* (S. 39-56). Schorndorf: Hofmann.

Kleindienst-Cachay, C. & Heckemeyer, K. (2006). Frauen in Männerdomänen des Sports. In I. Hartmann-Tews & B. Rulofs (Hrsg.), *Handbuch Sport und Geschlecht* (S. 112-124). Schorndorf: Hofmann.

Kleindienst-Cachay, C. & Kunzendorf, A. (2003). ‚Männlicher' Sport – ‚weibliche' Identität? Zur Problematik von Hochleistungssportlerinnen in männlich dominierten Sportarten. *Sportunterricht* 52 (10), 292-296.

Koppetsch, C. (2000). Die Verkörperung des schönen Selbst. Zur Statusrelevanz von Attraktivität. In C. Koppetsch (Hrsg.), *Körper und Status: Zur Soziologie der Attraktivität* (S. 99-124). Konstanz: UVK.

Krull, P. & Stolpe, D. (2011). „Okoyino da Mbabi, das neue deutsche Fräuleinwunder". Die Welt vom 30.06.2011. Zugriff am 30.01.2012 unter http://www.

welt.de/sport/fussball/frauen-wm-2011/article13458052/Okoyino-da-Mbabi-das-neue-deutsche-Fraeuleinwunder.html.

Krull, P., Wallrodt, L. & Wolff, J. (2010). „Spielerinnen dürfen sich im Playboy ausziehen". Die Welt vom 15.04.2010. Zugriff am 15.02.2012 unter: http://www.welt.de/sport/fussball/article7179093/Spielerinnen-duerfen-sich-im-Playboy-ausziehen.html.

Kunczik, M. & Zipfel, A. (2005). *Publizistik.* Stuttgart: UTB.

Lange, N. (2011). „Fußballerinnen in der Nachschminkzeit". Der Tagesspiegel vom 12.05.2011. Zugriff am 30.01.2012 unter http://www.tagesspiegel.de/kultur/fussballerinnen-in-der-nachschminkzeit/4278166.html.

Lippmann, W. (1922). *Public Opinion.* Zugriff am 30.01.2012 unter http://www.gutenberg.org/etext/6456.

Loosen, W. (1998). *Die Medienrealität des Sports.* Wiesbaden: Westdeutscher Verlag.

Markovits, A. S. (2006). Fußball in den USA als prominenter Ort der Feminisierung: Ein weiterer Aspekt des ‚amerikanischen Sonderwegs'. In: E. Kreisky & G. Spitaler (Hrsg.), *Arena der Männlichkeit* (S. 255-276). Frankfurt a.M./ New York: Campus.

McRobbie, A. (2010). *Top Girls. Feminismus und der Aufstieg des neoliberalen Geschlechterregimes.* Wiesbaden: UVK.

Nagel, S. (1999). Erotik als Vermarktungsinstrument. In G. Anders & E. Braun-Laufer (Hrsg.), *Sportlerinnen in den Medien. Möglichkeiten und Grenzen* (S. 33-39). Köln: Sportbuchverlag Strauß.

o.V. (2004). „Wir wollen unseren Sport vermarkten, nicht unseren Hintern". Stern vom 14.01.2004. Zugriff am 30.01.2012 unter: http://www.stern.de/sport/fussball/fussballerin-birgit-prinz-wir-wollen-unseren-sport-vermarkten-nicht-unseren-hintern-518825.html.

o.V. (2005). „Sexistisch und unmöglich? Sexy Frauen-Fußball". www.n-tv.de vom 19.06.2005. Zugriff am 15.02.2012 unter http://www.n-tv.de/sport/Sexy-Frauen-Fussball-article152702.html.

Pfister, G. (2002). Das Kournikova-Syndrom. Bilder, Vorbilder und Doing-Gender im Spitzensport. In G. Pfister (Hrsg.), *Frauen im Hochleistungssport* (S. 41-58). Hamburg: Czwalina.

Pfister, G. (2006). The future of football is female!?: On the past and present of women's football in Germany. In A. Tomlinson & C. Young (Hrsg.), *German football. History, culture, society* (S. 93-126). London: Routledge.

Renner, R. & Merx, S. (2010). „Fußball ist kein Machosport". Handelsblatt vom 21.04.2010. Zugriff am 30.01.2012 unter http://www.handelsblatt.com/sport/fussball/nachrichten/fussball-ist-kein-machosport/3416896.html.

Rulofs, B. & Hartmann-Tews, I. (2011). Geschlechterverhältnisse in der medialen Vermittlung von Sport – Sexualisierung und Erotisierung als Inszenierungsstrategien? In D. Schaaf & J.-U. Nieland (Hrsg.), *Die Sexualisierung des Sports in den Medien* (S. 100-113). Köln: Herbert von Halem Verlag.

Schaaf, D. (2011a). Der Körper als Kapital – Sportlerinnen im Spannungsfeld zwischen Selbstvermarktung und Selbstermächtigung. In D. Schaaf & J.-U.

Nieland (Hrsg.), *Die Sexualisierung des Sports in den Medien* (S. 116-138). Köln: Herbert von Halem Verlag.

Schaaf, D. & Nieland, J.-U. (2011b). Der Widerspenstigen Zähmung. Zur Sexualisierung des Frauenfußballs. *Das Argument. Zeitschrift für Philosophie und Sozialwissenschaft*, 53 (290), 61-67.

Scheer, M. (2004). *Vermarktung von Sportlerinnen und Sportlern. Eine Untersuchung der Konzepte von Sportmarketingagenturen aus der Sicht der Geschlechterforschung.* Unveröffentlichte Diplomarbeit, Deutsche Sporthochschule Köln.

Schierl, T. (2011). „Der Star als Marke, die Marke als Star" – Anmerkungen zum Aufbau und zur Pflege von Sportlermarken. In T. Schierl & D. Schaaf (Hrsg.), *Sport und Werbung* (S. 326-343). Köln: Herbert von Halem Verlag.

Schulz, W. (1976). *Die Konstruktion von Realität in den Nachrichtenmedien – Analyse der aktuellen Berichterstattung.* Freiburg/München: Karl Alber.

Sobiech, G. (2006). Im Abseits? Mädchen und Frauen im Fußball-Sport. In H. Brandes, H. Christa & R. Evers (Hrsg.), *Hauptsache Fußball. Sozialwissenschaftliche Einwürfe* (S. 147-169). Gießen: Psychosozial-Verlag.

Staab, J. (2002). Entwicklungen der Nachrichtenwert-Theorie. Theoretische Konzepte und empirische Überprüfungen. In I. Neverla, E. Grittmann & M. Pater (Hrsg.), *Grundlagentexte zur Journalistik* (S. 606-618). Konstanz: UVK.

Stevenson, D. (2002). Women, Sport, and Globalization: Competing Discourses of Sexuality and Nation [Electronic Version]. *Journal of Sport and Social Issues*, 26 (2), 209-225.

Weischenberg, S. (1976). *Die Außenseiter der Redaktion. Struktur, Funktion und Bedingungen des Sportjournalismus.* Bochum: Studienverlag Brockmeyer.

Rosa Diketmüller

„Fußballer sind nicht schwul, aber Fußballerinnen sicher lesbisch." – Homosexualität im Frauenfußball und die Bedeutung von Fußball für lesbische Fußballerinnen

Einleitung

Die Frauenfußball-Weltmeisterschaft 2011 in Deutschland hat noch sehr augenscheinlich die Ambivalenz des Fußballerinnenseins vor Augen geführt, wonach es nicht reichte, eine gute Fußballerin zu sein, um medial anerkannt und sichtbar zu sein. Vielmehr waren Zeichen sichtbarer Weiblichkeit und damit heterosexueller Körpersignale nötig, wie auch der Slogan der Weltmeisterschaft suggerierte: „20elf von seiner schönsten Seite". Sexy figurbetonte Spielerinnen, zudem geeignet, im Playboy abgebildet oder als Barbie-Puppen vermarktet zu werden, versuchten den letzten Zweifel auszuräumen, Fußballerinnen könnten lesbisch sein. Walther-Ahrens (2011) sah in diesen Marketingstrategien den Versuch, das Klischee vom kaum vermarktbaren „Lesbensport" aufzupolieren (Schaaf, 2012, S. 137). Damit spricht sie an, was gesellschaftlich das gängige Stereotyp ist: dass Fußballer nicht schwul und Fußballerinnen lesbisch seien.

Während sich die Publikationen zum Frauenfußball auch im deutschsprachigen Raum in den letzten Jahren deutlich gemehrt haben (u.a. Diketmüller, 2012; Röger, Kugelmann, Weigelt-Schlesinger & Möhwald, 2008; Sinning, 2012; Sobiech & Ochsner, 2012; Zipprich, 2012), finden sich nach wie vor kaum konkrete Angaben und Zahlen dazu, wie denn die Realität tatsächlich aussieht. Dies ist auch nicht der Fokus dieser Arbeit. Viel spannender ist hierbei zu fragen, wie es einerseits möglich sein kann, in ein und derselben Sportart derart konträre Grundannahmen für Frauen und Männer hinsichtlich der sexuellen Orientierung aufzustellen und welche Bedeutung eine derartige Zuschreibung für die Aufrechterhaltung und Perpetuierung von Geschlechterverhältnissen generell und im Sport im Besonderen hat (u. a. Hagemann-White, 1988; Hartmann-Tews, 2006; Heckemeyer, 2010; Kolnes, 1995) angesichts von Sexismus und Homophobie als oftmals konstitutive Merkmale von (Fankulturen im) Fußballsport.

Andererseits interessiert auch, welche Bedeutung das Fußballspiel für lesbische Frauen hat und wodurch es zu einem Identifikationsort für Lesben werden konnte. Wie sich dies im Laufe der letzten Dekade verändert hat, wird auch mit Bezug auf eine Reanalyse einer Wiener Interviewstudie mit lesbischen Fußballerinnen anhand biografischer Zugänge nachgezeichnet.

Lesbische Fußballerinnen – Stereotyp oder Realität?

Zunehmende Toleranz

Folgt man verschiedenen Statistiken, so beläuft sich der Anteil bi- oder homosexueller Menschen zwischen fünf bis zehn Prozent der Bevölkerung. Gerade in den letzten Jahren hat sich v.a. in vielen westeuropäischen Ländern für Lesben und Schwule vieles zum Positiven verändert. Homosexuelle Menschen sind mittlerweile selbstverständlich in vielen öffentlichen Bereichen von Politik, Kultur und Kunst mit den entsprechenden gesellschaftlichen Ablehnungen von sexistischem und diskriminierendem Verhalten.

Im Sport und insbesondere im Fußballsport finden sich jedoch nach wie vor Areale, in denen ein derartiges Verhalten nicht nur geduldet wird, sondern sogar offen geäußert werden kann und Teil diverser (Fan-)Kulturen ist. In der Literatur gilt Fußball nicht zu Unrecht als Reservat für überkommene Männlichkeitsvorstellungen und ungebremste Maskulinität (u.a. Kreisky & Spitaler, 2006; Sülzle, 2005, S. 39; Marschik, 2003; Walther, 2006), in dem wahre Männlichkeit gelebt werden kann und Frauen als Spielerinnen, als Fans, im Vorstand oder als Journalistinnen die Ausnahme sind. In dieser Männerdomäne gelten weibliche Wesensarten als Schwäche, die abgewertet und ausgegrenzt werden. Schlechte Spieler werden als „Schwuchteln“, Fußball spielende Frauen als Lesben bezeichnet. Als einer der konservativsten Bereiche unserer Gesellschaft fand sich für „andere“ Lebensweisen bis vor kurzem offiziell kaum Platz (Walther, 2006). Nach dem ersten offiziellen Coming-out im Profifußball durch Justin Fashanu aus England 1990 dauerte es weitere 23 Jahre, bis sich mit Robin Roger aus den USA ein weiterer aktiver Profifußballer offen zur Homosexualität bekannte.

Aber selbst im Fußballsport v.a. westlicher Industrienationen steigt der gesellschaftliche Druck zu mehr aktiv gezeigter Toleranz. So sichert in Deutschland DFB-Präsident Wolfgang Niersbach Spielern Unterstützung zu, wenn sie sich als homosexuell outen wollen. 2013 wird erstmals eine Informationsbroschüre zum Thema Fußball und Homosexualität herausgegeben, in der Hilfestellungen im Falle eines Coming-outs angeboten werden (Deutscher Fußball-Bund, 2013), sowie ein Leitfaden für SchiedsrichterInnen für ihre Arbeit gegen Homophobie erstellt (Berliner Fußball-Verband/Lesben- und Schwulen-Verband Deutschland, 2013).

Und auch in den Niederlanden setzte man aktiv ein Zeichen gegen Homophobie, nachdem noch 2012 der Trainer von Ajax Amsterdam, Frank de Boer, mit einer Äußerung über die vermeintliche Unsportlichkeit von Schwulen für Wirbel gesorgt hatte. Nationaltrainer Louis van Gaal und mehrere Spieler nahmen im August 2013 am Gay Pride beim weltberühmten Schwulenkorso auf Amsterdams Grachten teil, um für mehr Toleranz für schwule und lesbische Sportler/-innen einzutreten:

„Trainer und Spieler werden damit demonstrieren, dass unser Sport für eine Atmosphäre der Offenheit und Sicherheit eintritt, in der jeder er selbst sein kann", erklärte Van Praag. Dies entspreche nicht nur den Interessen der Spieler, sondern des Fußballsports insgesamt. „Mit unserer Teilnahme an der Gay Pride fordern wir die Vereine auf, dies auch aktiv nach außen zu vertreten. Ein Klima, in dem die Akzeptanz von Homosexualität selbstverständlich ist, entsteht nämlich nicht von allein". (Westfälische Nachrichten, 30.06.2013)

Im Heimatland des Fußballs sind britische Fußballer/-innen mittlerweile zu Seminaren über Diversity und Gleichbehandlung geladen, um homophobes Verhalten einzudämmen, das ab sofort ein Kündigungsgrund für Spieler/-innen sein kann (L.Mag, 15.08.2013).

Stereotype als Exklusionsmechanismen

Und dennoch. Nach wie vor wirken Stereotype als Exklusionsmechanismen für Schwule und Lesben und finden sich auf allen Ebenen des Sports: bei Spieler/-inne/-n, Trainer/-inne/-n, Schiedsrichter/-inne/-n, in Vereinen, Verbänden und bei den Fans (Walther, 2006; Degele, 2009).

Für das Fehlen (oder das fehlende Outing) homosexueller Männer im (Profi-) Fußball gibt es zwei Erklärungsansätze:

Zum einen geht Walther (2006) davon aus, dass es im Fußball gleich viele homosexuelle Männer wie in der Gesellschaft gibt, die jedoch aufgrund des Machosports Fußball dazu gezwungen sind, ein Doppelleben zu führen und ihre Homosexualität aus Angst vor Entdeckung zu verstecken. Fußball sei so eine „Scheinwelt" geworden, in der sich schwule Fußballer „durch ihre Karriere quälen" (Leibfried & Erb, 2011, S. 75) und gezwungenermaßen zu „Versteckspielern" würden (Blaschke, 2008).

Als zweiter Erklärungsansatz für die Abwesenheit von Schwulen insbesondere im (Profi-)Fußball wird angenommen, dass diese durch die Art und Struktur frühzeitig ausselektiert werden. „Sie kommen aufgrund des Systems gar nicht in die Profiligen, da sie zu wenig kompatibel sind. Das System Fußball mit seiner Abneigung gegenüber homosexuellen Orientierungen sortiert bzw. diskriminiert sie aus." (Walther, 2006, S. 10). Viele Rituale in den Vereinen, aber auch sprachliche Diskriminierungen wie (explizite wie implizite) Abwertungen von Schwulen und Frauen begleiten Jungen in ihrer Sozialisation zum (Profi-)Fußballer, verstärken damit das Normale und markieren gleichzeitig die Abweichung von der Norm.

Mutmaßungen

Dass Fußballerinnen Lesben seien, hält sich nach wie vor hartnäckig und wird nahezu in jeder Diskussion über Frauenfußball eingebracht oder zumindest angedeutet. Allein der Umstand der ständigen Fokussierung trägt zu deren unhinterfragter Aufrechterhaltung bei. Es ist daher nicht unerheblich zu eruieren, vor welchem Hintergrund und zu welchem Zweck eine derartige Perpetuierung erfolgt.

Schaaf geht davon aus, dass Klischee und Realität bestenfalls in dem Punkt übereinstimmen, dass im bundesdeutschen Profi- und Breitenfußball ein überdurchschnittlich hoher Anteil an Lesben aktiv sei. Sie bezieht sich dabei auf Aussagen der späteren Bundestrainerin Tina Theune-Meyer, die bereits 1980 den Anteil lesbischer Kickerinnen auf 20-40 Prozent, im Profifußball auf über 50 Prozent schätzte (Palzkill, 1990, zit. n. Schaaf, 2012, S. 140). Extremer formuliert es Kittmann (2009, zit. n. Schaaf, 2012, S. 140), nach dem es Mitte der 1990er-Jahre so gut wie keine heterosexuelle Spielerin im deutschen Nationalkader gegeben hätte. Auch in anderen National- und Bundesligateams wird im direkten Gespräch oftmals offen ausgesprochen, dass es lesbische Fußballspielerinnen im Team gäbe und der Anteil durchaus höher als in der Gesamtbevölkerung sei. Beispielsweise spricht in Österreich „Die Presse" am 20.06.2009 von einem Anteil von 80 Prozent lesbischer Fußballspielerinnen.

Dennoch: Konkrete Zahlen zu erhalten ist schwierig, da in vielen Verbänden und Vereinen häufig Stillschweigen über die sexuelle Orientierung vereinbart wird, um Medien und Sponsoren nicht abzuschrecken. Fertig (2011, S. 29) spricht in diesem Zusammenhang sogar von einem „Schweigekartell", das die Spielerinnen z.T. selbst aufrechterhalten. Dabei scheint die Angst vor medialer Ausgrenzung noch am ehesten unbegründet zu sein, wie Schaaf (2012, S. 141) festhält, „denn nach einer repräsentativen Studie wäre es 86 Prozent der deutschen Bevölkerung egal, wenn sie erfahren würde, dass einige Nationalteamspielerinnen homosexuell sind. Zehn Prozent fänden es sogar gut, nur vier Prozent empfinden es störend (vgl. Infratest Dimap, 2011)." Schwieriger für die Spielerinnen dürften die Konsequenzen für die Sponsorensuche sein, wie Schaaf erhoben hat (2012, S. 148). In ihrer Interviewstudie gestaltete sich allein schon die Suche nach Interviewpartnern aus dem Bereich Sponsoring schwierig, weil es explizite Ablehnungen aufgrund des Images des Frauenfußballs als „Lesbensport" gab. Selbst weltoffene Unternehmen, die den Frauenfußball unterstützen, berichteten vom zum Teil offen entgegengebrachten Unverständnis in der Vermarktungsszene, die sie immer wieder darauf anspricht, ob sich das „Lesbenimage des Frauenfußballs nicht negativ auf die beworbene Marke transferieren könnte" (Schaaf, 2012, S. 149).

Mehr als die mediale Ausgrenzung lässt offenbar die Angst vor sexistischen und homophoben Reaktionen viele weibliche Spielerinnen (aber auch die männlichen Spieler) vor einem Coming-out und dem offenen Umgang mit der sexuellen Orientierung zurückschrecken. Problematisch werden Stereotype immer dann, wenn daraus konkrete Konsequenzen erwachsen. Neben den erwarteten negativen Auswirkungen im Sponsoring berichten u.a. Fasting und Pfister (2000) sowie Fechtig (1995) davon, dass Eltern gerade vor dem Hintergrund dieses Stereotyps ihre Töchter vom Fußballsport abhalten und die Mädchen ab einem bestimmten

Alter aus den Vereinen herausnehmen würden. Insofern wirken Stereotype – wie Walther (2006) konstatiert hat – wie Exklusionsmechanismen, mit denen Frauen (und schwule Männer) sehr wirksam vom Fußballsport abgehalten werden. Einig sind sich die verschiedenen Autorinnen (u.a. Pfister, 1999; Fechtig, 1995; Scraton et al., 1999), dass Sportlerinnen in Europa die meisten Diskriminierungen erfahren. Dies hat nach Walther (2006) damit zu tun, dass sich Lesben in der Sport- und Fußballwelt eher aufgehoben fühlen als Schwule und es mehr sportlich aktive Lesben gibt, die auch offen mit ihrem Lesbischsein umgehen, wodurch sie auch häufiger diskriminiert werden. Schwenzer (2005) vermutet, dass Frauen auf die mannigfaltigen sexistischen und homophoben Diskriminierungen entweder mit ironischer Gelassenheit reagieren oder dass sie die Diskriminierungen nicht wahrnehmen, weil sie sie schon als dazugehörig hinnehmen.

Theoretische Grundlagen und Lesarten von Homosexualität im Frauenfußball

Homophobie im Sport

Im Sport stellt man sich auch immer wieder die Frage, welche Rolle der Sport bei der Aufrechterhaltung von Geschlecht spielt und welche Normen, Werte und Orientierungen im Sport mitgetragen werden. Man ist sich einig, dass Sport ein gesellschaftlich anerkannter Bereich ist, in dem Männlichkeit entwickelt, vermittelt und demonstriert werden kann (Dunning, 1986; Messner, 1987, 1994; Hall, 1989, 1992; Messner & Sabo, 1990; Byson, 1994; Griffin, 1998; alle zit.n. Pfister, 1999). Schon länger wird Sport als „Male Preserve" (Dunning, 1986) gesehen, der einerseits durch Ausgrenzung von Frauen auffällt, während gleichzeitig Frauen immer mehr in vormals männlich dominierte Sportarten eindringen. Überschreitung von Geschlechtergrenzen hat im Sport jedoch unterschiedliche Reaktionen zur Folge, wobei ein Outing von homosexueller Orientierung in manchen Sportarten, wie z.B. dem Fußballsport bei Männern, nach wie vor als absolutes Tabu gilt (u.a. Griffin, 1998; Kleindienst-Cachay & Heckemeyer, 2006; Kleindienst-Cachay & Kunzendorf, 2003).

In Anlehnung an Griffin (1992) und Riemer (1997) definiert Pfister (1999, S. 156) Homophobie „als irrationale Angst oder als Ablehnung von Homosexualität, homosexuellen Männern und Frauen und auch von Verhaltensmustern, die nicht zu den üblichen Erwartungen an die traditionellen Geschlechterrollen passen". Studien vor allem aus dem nordamerikanischen Raum legen nahe, dass Homosexualität, Homophobie und Sport in unserer Gesellschaft in vielfältiger Weise miteinander verflochten sind. Krane (1997) weist dabei auf folgende Zusammenhänge hin:

• Frauen in männerdominierten Sportarten geraten leicht in Verdacht, „keine richtigen Frauen", sondern Lesben zu sein.

- Die Etikettierung von Sportlerinnen oder Trainerinnen als lesbisch führt zu z.T. erheblichen Diskriminierungen (vgl. Studien in Women's Sports Foundation, 1997; Griffin, 1998). Aufgrund der zunehmenden Vermarktung wird auch heute noch homosexuellen Menschen empfohlen, sich nicht zu outen.
- Frauen, die sich mit traditionellen Weiblichkeitsidealen nicht identifizieren wollen oder können, engagieren sich in Sportarten, die besser zu ihrem Selbstkonzept passen und die nicht die traditionellen Weiblichkeitsideale fordern und sich deshalb in eine lesbische Existenz besser integrieren lassen (Palzkill, 1990).

Homophobie richtet sich laut Pfister (1999) aber auch gegen Sportler/-innen, die wegen ihrer Aufkündigung des traditionellen Geschlechterarrangements in den Verdacht geraten sind, homosexuell zu sein, wodurch Homophobie eine wichtige Rolle für die Aufrechterhaltung der bestehenden Geschlechterordnung spielt: „Homophobia is a powerful political weapon of sexism. The lesbian label is used to define the boundaries for acceptable female behavior in a patriarchal structure. When a woman is called a lesbian, she knows, she is out of bounds ... Because women's sport has been labeled a lesbian activity, women in sport are particularly sensitive and vulnerable to the use of the lesbian label to intimidate them" (Griffin, 1992, S. 255; Pfister, 1999, S. 158).

Pfister (1999) fragte in ihrer Studie über die Lebenszusammenhänge von Leistungssportlerinnen auch zum Thema Homosexualität und Diskriminierung. Viele der Befragten berichteten von Homophobie in ihrem sportlichen Umfeld und zwar unabhängig von ihrer eigenen sexuellen Orientierung. Die befragten Leistungssportlerinnen sprachen recht offen über das Thema Homosexualität, wobei alle Fußballspielerinnen lesbische Frauen kannten und sich – ohne dazu befragt zu werden –mehr oder weniger offen über ihre eigene sexuelle Orientierung äußerten. Im Gegensatz dazu kannten die Gymnastinnen keine lesbischen Gymnastinnen und waren bislang auch noch nicht mit dem Thema Homophobie konfrontiert.

Welche Erfahrungen die befragten Leistungssportlerinnen mit Homophobie gemacht haben, hängt auch erheblich mit der betriebenen Sportart zusammen (u. a. Eggeling, 2009). Auch hier sind es die Fußballerinnen, die über viele homophobe Situationen berichten konnten: von Abwertungen als Lesbensport bis hin zu Vorwürfen, „da werden kleine Mädchen verführt" (Pfister, 1999, S. 162).

Den Interviews mit den Spitzenspielerinnen ist jedoch zu entnehmen, dass zumindest die Spielerinnen und die Vereine zunehmend offen und tolerant mit dem Thema Homosexualität umgehen und insgesamt eine Verbesserung der Situation verorten. Gleichzeitig sehen sie im Fußballsport einen Ort, wo lesbische Identität akzeptiert wird und wo Solidarität zwischen lesbischen und nicht lesbischen Frauen selbstverständlich sei. Vereinzelte Meinungen, wonach der Wunsch nach stärkerer Trennung von Privatleben und Sport gewünscht wird, verdeutlichen durchaus auch homophobe Ansichten, wonach lesbische Spielerinnen trotz scheinbarer Toleranz nicht als Person, sondern nur als Fußballerin akzeptiert werden.

Zusammenfassend verweisen die Ergebnisse dieser Interviewstudie darauf, dass Frauen in traditionell männlichen Sportarten und insbesondere im Fußball Homophobie erleben und dies unabhängig davon ist, ob sie selbst lesbisch sind oder nicht. Während die Spielerinnen und Sportlerinnen insgesamt recht offen mit dem Thema Homosexualität umgehen, hängt die Veränderung der negativen Einstellung zur Homosexualität vorwiegend von den Sozialisations- und Sanktionsprozessen in einer heterosexuellen Umwelt ab. Veränderungen dürften dabei vorwiegend auf struktureller und gesamtgesellschaftlicher Ebene auszulösen sein.

Frauen als die Anderen im Fußball

Degele und Janz (2012) setzten sich im jüngst erschienenen Herausgeberwerk von Sobiech und Ochsner mit dem Thema Homosexualität im Fußball auseinander und analysierten dieses unter der Perspektive der Konstruktion von Normalität und Abweichung vor dem Hintergrund von Homophobie und Sexismus. Unter Homophobie verstehen sie in Anlehnung an Pfister (1999) die „irrationale Angst und Intoleranz gegenüber Homosexualität, Schwulen und Lesben – und sogar gegenüber Verhaltensweisen, welche außerhalb der erwarteten Geschlechterrollen-Vorstellungen liegen" (Walther-Ahrens, 2011, S. 65; Degele & Janz, 2012, S. 195). Hervorgehoben wird dabei, dass dies bis zu tätlichen Angriffen und Mobbing gehen kann, meist jedoch seien die eingesetzten Strategien subtiler. Degele und Janz versuchen in ihrer Studie genau jenen Strategien und Methoden der Thematisierung von Homosexualität im Fußball nachzuspüren, die häufig über die Konstruktion von „Anderen" erfolgt. Als Ausgangspunkt für die Gruppendiskussion mit 24 Teams wählten die Autorinnen Plakate mit verschiedenen Bildern aus dem Fußballumfeld und ergänzten diese Ergebnisse mit Beobachtungen und Gesprächen mit Fans rund um Public Viewing-Zonen.

Die Auswertung der Ergebnisse verdeutlichte, dass das Nichtzusammenpassen von Frausein und Fußball auf drei Pfeilern beruht: 1. auf dem Verweis auf die naturgegebene Andersartigkeit von Frauen (Naturalisierung: Frauen könnten von Natur aus nicht Fußball spielen); 2. auf der Umdeutung der Realität (wonach im Frauenfußball ein „anderes" Spiel gesehen wird) und 3. auf der Behauptung einer ästhetischen Inkompatibilität von Frauen und Fußball.

Bei der Diskussion über Homosexualität fiel der z.T. unsichere Umgang auf, der mit Lachen, Witzen und Ironie gelöst wurde. Während das Bedrohungsszenario von Homosexualität von Fußballern durch Schweigen oder Negieren, Umdefinieren, Schuldverschieben oder offener Tabuisierung entschärft wurde, wurde mit dem Thema Lesben im Fußball deutlich anders umgegangen. Frauen werden ohnedies schon als die „Anderen" angesehen und es wird im Vergleich zu den Männern nicht geleugnet, dass es lesbische Spielerinnen gibt.

„Im Gegenteil: Lesben im Fußball werden thematisiert" (und nicht geleugnet oder umgedeutet), „und nicht selten von den Diskutierenden
selber ins Feld geführt – und das ganz ohne ironische Konstruktion
(…) Vielmehr dominiert die Einschätzung, dass es bei Frauen nicht so
schlimm wäre, im Fußball sei das geradezu ‚normal'" (Degele & Janz,
2012, S. 207).

Die „Normalität" von Homosexualität bezieht sich dabei explizit auf Frauen im
Fußball und wird dort offenbar als weniger bedrohlich als bei Männern wahrgenommen. Und sie geht einher mit einer Abqualifizierung von Frauenfußball und
von Fußball spielenden Frauen, die damit keine „richtigen" Frauen seien.

1. Degele und Janz (2012, S. 208) schließen daraus dreierlei:
   Geschlecht und Sexualität sind eng miteinander verwoben.
   Wird Frau- und Mannsein nicht über Heterosexualität definiert, müssen Abweichungen passend gemacht werden: entweder über die Konstruktion attraktiver Spielerinnen (z.B. Medienstrategie der Deutschen Nationalelf zur WM
   2011) oder über ihre Ausgrenzung als Mannweiber, wie die Geschichte des
   Frauenfußballs sehr augenscheinlich belegt.

2. Im Fußball gibt es geschlechterdifferente Einstiegstabus.
   Demnach erfahren Frauen schon qua Geschlecht Diskriminierungen im Fußball und seien dort quasi das „falsche" Geschlecht, das Lesbischsein indiziere.
   Lesben seien demnach „normal" im männerdominierten Fußball. Analog dazu
   wird schwulen Fußballern als quasi „verweiblichten" Männern deren Mannsein abgesprochen, um sie vom Fußball abzuhalten.

3. Sexismus und Homophobie in Form geschlechterdifferenter Einstiegstabus
   sind funktional äquivalent, weil die unterschiedlichen Einstiegstabus aufeinander verweisen und zirkulär funktionieren: „Schwule Kicker als verweiblichte
   Männer und Fußballspielerinnen als vermännlichte Frauen haben die Funktion, Fußball als heteronormativ geschlossenes Gehege herzustellen, zu befes-
   tigen und nach außen abzusichern." Nach Degele und Janz stellt die Präsenz
   von Frauen im Fußballsport den eigentlichen Tabubruch schlechthin dar, der
   als Angriff auf das klassisch männliche Territorium gewertet wird. Die Homosexualität von Frauen wird hingegen nicht so gravierend gewertet, da sie
   ohnehin weniger bedeutsam für Männer zu sein scheint. Bei Frauen als Fans
   beispielsweise ist daher auch nicht damit zu rechnen, dass sie sich aktiv gegen Sexismus zur Wehr setzen, da sie sich damit als außerhalb der Fangemeinde positionieren würden (Schwenzer, 2005, S. 65; Selmer, 2004, S. 89).
   Kittmann (2009, S. 194) spricht in dem Zusammenhang von einer freiwilligen
   Isolation des Frauenfußballs, die seiner Meinung nach eher ein selbst geschaf-
   fenes und kein gesellschaftliches Problem sei.

Zusammenfassend ist festzuhalten, dass Homosexualität von Frauen als nicht so gravierend und „schlimm" (Degele & Janz, 2012) angesehen wird und gerade die Homosexualität es ermöglicht, dass Frauen überhaupt Fußball spielen, denn: „richtige Frauen können gar nicht Fußball spielen", was wiederum die Normalität von Männerfußball und die Abnormalität von Frauenfußball bestätigt.

Zwischen symbolischer Emanzipation und männlicher Herrschaft

Ein weiterer Ansatz, Frauenfußball vor dem Hintergrund sexueller Orientierung zu lesen, ist jener von Sobiech (2012). Sie fragt in Anlehnung an Bourdieu, wie sich Mechanismen der Gewalt „männlicher Herrschaft und weiblicher Komplizenschaft" im Feld des Fußballs bzw. Frauenfußballs widerspiegeln und wo (riskante) Praktiken zur Erhöhung von Profitchancen für die eigene Positionierung im sozialen Raum eingesetzt werden.

Sobiech geht von der Grundüberlegung aus, dass Geschlechterverhältnisse mit ihren Dominanz- und Abhängigkeitsverhältnissen keine in der „Natur" der Körper liegenden Verhältnisse sind, sondern vielmehr kulturell erzeugt sind und sich fundamental in den Körpern manifestieren. Damit werden derartige (Macht-)Verhältnisse als selbstverständlich und unhinterfragbar angesehen, wodurch Herrschende und Beherrschte quasi zu Kompliz/-inn/-en werden und gemeinsam die symbolische Ordnung festigen. Bourdieu (2005, S. 71) spricht in diesem Zusammenhang von symbolischer Macht, „die jenseits allen physischen Zwangs unmittelbar und wie durch Magie auf die Körper ausgeübt wird." Dabei sind es vor allem die die Individuen umgebenden Strukturen und Verhältnisse, vor deren Hintergrund sich die Individuen selbsttätig in sozialen Räumen verorten und ihre Platzierungen über wirksame Sozialisationsprozesse von Kindheit an vornehmen. Sobiech (2012, S. 173) hält die aktive Unterordnung und Selbstausgrenzung von Frauen in Form alltäglicher Einordnungen an jene von den Herrschenden aufgestellten Regeln als ernstzunehmende Gewalt im Sinne von Bourdieu.

Das Feld des Fußballsports wird als Arena von Männlichkeit (Kreisky & Spitaler, 2006) gesehen, in der weit über die Ordnung des Fußballspiels hinausgehende Regeln und Positionierungen von Frauen und Männernwirksam sind (weitgehende Männerdomäne bei Funktionen- und Ressourcenverteilung). Nach Sobiech scheint es weniger eine Frage der (Un-)Attraktivität des Fußballsports für Frauen zu sein als vielmehr der Wirksamkeit der Praxen der Vergeschlechtlichung sozialer Räume, mit denen männliche Wert- und Orientierungssysteme, Interessen, Verhaltenslogiken und Kommunikationsstile im Fußballsport gefestigt werden. Die Herstellung hegemonialer Männlichkeit (Connell, 1999) erfolgt nach Meuser (2008, S. 15) als homosoziale und kompetitive Praxis durch wechselseitige Anerkennung und die Distinktion gegenüber Ausgeschlossenen, in diesem Fall Frauen. Daher eignet sich Fußball gerade für Jungen und Männer als „Strukturübung" (Sobiech, 2012, S. 175), sich in die Strukturlogik von Männlichkeit einzuüben: den Wettbewerb als Merkmal ernster Spiele kennenzulernen und alles Weibliche abzuwerten und auszugrenzen. Als Beispiel führt sie Mechanismen an, unter denen es Frauen ermöglicht wird, als Zuschauerinnen im Stadion geduldet zu werden, unter dem Preis des Ignorierens frauenfeindlicher und sexistischer Haltungen, die jedoch eines belegen: Als gleichwertige Mitspieler/-innen, egal ob auf dem Rasen oder auf den Zuschauertribünen, kommen Frauen nicht in Betracht. Der Ausschluss von Weiblichkeit betrifft in derselben Weise auch homosexuelle Männer, deren Präsenz insbesondere in den Profiligen nach wie vor geleugnet und wo vor den unabsehbaren Konsequenzen eines Coming-outs nach wie vor gewarnt wird – zumindest im Männerfußball. Auch hier kommt jene Argumentation zum Tragen, wonach insbesondere die Konstruktion von Normalität (im Männerfußball) gerade das Andere, die Abweichung (Frauen, Lesben, Schwule im Fußball) kennzeichnet (Degele & Janz, 2012).

Sobiech verweist darauf, dass gesellschaftliche Regeln der Positionierung von Frauen und Männern unhinterfragt auch auf den Fußballsport übertragen werden, wo Frauen zunehmend unter Druck geraten, Weiblichkeit demonstrieren zu müssen (vgl. auch Schaaf, 2012), wie das Beispiel der medialen Darstellung von Teilen der Deutschen Frauennationalelf 2011 im u.a. Playboy recht augenscheinlich zeigt. Sobiech bleibt skeptisch, ob „die Rekonstruktion und damit Festigung der binären Geschlechtsklassifikation zur Erweiterung der Spielräume und damit zur Akzeptanz des Frauenfußballs führt" (S. 177).

Während sie konstatiert, dass (jugendliche) männliche Fußballspieler vor allem durch das Gegeneinander und durch ritualisierte Gewalt ihre Profitchancen erhöhen, umschreibt sie das Risikohandeln von Fußballspielerinnen als „gegnerisches Miteinander", wo es weniger um die Abwertung anderer geht und Aspekte der Geschlechterpolarität weniger bis keinen Bezug finden. Ihrer Meinung nach bieten soziale Praktiken Einzelner zwar Raum für Widerstand und sozialen Wandel auch im Frauenfußball, es bräuchte allerdings weitreichendere strukturelle Ansätze, die auch von der Mehrheit der Organisation getragen werden und Diskriminierungen qua Geschlecht im Fußballsport keinen Platz einräumen.

Fußball aus der Sicht lesbischer Spielerinnen

Während mehrere Studien die Sicht Fußball spielender Frauen aufgegriffen haben (u.a. Fechtig, 1995; Krane & Barber, 2003), finden sich nur wenige Arbeiten, in denen lesbische Fußballerinnen selbst zu Wort gekommen sind. Haubenberger (2004) war eine der ersten im deutschsprachigen Raum, die lesbische Spielerinnen mittels biografischer Interviews befragt hat. Dabei ging sie der Frage nach, welche Bedeutung der Fußballsport für lesbische Spielerinnen hat. Ähnlich hat auch Wurth (2010) in ihrer Hausarbeit versucht, identitätsstiftende Momente im Fußballsport für lesbische Fußballerinnen zu identifizieren, bezieht sich dabei aber stärker auf körperliche Aspekte. Sie folgt dabei den Annahmen von Pfister und Fasting (2004, S. 148), wonach Fußballspielerinnen beim Sport neue Körperideale entwickeln und „sich von den gesellschaftlichen Erwartungen, Idealen und Wertungen [distanzieren konnten]". Auf die Potenziale des Sporttreibens zur Erweiterung von Weiblichkeit verweisen auch Kleindienst-Cachay & Heckemeyer (2006, S. 114). Zum anderen hebt Wurth (2010) auf internationaler Ebene die Forschungen von Cox und Thompson (2000) hervor, die neuseeländische Fußballspielerinnen über ihr Verhältnis zu ihrem Körper untersuchten. Demnach nahmen die Fußballerinnen verschiedene Distinktionsprozesse vor, indem sie zwischen Fußball-Körper, Privat-Körper, heterosexuellem Körper und femininem Körper unterschieden haben, unisono aber mit ihrem Körper zufrieden waren. Sie äußern jedoch, dass die Spielerinnen mit ansteigendem Alter zunehmend verunsichert und frustriert wären.

Im Rahmen einer biografischen Interviewstudie befragte Haubenberger (2004) elf geoutete lesbische Fußballspielerinnen auf verschiedenen Leistungsniveaus im Alter zwischen 18 und 33 Jahren zu verschiedenen Themenfeldern. Sie befragt die Spielerinnen zu ihrer Biografie, zur Bedeutung sexueller Orientierung im Fußball, zu ihrem Coming-out sowie zu konkreten Erfahrungen in Training und Verein. Im Folgenden greife ich exemplarische Ergebnisse von Haubenberger auf und diskutiere sie vor dem Hintergrund der These der zunehmenden Feminisierung von Degele und Janz (2012).

Themenfeld Biografie und Kindheit

Auf die Frage, wie die befragten Spielerinnen zum Fußball gekommen sind, dominieren zwar Aussagen, dass dafür vor allem männliche Bezugspersonen wie Väter und Brüder verantwortlich waren. Es fanden sich aber auch Aussagen, dass andere Sozialisationsinstanzen wie Schule und Freundinnenkreis beeinflussend waren und es darüber hinaus oft nur wenig Unterstützung durch das Elternhaus gab: „*[...] sie haben's geduldet, sag'ma so, sie haben das gewusst, dass ich mich da dauernd mit den Burschen herumfetz [...] aber als ich mir Fußballschuhe gewünscht hab, ahm, das haben sie abgelehnt, da hab ich keine gekriegt. [...] Na ja. Sie haben mich auch nicht in einem Verein spielen lassen.*" (Anna). Vor allem den Müttern schien der Gedanke an eine fußballspielende Tochter schwerzufallen. Als Erklärung für die Ablehnung reichte vielfach schon der Verweis auf das Mädchen-Sein: „*Um Gottes willen, du bist ein Mädchen!*" (Marianne). Dabei war es für einige Mütter nicht das Fußballspiel an sich, das sie skeptisch sahen, sondern die damit verbundenen Äußerlichkeiten: „*dass ich mich nicht so angezogen habe wie ein Mädchen. [...] Fußball spielen war o.k., aber wenigstens hätte ich einen Rock oder so was zu Hochzeiten und so anziehen sollen.*" (Anna). Hier wird sehr deutlich, dass allein schon die Konnotierung der Sportart als männlich ein Unbehagen im Umfeld ausgelöst hat. Einige berichten, dass sie schon als Kind als Junge eingeschätzt worden sind: „*[...] wo ich irgendwie den Wunsch gehabt habe, dass ich eigentlich lieber ein Bub gewesen wäre, da hat's mich irgendwie geärgert, weil ich mir gedacht habe, jetzt sagen's eh schon alle Bub zu mir und irgendwie bin ich's halt doch nicht"*. (Verena), womit sich diese Aussagen mit Befunden von Palzkill (1990) und Marschik (2003) decken. Jungen hätten die interessanteren Spiele und mehr Freiräume: *„[...] die Burschen haben schon mehr Sachen machen dürfen oder es ist mehr akzeptiert worden"* (Edith).

Themenfeld Fußball und Sexualisierung

Die befragten Interviewpartnerinnen meinen unisono, dass Frauen wie Männer in allen Sportarten aktiv sein können. Interessant ist aber, dass sie – obwohl sie selber eine männerdominierte Sportart ausüben – bei anderen, aus ihrer Sicht „extremeren" Sportarten geschlechterstereotype Bewertungsmuster anlegen: *„Für mich sind alle Sportarten unisex. [...] ich meine, es gibt gewisse, Hammerwurf oder so, ahm, find ich jetzt zum Zuschauen nicht besonders ästhetisch bei Frauen. [...] wenn man sich halt Frauen so vorstellt, wie die ausschauen wie Männer, quasi von, vom Körperbau jetzt, von der Muskulatur, ich find, das sollt nicht sonderlich, ich mein, Frauenbodybuilding find ich auch nicht [...] schön."* (Lea). Sogenannte „Mannsweiber" finden sich nach Meinung aller Spielerinnen im Frauenfußball: *„Naja, mit den Mannsweibern hat er [...] im Prinzip recht, weil die meisten, die man immer am Fußballplatz sieht, da kann man eh nicht unterscheiden zwischen Männern und Frauen."* (Jutta), gekennzeichnet durch *„Kurzhaarschnitt und rüpelhaftes Auftreten und eher so burschikose Gangart"* (Anna). Es wurde aber auch darauf hingewiesen, *„dass das nicht alle seien"*: *„ich meine, man hat in jeder Mannschaft beides, also die sehr maskulinen, aber dann wieder total weibliche, ..."* (Helga) (vgl. auch Marschik, 2003, S. 352). Heute würden die meisten der Spielerinnen auf dem Spielfeld u.a. schon aufgrund der längeren Haartracht deutlich weiblicher eingestuft werden, womit sich die These der zunehmenden Feminisierung von Fußballerinnen zu bestätigen scheint. Spannend ist vor diesem Hintergrund auch das Phänomen zu werten, dass zunehmend mehr männliche Fußballspieler längere Haare tragen.

Bei den Motivstrukturen finden sich ambivalente Zugänge zum Fußballsport: Während einerseits frauentypische Motive wie Team und soziale Elemente einer Teamsportart die Faszination am Fußballsport für die Befragten ausmachen (vgl. auch Marschik, 2003, S. 348), sind es andererseits traditionell „männlich" etikettierte Verhaltensweisen wie „hart rangehen", sich durchsetzen, Kampfgeist zeigen, spielen oder Denkarbeit leisten.

Themenfeld Fußball, Coming-out und Homosexualität

Die befragten Spielerinnen entdeckten ihr Lesbisch-Sein zu sehr unterschiedlichen Zeitpunkten ihres Lebens. Während eine Gruppe sich ihrer sexuellen Orientierung während der Pubertät gewahr wurde, entdeckte die zweite Gruppe diese zwischen dem 21. und 26. Lebensjahr. Auch die Reaktionen der Umwelt auf das

Outing waren sehr unterschiedlich: von Ablehnung bis hin zu Begeisterung wurden alle Abstufungen erlebt. Für mehr als die Hälfte der befragten Frauen spielte der Sport während des Outings eine große Rolle. Dabei sahen manche im Fußballsport die Möglichkeit, sich zurückzuziehen, Rückenstärkung für das Outing zu bekommen, die eigene Identität zu finden oder auch Gleichgesinnte kennenzulernen: *„[...] also ich habe irgendwie so eine Rückversicherung gebraucht, dass ich, ja, dass ich halt irgendjemand habe, also, war irgendwie wichtig, dass ich irgendwie Gleichgesinnte kennenlerne und so. "* (Edith).

Im Fußball sahen die Spielerinnen eine Gelegenheit, leichter Kontakt mit homosexuellen Frauen aufnehmen zu können. *„Und, da war das Fußballspielen das Tor irgendwie, lesbische Frauen kennenzulernen. "* (Lea). Eine Befragte sprach durchaus offen ihre Unsicherheit an, ob sie ohne ihr Engagement im Fußballsport auch lesbisch geworden wäre: *„Oft denk ich mir schon: ‚hätt' ich nicht zum Fußballspielen angefangen, wär' ich vielleicht jetzt gar nicht lesbisch oder so. Denk ich mir schon oft. [...], weiß nicht, weil wenn man so auf den Fußballplatz geht, dann sieht man halt meistens nur lesbische Frauen. "* (Uschi). Für die meisten stellt Fußball einen *„Paradesport für Lesben"* dar, nur drei sehen eher keine Verbindung zwischen Frauenfußball und Homosexualität. Die Sportart brächte es schon mit sich, dass eher „männlichere" Frauentypen darin erfolgreich sind. Für die Spielerinnen stellt der Fußballsport aber auch eine Möglichkeit dar, sich vom Weiblichen zu distanzieren und härtere männliche Verhaltensweisen einzunehmen: *„er kommt hantigeren Frauen entgegen und männerlastig, Frauen finden da Abgrenzungen zu einer weiblichen Ideal-, also Normvorstellung von Weiblichkeit"* (Sophie).

Themenfeld Umgang mit Homosexualität in Training und Verein

Die Antworten zum Umgang mit Homosexualität im Training und im Verein sind gekennzeichnet von Aussagen über Ängste vor homophoben Äußerungen und negativen Konsequenzen im Verein und Verband. Nahezu alle der befragten Frauen hatten schon Erfahrungen mit homophoben Äußerungen im Zusammenhang mit dem Fußballsport gemacht, die sie aber im Schutz der Gruppe und des Fußballteams gut aushalten konnten und wo sie gegenseitig auch immer wieder Bestärkung erfahren. Sie berichten aber auch von Maßnahmen im Verein oder durch TrainerInnen, dem Image des Frauenfußballs als Lesbensport möglichst gegenzusteuern: *„[...] einmal ist die Trainerin hergekommen und hat gemeint, wir sollen da nicht am Fußballfeld knutschen oder Händchen halten [...] wir sind eh schon so im Abseits als einziges Frauenteam in diesem Verein. "* (Sophie). Verdrängung und Unsichtbarmachung homosexuellen Verhaltens unter Spielerinnen wurde bereits damals als Strategie in den Vereinen gesehen (Degele & Janz, 2012).

Zusammenfassend ist festzuhalten, dass der Fußballsport für lesbische Frauen als Zufluchtsort vor aufgezwungenen weiblichen Rollenzuweisungen gesehen wird und als Freiraum für Selbstverwirklichung gilt. Er bietet einerseits ein Feld von Gleichgesinnten, was insbesondere lesbische Frauen auf der Suche nach einer für sie stimmigen Sportart zum Fußball gebracht hat. Andererseits herrschen aber auch Ängste vor homophoben Äußerungen und Diskriminierungen vor, sodass Outings nach außen hin trotz der Unterstützung durch das Team skeptisch gesehen werden. Mit Blick auf aktuelle Phänomene untermauern die Interviewaussagen, wie sehr sich der Frauenfußball geändert hat und welche Konsequenzen dies für Frauen und Lesben im Fußballsport hat.

Resümee

Die Auseinandersetzung mit dem Thema Homosexualität im (Frauen-)Fußball zeigt, dass die Teilnahme von Frauen in traditionellen Männersportarten nach wie vor „contested ideological terrain" ist (Messner, 1988, S. 5). Während die einen dem Frauenfußball eine Vorreiterrolle im Umgang mit Homosexualität zuschreiben, von der sich „die männlichen Balltreter noch eine gewaltige Scheibe abschneiden können" (Leibfried & Erb, 2011, S. 151), weisen aktuelle Studien sowie obige Interviewergebnisse auf deutliche Verschiebungen (Degele & Janz, 2012, S. 210) in Richtung Feminisierung des Frauenfußballs und „butchphobe" Diskurse hin (Caudwell, 2003, 1999). Um dem Lesbenimage im Frauenfußball entgegenzuwirken, wird Frauenfußball zunehmend attraktiver und weiblicher inszeniert bei gleichzeitiger Ausblendung von Homosexualität (z. B. lange Haare, Styling, Auftritte im Playboy etc.). Neue Identitäten werden somit durch ein „self-gendering" und durch „sexing others" möglich (Caudwell, 2003, S. 385). Nach Degele und Janz (2012, S. 210) ist damit Frausein und Fußball spielen kein Widerspruch mehr, „jedoch zu dem Preis, dass nun auch bei Frauen der Norm/-Tabubruch bei der sexuellen Orientierung verläuft und lesbische Spielerinnen als Andere konstruiert und diskriminiert werden wie (noch) ihre schwulen männlichen Kollegen. In diesem Sinne könnte sich der Preis für die Akzeptanz des Frauenfußballs als zu hoch erweisen: als Fortschritt verkauft, tatsächlich aber ein Schritt zurück."

Somit gilt der Fußball nach wie vor als ein Paradoxon der Moderne (Müller, 2009), der auf dem Weg zu mehr Toleranz derzeit sehr viele verschiedene Wege und scheinbar auch Irrwege einschlägt. Das Zitat der Trainerin von Nigeria, Ngozi Eucharia Uche, in einem Interview mit der New York Times während der Fußballweltmeisterschaft der Frauen in Deutschland 2011, wonach Homosexualität „eine dreckige Sache, spirituell und moralisch sehr falsch" sei, zeigt, wie kontextgebunden die Diskurse und wie unterschiedlich weit die Diskussion fortgeschritten ist. Als Meilenstein ist daher zu werten, dass auch die Fußballorganisationen selbst mittlerweile das Thema aktiv aufgreifen, um die „letzte Bastion der Männlichkeit" gemeinsam zu einem Ort der Vielfalt zu gestalten.

Literatur

Berliner Fußball-Verband/Lesben- und Schwulen-Verband Deutschland. (2013). *Rote Karte für Homophobie. Leitfaden für Schiedsrichterinnen und Schiedsrichter im Berliner Fußball-Verband e. V.* Zugriff am 01.08.2013 unter http:// berlin.lsvd.de/wpcontent/uploads/2013/05/Schiri.pdf.

Blaschke, R. (2008). *Versteckspieler. Die Geschichte des schwulen Fußballers Marcus Urban.* Göttingen: Verlag Die Werkstatt.

Bourdieu, P. (2005). *Die männliche Herrschaft.* Frankfurt a.M.: Suhrkamp.

Caudwell, J. (1999). Women's Football in the United Kingdom: Theorizing Gender and Unpacking the Butch Lesbian Image. *Journal of Sport and Social Issues, 23*(4), 390-402.

Caudwell, J. (2003). Sporting Gender: Women's Footballing Bodies as Sites/ Sights for the (Re)Articulation of Sex, Gender and Desire. *Sociology of Sports Journal, 20*(4), 371-386.

Connell, R. (1999). *Der gemachte Mann: Konstruktion und Krise von Männlichkeit* (Geschlecht und Gesellschaft). Opladen: Leske + Budrich.

Cox, B. & Thompson, S. (2000). MULTIPLE BODIES: Sportswomen, Soccer and Sexuality. *International Review for the Sociology of Sports, 35*(1), 5-20. DOI: 10.1177/101269000035001001.

Degele, N. (2009). Wenn das Runde ins Eckige muss – Stereotypisieren, Reifizieren und Intersektionalisieren in der Geschlechterforschung. In S. Baer, S. Smykalla & K. Hildebrandt (Hrsg.), *Schubladen, Schablonen, Schema F – Stereotype als Herausforderung für Gleichstellungspolitik* (Gender kompetent. Beiträge aus dem GenderKompetenzZentrum, 5, S.146-160). Bielefeld: Kleine.

Degele, N. & Janz, C. (2012). Homosexualität im Fußball – Zur Konstruktion von Normalität und Abweichung. In G. Sobiech & A. Ochsner (Hrsg.), *Spielen Frauen ein anderes Spiel? Geschichte, Organisation, Repräsentation und kulturelle Praxen im Frauenfußball* (S. 195-214). Wiesbaden: Springer.

Deutscher Fußball-Bund. (2013). *Fußball und Homosexualität – eine Informationsbroschüre des DFB.* Frankfurt: DFB.

Diketmüller, R. (2012). „10 Millionen vor den Fernsehern" – Frauenfußball in der medialen Darstellung. In S. Sinning (Hrsg.), *Auf den Spuren des Frauen- und Mädchenfußballs* (S.188-213). Weinheim/Basel: Beltz Juventa.

Dunning, E. (1986). Sport as a male preserve: Notes on the social sources of masculine identity and its transformations. In N. Elias & E. Dunning (Eds.), *Quest for excitement* (pp. 267-307). Oxford.

Eggeling, T. (2009). *Homophobie im Sport.* Veröffentlichtes Vortragsmanuskript, Köln.

Fasting, K. & Pfister, G. (2000). Female and Male Coaches in The Eyes of Female Elite Soccer Players. *European Physical Education Review, 6*(1), 91-110.

Fechtig, B. (1995). *Frauen und Fußball: Interviews, Portraits, Reportagen.* Dortmund: eFeF.

Fertig, G. (2011). Fußball von seiner lesbischen Seite. *L. Mag – Das Magazin für Lesben*, 28-29.

Griffin, P. (1992). Changing the game: Homophobia, sexism and lesbians in sport. *Quest, 44*(2), 251-265.

Griffin, P. (1998). *Strong Women, Deep Closets. Lesbianism and Homophobia in Sport*. Champaign: Human Kinetics.

Groll, S. & Diehr, S. (2012). Who the f*** is Abby? – Die Berichterstattung zur Fußballweltmeisterschaft der Frauen und ihr Schweigen. In G. Sobiech & A. Ochsner (Hrsg.), *Spielen Frauen ein anderes Spiel? Geschichte, Organisation, Repräsentation und kulturelle Praxen im Frauenfußball* (S. 123-138). Wiesbaden: Springer.

Hagel, A., Selmer, N. & Sülzle, A. (2005). *gender kicks. Texte zu Fußball und Geschlecht* (KOS-Schriften, 10). Großburgwedel: Aalexx.

Hagemann-White, C. (1988). Wir werden nicht zweigeschlechtlich geboren ... In C. Hagemann-White & M.S. Rerrich (Hrsg.), *FrauenMännerBilder. Männer und Männlichkeit in der feministischen Diskussion* (Sektion Frauenforschung in den Sozialwissenschaften, S.224-235). Bielefeld: AJZ.

Hartmann-Tews, I. (2006). Soziale Konstruktion von Geschlecht im Sport und in den Sportwissenschaften. In I. Hartmann-Tews & B. Rulofs (Hrsg.), *Handbuch Sport und Geschlecht* (Beiträge zur Lehre und Forschung im Sport, 158, S.40-53). Schorndorf: Hofmann.

Haubenberger, R. (2004). *Lesbische Frauen im Fußball – eine empirisch qualitative Analyse über die Bedeutung von Fußball für die Entwicklung lesbischer Frauen.* Unveröfftl. Diplomarbeit, Universität Wien.

Heckemeyer, K. (2010). *Zur Vergeschlechtlichung und (Hetero-)Sexualisierung von Sportlerinnenkörpern.* Unveröffentlichtes Vortragsmanuskript, Köln.

Kittmann, M. (2009). Ein Männerverein im Kampf mit der Emanzipation, oder: Wie die Frauen ihre eigene Isolation suchen. In D. Hennies & D. Mauren (Hrsg.), *Frauenfußball – der lange Weg zur Anerkennung* (S. 194-198). Göttingen: Verlag Die Werkstatt.

Kleindienst-Cachay, C. & Heckemeyer, K. (2006). Frauen in Männerdomänen des Sports. In I. Hartmann-Tews & B. Rulofs (Hrsg.), *Handbuch Sport und Geschlecht* (Beiträge zur Lehre und Forschung im Sport, 158, S. 112-124). Schorndorf: Hofmann.

Kleindienst-Cachay, C. & Kunzendorf, A. (2003). ‚Männlicher' Sport – ‚weibliche' Identität? Hochleistungssportlerinnen in männlich dominierten Sportarten. In I. Hartmann-Tews et al. (Hrsg.), *Soziale Konstruktion von Geschlecht im Sport* (S. 109-150). Opladen: Leske + Budrich.

Kolnes, L. (1995). Heterosexuality as an Organising Principle in Women's sport. *International Review for the Sociology of Sport, 30*(1), 61-76.

Krane, V. (1996). Lesbians in Sport: Towards Acknowledgement, Understanding, and Theory. *Journal of Sport & Exercise Psychology, 18,* 237-246.

Krane, V. (1997). Homonegativism experienced by lesbian collegiate athletes. *Women in Sport and Physical Activity Journal, 6,* 141-165.

Krane, V. & Barber, H. (2003). Lesbian Experiences in Sport: A Social Identity Perspective. *Quest, 55*(4), 328-346, DOI:10.1080/00336297.2003.10491808.

Kreisky, E. & Spitaler, G. (2006). *Arena der Männlichkeit. Über das Verhältnis von Fußball und Geschlecht* (Politik der Geschlechterverhältnisse, 30). Frankfurt: Campus.

L.Mag (15.08.2013) Zugriff am 15.08.2013 unter: http://www.l-mag.de/news-1010/britische-fussballer-sollen-sensibler-werden.html.

Leibfried, D. & Erb, A. (2011). *Das Schweigen der Männer. Homosexualität im deutschen Fußball.* Göttingen: Verlag Die Werkstatt.

Marschik, M. (2003). *Frauenfußball und Maskulinität: Geschichte – Gegenwart – Perspektiven.* Münster: Lit.

Messner, M. (1988). Sports and Male Domination: the female athlete as contested ideological terrain. *Sociology of Sport Journal, 5,* 197-211.

Meuser, M. (2008). It's a Men's World. Ernste Spiele männlicher Vergemeinschaftung. In G. Klein & M. Meuser (Hrsg.), *Ernste Spiele. Zur politischen Soziologie des Fußballs* (S. 113-134). Bielefeld: transcript.

Müller, M. (2009). *Fußball als Paradoxon der Moderne. Zur Bedeutung ethnischer, nationaler und geschlechtlicher Differenzen im Profifußball.* Wiesbaden: VS.

Palzkill, B. (1990, 1995). *Zwischen Turnschuh und Stöckelschuh. Die Entwicklung lesbischer Identität im Sport.* Bielefeld: AJZ.

Pfister, G. (1999). *Sport im Lebenszusammenhang von Frauen. Ausgewählte Themen* (Schriftenreihe des Bundesinstituts für Sportwissenschaft, 104). Schorndorf: Hoffmann.

Pfister, G. & Fasting, K. (2004). Geschlechterkonstruktionen auf dem Fußballplatz. Aussagen von Fußballspielerinnen zu Männlichkeits- und Weiblichkeitskonzepten. In D. Jütting (Hrsg.), *Die lokal-globale Fußballkultur – wissenschaftlich beobachtet* (Edition Global-Lokale Sportkultur, 12, S. 137-152). Münster: Waxmann.

Riemer, B. (1997). Lesbian identity formation and the sport environment. *Women in Sport and Physical Activity Journal, 6,* 83-109.

Röger, U., Kugelmann, C., Weigelt-Schlesinger, Y. & Möhwald, M. (Hrsg.). (2008). *Frauen am Ball. Analysen und Perspektiven der Genderforschung* (Trend Sport Wissenschaft. Neue Methoden, Neue Sportarten, Neue Theorien, 11). Hamburg: Czwalina.

Schaaf, D. (2012). „Lieber Barbie als Lesbe?" Dispositionen von Sportjournalisten und Sponsoren zum heteronormativen Körperideal im Frauenfußball. In G. Sobiech & A. Ochsner (Hrsg.), *Spielen Frauen ein anderes Spiel? Geschichte, Organisation, Repräsentation und kulturelle Praxen im Frauenfußball* (S. 139-154). Wiesbaden: Springer.

Schwenzer, V. (2005). Samstags im Reservat. Anmerkungen zum Verhältnis von Rassismus, Sexismus und Homophobie im Fußballstadion. In A. Hagel, N. Selmer & A. Sülzle (Hrsg.), *gender kicks. Texte zu Fußball und Geschlecht* (KOS-Schriften, 10, S. 57-68). Frankfurt am Main: Aalexx.

Scraton, S., Fasting, K., Pfister, G. & Bunuel, A. (1999). It's still a man's game. The Experiences of Top-Level European Women Footballers. *International Review for the sociology of sport, 34*(2), 99-111.

Selmer, N. (2004). *Watching the Boys Play: Frauen als Fußballfans.* Kassel: Agon.

Sinning, S. (Hrsg.). (2012). *Auf den Spuren des Frauen- und Mädchenfußballs.* Weinheim/Basel: Beltz Juventa.

Sobiech, G. (2012). Die Logik der Praxis: Frauenfußball zwischen symbolischer Emanzipation und männlicher Herrschaft. In G. Sobiech & A. Ochsner (Hrsg.), *Spielen Frauen ein anderes Spiel? Geschichte, Organisation, Repräsentation und kulturelle Praxen im Frauenfußball* (S. 171-194). Wiesbaden: Springer.

Sobiech, G. & Ochsner, A. (Hrsg.) (2012). *Spielen Frauen ein anderes Spiel?* Wiesbaden: Springer.

Sülzle, A. (2005). Fußball als Schutzraum für Männlichkeit? Ethnographische Anmerkungen zum Spielraum für Geschlechter im Stadion. In A. Hagel, N. Selmer & A. Sülzle (Hrsg.), *gender kicks. Texte zu Fußball und Geschlecht* (KOS-Schriften, 10, S. 57-68). Frankfurt am Main: KOS.

Walther, T. (2006). *Kick It Out – Homophobie im Fußball.* Amsterdam: EGLSF. Zugriff am 08.07.2013 unter http://www.kos-fanprojekte.de/fileadmin/user_upload/media/fanarbeit/pdf/201001-homophobie-tanja-walther.pdf.

Walther-Ahrens, T. (2011). *Seitenwechsel. Coming-Out im Fußball.* Gütersloh: Gütersloher Verlagshaus.

Westfälische Nachrichten. (30.06.2013). Van Gaal bei Schwulenparade in Amsterdam. Zugriff am 08.07.2013 unter: http://www.wn.de/Welt/Sport/Fussball/International/Gesellschaft-Van-Gaal-bei-Schwulenparade-in-Amsterdam.

Women's Sports Foundation (Ed.). (1997). *Women in Sport & Physical Activity Journal, 6*(2).

Wurth, V. (2010). *Homosexualität und Frauenfußball – lesbische Identitätsfindung vor dem Hintergrund der sozialen Konstruktion von Weiblichkeit im Sport.* Unveröfftlichte Diplomarbeit, Köln.

Zipprich, C. (Hrsg.). (2012). *Sie steht im Tor – und er dahinter. Frauenfußball im Wandel.* Hildesheim: Arete.

Warum ich Frauenfussball nicht toll finde!!!

Begründe:

- Ich finde es nicht toll.
- Frauen können Beachvolleyball, Tennis, Eiskunstlauf machen.
- gegen die Frauenfussballerinnen Wa würden segen oder verliren.
- Fussball und Frauen

Passt nicht

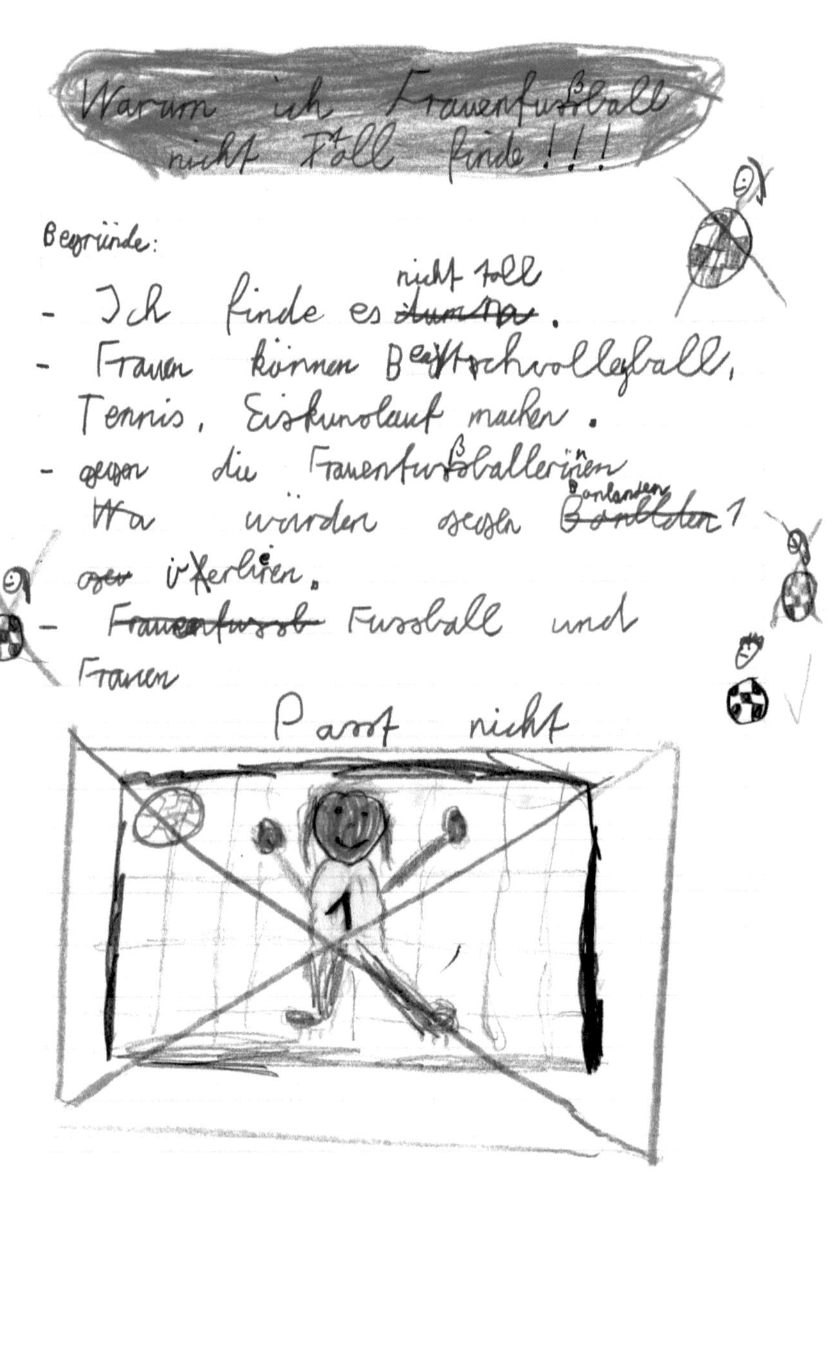

Frauenfußball – sportpädagogische Aspekte

Silke Sinning & Jonathan Pargätzi

Ein trainingspädagogischer Blick
auf die Trainerinnen im Frauenfußball

Sportspiel-Trainer und -Trainerinnen sind sowohl für die Planung, Durchführung und Reflexion des Trainings ihres gesamten Teams und damit der Optimierung der Mannschaftsleistung als auch für die Weiterentwicklung jeder einzelnen Spielerin bzw. jedes einzelnen Spielers verantwortlich. Ihre Tätigkeit ist vor allem durch eine hohe Kommunikationskompetenz geprägt. Sie müssen die zentralen zwischenmenschlichen Interaktionen, Transaktionen und Kommunikationen mit den Sportlern, dem Betreuungsteam, dem Vorstand und den öffentlichen Einrichtungen (vgl. Hagedorn, 1991, S. 18) optimal ausgestalten. Ihnen kommt damit ein Schlüsselrolle bei der Initiation und Entwicklung von relevanten Prozessen der Leistungsentwicklung zu. Die Aufgaben eines Trainers bzw. einer Trainerin lassen sich zudem nach Brack & Hohmann (2005) insbesondere an zwei Bereichen festmachen. „Aus *trainingsfachlicher Sicht* sind die kognitiv-taktische Entwicklung, die Vermittlung einer verbindlichen Spielauffassung und deren effektive Umsetzung im Wettkampf hervorzuheben. Aus *führungspsychologischer* Sicht sind hohe Anforderungen in der Mannschaftsführung und Wettkampfsteuerung zu bewältigen." (Brack & Hohmann, 2005, S. 401). Brack ergänzt für den Leistungssport, dass der Trainer für die Auswahl des Spieler- und Trainerteams sowie für die Zusammenarbeit mit der Vereins- und Verbandsführung, mit den Sponsoren, der Wirtschaft, den Journalisten und der damit verbundenen Öffentlichkeitsarbeit mitverantwortlich ist und damit zum Konstrukteur von Wettkampferfolgen (2002, S. 123) wird. Im Bereich der Nachwuchsförderung wird von den Trainern und Trainerinnen eine besondere Beratungs- und Betreuungsfähigkeit (vgl. Brinkhoff 1998, S. 281) erwartet und ihnen damit eine hohe pädagogische Verantwortung abverlangt (Krüger, 1989). Gerade den Trainerinnen wird nun zugeschrieben, dass sie ganz besondere soziale und pädagogische Kompetenzen in die Betreuung der Spielerinnen und der Mannschaft bzw. den Trainingsprozess einbringen (vgl. Eckes, 1997; Alfermann & Würth, 2003; Cachay, Borggrefe & Thiel 2007a, b und Blumhoff 2009). Allerdings wird im Bereich der Spielsportarten die Traineraufgabe vornehmlich Männern zugesprochen und nur selten mit einer Frau als verantwortliche Person in Verbindung gebracht (vgl. Willmann & Zipprich, 1995, 107f.). Denn laut Hahn (1973) gleicht ein guter Trainer einem guten Vater. „Er ist streng, kräftig, männlich, verdient und erwartet Respekt, straft nicht, ist aber nicht bequem. Der Trainer erwartet und erhält Gehorsam. Er ist Experte und Lehrer" (Hahn, 1973, S. 134). Hagedorn (1985) hält ebenfalls Männer für die idealen Trainer, indem er das Amt mit einem Martyrium vergleicht, dem eigentlich nur Männer standhalten könnten. „Er erscheint als Herr

(...) der Spieler und Knecht (...) des Managements; er ist Gott ... und ist Sündenbock zugleich, den man, wenn es an der Zeit ist, in die Wüste jagt, beladen mit Schuld, er ist ein ‚Minipapst' mit Drähten zu allen heiligen Stühlen diesseits und jenseits der Realität und wird doch immer von der Banalität des Alltäglichen bis aufs Blut gepiesackt" (Hagedorn, 1985, S. 13).

Unabhängig von der Qualität der Trainer oder möglicher geschlechtsspezifischer Kompetenzen, zeigte bereits eine umfassende Studie von Mrazek & Rittner (1991) auf, dass es nur wenig Trainerinnen gibt und dass die Maßnahmen zur Gewinnung neuer Trainerinnen bisher nicht erfolgreich waren. Andere Studien verweisen ebenfalls darauf, dass in weiteren Sportarten und vor allem im Sportspielbereich Trainerinnen stark unterrepräsentiert sind. So konnte dies Gieß-Stüber (1996, 1998) und Strakerjahn (1991 und 1994) für den Bereich Tennis, Willmann & Zipprich (1995) und Zipprich (1998) für die Sportspiele Volleyball sowie Zipprich (2002) für Handball aufzeigen. Außerdem verwies die breit angelegte Studie von Bahlke, Benning & Cachay (2003) erneut auf die Unterrepräsentanz von Trainerinnen vor allem im Spitzensport. Sinning (2002, 2005, 2006) und Weigelt (2006, 2008) verweisen darauf, dass auch im Frauenfußball die Trainerinnen unterrepräsentiert sind. Die Untersuchungsergebnisse machen aber auch deutlich, dass Trainerinnen sowohl Schwierigkeiten und Barrieren als auch besonderen Anforderungen und Herausforderungen ausgesetzt sind. Im Frauenfußball zeigt sich allerdings als außergewöhnliches und einschlägiges Merkmal, dass weitaus mehr Trainerinnen aktiv sind, als in anderen Sportspielen (Sinning, 2005). Ungewöhnlich ist auch, dass sie vor allem in höher klassigen Ligen zu finden sind, was zumindest graduell den Ergebnissen von Bahlke, Benning & Cachay (2003) widerspricht. Im Anschluss an diesen knappen Problemaufriss stellen sich zwei zentrale Fragen:

• Wo sind Trainerinnen im Frauenfußball tätig?
• Welche Kompetenzen bringt eine Trainerin ein und damit verbunden, warum sollten Frauen als Trainerinnen vermehrt zum Einsatz kommen?

Fußballtrainerinnen – Einblicke in ihr Berufsfeld

Nationaltrainerinnen in Sportspielen – ein internationaler Vergleich

Monika Staab wurde 2002 nach mehreren Deutschen Meisterschaften, DFB Pokalsiegen und dem Gewinn des ersten UEFA Cup Endspiels der Vereinsmannschaften zur erfolgreichsten Vereinstrainerin der Welt gekürt. Inzwischen gehört sie aber auch zu den außergewöhnlichsten Trainerinnen, denn 2007 schloss sie sich dem Weltverband FIFA an und arbeitet seither als Beauftragte für den Frauenfußball. Sie bereist dabei vorrangig asiatische und afrikanische Länder und unterstützt dort die Akteurinnen und Akteure bei der Entwicklung von Strukturen vor Ort, um entweder den Frauenfußball erst ins Leben zu rufen oder ihm eine solide und nachhaltige Prägung zu geben. Monika Staab ist im internationalen Bereich für viele Nationalteams und damit viele Nationaltrainerinnen oder -trainer zur zentralen Ansprechpartnerin auf fachlicher wie strategischer Ebene geworden.

Darüber hinaus gibt es im Frauenfußball einige weitere Trainerinnen, die eine Nationalmannschaft verantwortlich trainieren und betreuen. Dies zeigte sich besonders beeindruckend bei der FIFA-Frauenfußball-Weltmeisterschaft 2011 in Deutschland, bei der immerhin 6 von 16 Frauenfußball-Nationalmannschaften, d.h. mehr als ein Drittel aller Teams, von Frauen trainiert wurden. Sie gehören damit zu den Top-Trainerinnen der besten 16 Mannschaften des letzten Jahres. Drei der sechs Trainerinnen (Silvia Neid, Hope Powell und Pia Sundhage) kamen mit ihren Mannschaften ins Viertelfinale und Pia Sundhage, die Nationaltrainerin der USA, wurde mit ihrem Team Vize-Weltmeisterin. Im Finalspiel trat sie gegen Japan an und verpasste mit ihrer Mannschaft in einem dramatischen Endspiel den Weltmeistertitel.

In den anderen Sportspielen fällt der Einsatz von Frauen als Nationaltrainerinnen weitaus geringer aus. Beispielsweise war bei der Frauenhandball-Weltmeisterschaft in Brasilien 2011 in 24 Frauenhandball-Nationalmannschaften keine einzige Trainerin für ein Team verantwortlich. Lediglich drei Teams wurden von Co-Trainerinnen betreut, was beachtlich bei der Spielsportart Handball ist, die bewusst für Frauen entwickelt wurde (vgl. Pfister, 2002). Im Volleyball zeigt sich ein vergleichbares Bild. 2011 fand die Volleyball-Europameisterschaft der Damen in Italien und Serbien statt, bei der 16 Mannschaften teilnahmen. Lediglich eine Trainerin war dort für die kroatische Nationalmannschaft hauptverantwortlich, alle weiteren Teams wurden durch Trainer und Co-Trainer betreut. Selbst das deutsche Team hatte keine Trainerin und auch keine Co-Trainerin, obwohl der deutsche Volleyballverband laut DOSB Mitgliederstatistik 2011 (http://www.dosb.de/de/service/download-center/dosb-organisation/bestandserhebung/) mit 243.181 weiblichen Mitgliedern, gegenüber 224.181 männlichen Verbandsmitgliedern, 19.000 mehr weibliche als männliche Mitglieder aufweist. Der deutsche Volleyballverband ist im Bereich der Sportspiele sogar der einzige olympische Spitzensportverband, der mehr weibliche als männliche Verbandsmitglieder besitzt. Bei der Basketball-Weltmeisterschaft 2010 der Damen in Tschechien zeigte sich ein mit der Volleyball-Europameisterschaft 2011 vergleichbares Bild: Von 16 Teams wurden lediglich das australische und kanadische Team von einer Trainerin betreut.

Nationaltrainerinnen für Frauen- und Juniorinnenteams in Deutschland

Anna Trabant-Haarbach war die erste Frau, die neben Gero Bisanz als Co-Trainerin die erste Frauenfußball-Nationalmannschaft trainiert hat. Sie gehörte zu den besten Spielerinnen in der Anfangszeit des deutschen Frauenfußballs und holte mit TuS Wörrstadt 1973 den Gold-Cup bei einer ersten inoffiziellen Weltmeisterschaft und wurde 1974 erste Deutsche Meisterin im Frauenfußball. Dass sie ein Ausnahmetalent war, zeigte sich auch, als sie bei der SSG 09 Bergisch Gladbach zur Spielertrainerin avancierte. Das Team wurde mit ihr an der Spitze noch fünfmal Deutscher Meister und zweimal DFB-Pokalsieger. Folglich blieb es nicht aus, dass sie bei der Gründung der Frauen-Nationalmannschaft 1982 Spielführerin der Nationalmannschaft und gleichzeitig Co-Trainerin wurde. Anna Trabant beendete ihr Engagement als Co-Trainerin allerdings schon 1983, weil sie mit dem Cheftrainer Gero Bisanz nicht weiter zusammen arbeiten wollte. Als erfahrene Spielertrainerin eines Vereins war sie es gewohnt, die Taktik vorzugeben und die wichtigen Entscheidungen selbst zu treffen (vgl. Fechtig, 1995, S. 38) bzw. den Ton anzugeben. Sie konnte sich daher Gero Bisanz nur mit Mühe unterordnen.

Nach einigen erfolgreichen Jahren unter Gero Bisanz als Nationaltrainer folgte mit Tina Theune-Meyer ab 1986 die nächste Co-Trainerin, die nach 10 Jahren Co-Trainerinnentätigkeit die erste Nationaltrainerin im Frauenfußball wurde. Auch Tina Theune-Meyer war eine Ausnahmespielerin, spielte bei Grün-Weiß Brauweiler sowie in der Verbandsauswahl Mittelrhein und erwarb 1985 als erste Frau in Deutschland die Fußballlehrerlizenz. Schon mit Gero Bisanz war Tina Theune als Co-Trainerin sehr erfolgreich und errang einen Weltmeister- und drei Europameistertitel. Als verantwortliche Nationaltrainerin steigerte sie diese Leistung noch. Sie wurde mit ihrem Team 2003 Weltmeisterin, 1997, 2001 und 2005 Europameisterin zudem 2000 sowie 2004 Dritte bei den olympischen Spielen. Dabei wurde sie ab 1996 von Silvia Neid als Co-Trainerin unterstützt. Beide Frauen gehören national wie international zu den erfolgreichsten Trainerinnen.

Tina Theune folgte 2005 die aktuelle und ebenso erfolgreiche Nationaltrainerin Silvia Neid. Die derzeitige Bundestrainerin Silvia Neid gehörte schon als Spielerin mit einem zweiten Platz bei der WM 1995, drei Europameistertiteln, 7 deutschen Meistertiteln und 6 Titeln beim DFB-Pokal zu den erfolgreichsten Spielerinnen. Sie war Spielführerin der Nationalmannschaft und engagierte sich frühzeitig bereits als Nachwuchtrainerin der Juniorinnenteams des DFB. Silvia Neid hat 2007 die Weltmeisterschaft, 2009 die Europameisterschaft sowie 2008 die Bronzemedaille bei den Olympischen Spielen gewonnen. Darüber hinaus hat sie viele weitere Titel sowie sehr gute Platzierungen bei den Juniorinnen-Welt- und Europameisterschaften errungen.

Ein Blick auf den Frauenfußball in Deutschland zeigt insgesamt, dass inzwischen nur noch Frauen als Trainerinnen in den Frauen- und Juniorinnen-

Nationalmannschaften zum Einsatz kommen. Dazu gehört Ulrike Ballweg, die derzeit Assistenztrainerin bei der Frauenfußball-Nationalmannschaft und gleichzeitig Trainerin der U-23 Frauen-Nationalmannschaft ist. Sie wurde 2004 mit der U-19 Frauen-Nationalmannschaft Weltmeisterin und zusätzlich im gleichen Jahr Vizeeuropameisterin. Maren Meinert gewann im Jahr 2010 die U-20 Weltmeisterschaft und holte in den Jahren 2006, 2007 und 2011 mit ihrer U-19 Frauen-Nationalmannschaft dreimal den Europameistertitel. Anouschka Bernhard trainiert die U-17 und die U-16 Juniorinnen und Bettina Wiegmann die U-15 Juniorinnen. Bettina Wiegmann konnte 2006 und 2007 gemeinsam mit Maren Meinert die U-19-Juniorinnen-Europameistertitel feiern. Somit sind alle Trainerpositionen der weiblichen Nationalteams des DFB mit Frauen besetzt.

Neben dem Deutschen Fußball-Bund gibt es keinen anderen Sportspiel-Verband, der so viele hochqualifizierte Frauen in Top-Trainerpositionen einsetzt (vgl. Sinning, 2006). Der DFB platziert seine TOP-Trainerinnen auch ganz bewusst und offensiv als entsprechende Vorbilder in den unterschiedlichen Medien. Ein anderer Eindruck entsteht mit Blick auf die weiteren deutschen Sportspiel-Verbände. Aktuell kommen lediglich im Tennis mit Barbara Rittner eine Nationaltrainerin, beim Tischtennis im Mädchen- und Schülerinnenbereich zwei Trainerinnen sowie im Basketball für die U-18 und im Handball für die U-17-Juniorinnenmannschaft jeweils eine Trainerin zum Einsatz.

Trainerinnen in der Frauenfußball-Bundesliga

In der ersten Frauenfußball-Bundesliga waren in der Saison 2000/2001 noch ca. 40% der Teams von Trainerinnen, 2002/2003 wurden sogar kurzfristig die Hälfte aller Teams weiblich betreut (vgl. Sinning 2005). Inzwischen sind allerdings in der Frauenfußball-Bundesliga deutlich weniger Trainerinnen aufzufinden. Damit gab es vor einigen Jahren in der ersten Frauenfußball-Bundesliga noch deutlich mehr Vereinstrainerinnen, die sowohl auf der menschlichen wie auf der fachlichen Ebene vorbildlichen Einsatz zeigten. Hierzu zählt u.a. Moni Staab als die erfolgreichste Vereinsfußballtrainerin der Welt. Sie gehört auch zu den ersten Frauen, die eine Fußball-Lehrerlizenz erwarb.

In der ersten Saison nach der FIFA-Frauenweltmeisterschaft 2011 in Deutschland gibt es allerdings von den 12 Mannschaften der ersten Frauen-Bundesliga nur noch zwei Mannschaften, die von einer Frau hauptverantwortlich trainiert werden, Assistenztrainerinnen sind gar nicht mehr vorzufinden. In der zweiten Bundesliga gibt es in der Nord-Staffel bei 12 Mannschaften zwei Teams, die von einer Trainerin hauptverantwortlich betreut werden sowie zwei weitere Mannschaften, die mit einer Co-Trainerin arbeiten. In der Süd-Staffel der zweiten Bundesliga gibt es lediglich eine Mannschaft, die von einer Trainerin und eine weitere Mannschaft, die von einer Assistenztrainerin trainiert wird. Damit sind bei 12 Vereinen der ersten und insgesamt 24 Vereinen der zweiten Frauenbundesliga nur noch knapp 14% Chef-Trainerinnen engagiert und nur 8% als Co-Trainerinnen für die Leistung der Frauenfußball-Bundesligamannschaften verantwortlich. In der Saison vor der Frauenfußball-Weltmeisterschaft gab es mit 25% Trainerinnen noch mehr Bundesligamannschaften, die von einer Frau trainiert wurden (vgl. Sinning, 2012). In den fünf Regionalligen, die unterhalb der zweiten Bundesliga jeweils mit 11 bis 14 Mannschaften bestückt sind, waren vor der WM noch ca. 20% der Trainerposten mit Frauen besetzt.

Trotz der vergleichsweise hohen Trainerinnenzahlen zeigt sich eine Unterrepräsentation von Trainerinnen im Frauenfußball. Weigelt (2005, 2006) und Zipprich (1996) führen als ein Hauptargument an, dass die Trainerlizenz eine zentrale Barriere für Frauen, die Trainerin werden wollen, darstellt. Zwar werden den Trainern und Trainerinnen der Nationalmannschaften der ersten und zweiten Frauen-Bundesligen sowie der Frauen-Regionalligen entsprechende Trainerlizenzen abverlangt, doch das Argument scheint bei hochklassigen Mannschaften nicht zwingend zuzutreffen. Im Bereich der Nationalmannschaften und auch in einigen Bundesligasaisons war dies kein Hinderungsgrund zur Übernahme eines Trainerinnenamtes.

Fußballtrainerinnen in den Landesverbänden

Auch in vielen Frauenlandes- und Oberligen werden inzwischen entsprechende Trainerlizenzen verlangt. In der Frauen-Hessenliga sind bei 12 Teams beispielsweise drei Trainerinnen zu finden. Darüber hinaus müssen die Verbandssportlehrer sowie die Auswahl- und Stützpunkttrainer einschlägige Qualifikationen nachweisen. Hier gehört der hessische Fußball-Landesverband zu den wenigen Verbänden, die eine Verbandssportlehrerin beschäftigt, die für die weibliche Talentförderung verantwortlich ist. Außerdem kommen im weiblichen Auswahlwesen des Hessischen Fußball-Verbandes dezentral zusätzlich sechs Auswahl- oder Stützpunkttrainerinnen neben 27 Trainern zum Einsatz. Das sind immerhin 18%, wobei hier der niedersächsische Landesverband mit 80% Trainerinnen eine herausstechende Ausnahme darstellt.

Im Frauenfußball scheinen die hohen Zahlen der Vereins-Trainerinnen vor allem im hochklassigen Bereich leider wieder rückläufig zu sein. Hier gilt es zu klären, ob die Ursache möglicherweise darin liegt, dass der professionell aufgestellte Frauenfußball inzwischen attraktiver und damit das Traineramt für mehr Männer reizvoller geworden ist. Oder ob sich die Frauen der Herausforderung, eine hochklassige Mannschaft zu trainieren, nicht mehr widmen möchten bzw. die gestiegenen Anforderungen als zu umfangreich oder unattraktiver wahrgenommen werden (vgl. Sinning, 2012b). Nachwievor gibt es aber viele ehemalige wie aktuelle Nationalspielerinnen oder gute Bundesligaspielerinnen, die bereits eine einschlägige Trainerlizenz besitzen und formal das Amt einer Trainerin übernehmen können. Es bleibt daher zu hoffen, dass diese Spielerinnen sowohl in der Bundesliga als auch in den Landesverbänden tätig werden und als weitere positive Vorbilder fungieren. Sie wollen sich selbstverständlich für den Fortgang ihrer

Sportart genauso intensiv einsetzen wie ihre vielen Vorgängerinnen. Dazu müssen ihnen aber auch entsprechende Chancen geboten werden, ihre Erfahrungen einbringen zu können (vgl. Sinning, 2012a).

Kompetenzen von Trainerinnen und Trainern – geschlechtsspezifische Besonderheiten?

An Trainerinnen und Trainer werden hohe Anforderungen gestellt, denn wie kaum ein anderes Mitglied im Sport vereinen sie spezielle Fähigkeiten in ihrem Beruf (vgl. Nordmann, 2007). Einerseits stehen Trainerinnen und Trainer ihren Athleten als Beraterinnen und Berater zur Seite – gerade hier gilt pädagogisches Handeln als bedeutsam – andererseits sind sie insbesondere im Leistungssport auch Wissensexperten „an der Nahtstelle des dynamisierten Wissenschafts-Wissens und leistungs-optimierenden Praxis-Wissens" (ebd., 18). Für die Haupttätigkeitsfelder (Training und Wettkampf, Führen von Athleten und Teams sowie zielführendes Handeln in den spezifischen Sportstrukturen), in denen sich Trainerinnen und Trainer in ihrer Praxis bewegen, wird der pädagogisch-methodischen Kompetenz allerdings als Schlüsselkompetenz zentrale Bedeutung zugesprochen (vgl. Nordmann, 2005, S. 45). Dies erscheint mit Blick auf Trainerinnen interessant, da im Pädagogischen ihre entscheidenden Stärken vermutet werden (s.u.). Außerdem werden zentrale sportartenübergreifende Kompetenzen für erfolgreiches Trainerhandeln vorausgesetzt, auf die mit Bezug zum Fußball eingegangen wird.

In der Fußball-Lehrer-Lizenz-Ausbildung des DFB, die nach der Trainer C-, B- und A-Lizenz, die höchste Lizenzstufe darstellt, werden nach Wormuth (2010, S. 54) acht Kompetenzbereiche in den Fokus der Ausbildung gerückt, um die Professionalisierung der Trainer zu gewährleisten. Diese beziehen sich auf die Fachkompetenz hinsichtlich der Technik und Taktik, die Methodenkompetenz, die Medienkompetenz, die soziale sowie die kommunikative Kompetenz, die Führungskompetenz, die Netzwerkkompetenz und eine Ich-Kompetenz. Vergleicht man diese Ausführung mit der Diskussion um die pädagogische Professionalisierung von Lehrenden, so werden einige Parallelen sichtbar. Zwar werden hier nur 5 Kompetenzen aufgeführt (vgl. Bauer, Kopka & Brindt, 1999, S. 113f.), diese sind aber in vielen Aspekten deckungsgleich. Auch hier werden eine Fachkompetenz sowie eine unterrichtliche Kompetenz verlangt. Als unterrichtliche Kompetenz wird dabei die Aufarbeitung des Themas mit Bezug zur Lerngruppe verstanden, was dem Lehrenden u.a. entsprechende Methoden- und Medienkompetenz abverlangt. Darüber hinaus muss die soziale Kompetenz, in der die Kommunikation, Motivation und Interaktion eingebunden ist sowie eine Institutionenkompetenz und schließlich die Selbstkompetenz als zentraler Baustein ausgebildet werden (vgl. Zoglowek, 2009, S. 124f.). Bauer (2005) beschreibt den Prozess der pädagogischen Professionalisierung als zirkulierenden Prozess. Dieser benötige eine wissenschaftliche Ausbildung, nach der anschließend das Training und die Praxis auszurichten sei. Daraufhin gelte es wiederum einen professionellen Reflexionsprozess anzustoßen, der das Selbst und damit interne kritische Prozesse anrege und schließlich der Entwicklung eines professionellen Selbst immer wieder wichtige Impulse verleihe (vgl. Bauer, 2005, S. 82).

Somit wird nicht nur im pädagogischen Kontext eine Professionalisierung der Lehrenden angestrebt, sondern auch in den Ausführungen zu den Trainer-Kompetenzen im Breiten- wie im Spitzensport angesprochen. Hierbei richtet sich der Fokus neben sportartspezifischen Fachkenntnissen sowie einer trainingswissenschaftlichen und sportpsychologischen Expertise auch auf die Bedeutung weiterer Kompetenzen, vor allem zentraler, pädagogischer Fähigkeiten (vgl. Prohl & Lange, 2004; Schierz, Thiele & Fischer, 2006). Der Trainer bzw. die Trainerin ist zwar nach wie vor Fachexperte bzw. Fachexpertin, es müssen aber zusätzlich wichtige erzieherische Aufgaben wahrgenommen und bewältigt werden. Erzieherisches Handeln hängt dabei von der Erziehungsbedürftigkeit von Sportlerinnen und Sportlern ab und beschränkt sich damit keinesfalls auf den Nachwuchssport, sondern ist gleichermaßen im breitensportlich orientierten Erwachsenenbereich und vor allem im Leistungssport relevant. Trainerinnen und Trainern müssen aus einer pädagogischen Perspektive heraus immer versuchen, Training im Gesamtzusammenhang des Lebens von Sportlern zu betrachten. Somit zielt pädagogisches Handeln in Trainingskontexten neben der Bewegungsbildung auch immer auf die Allgemeinbildung jeder Spielerin und jedes Spielers ab (vgl. Lange, 2004, 2010; Prohl, 2009).

Pädagogische Fähigkeiten der Trainerinnen

Die Ergebnisse vieler qualitativer Studien zu Trainerinnen in Sportspielen zeigen, dass vor allem Trainerinnen pädagogische Kompetenzen zugeschrieben werden. Trainerinnen besitzen laut Gieß-Stüber (1995, 1996, 1997) mehr pädagogische Vorerfahrungen im Umgang mit Kindern und Jugendlichen, größere emphatische Fähigkeiten und dadurch ein besseres erzieherisches Gespür. Aus diesem Grund werden sie angeblich auch häufiger im Nachwuchsbereich, d.h. im Kinder- und Jugendtraining, eingesetzt. Auch hinsichtlich des Trainingsaufbaus und dessen Inszenierung scheint es ein Unterschied zwischen Trainern und Trainerinnen zu geben. Während die Trainer eher für ein Training mit entsprechendem Trainingsaufbau im Wettkampf- und Leistungssport stehen, werden die Trainerinnen mit dem allgemeinen Bewegen und einer pädagogischen Akzentuierungen des Trainingsprozesses im Freizeit- und Breitensport in Verbindung gebracht (vgl. Mrazek & Rittner, 1991, S. 280). Dabei scheinen Trainer durch Eigenschaften wie Risikobereitschaft, Durchsetzungsvermögen, Autorität und Führungsfähigkeit aufzufallen, während die Trainerinnen für Einfühlungsvermögen, Geduld, Kreativität, Kooperationsfähigkeit und Fairness stehen (vgl. Bahlke, Benning und Cachay, 2003,

S. 136f.). So stellten Cachay & Bahlke (2003) und Fasting (1996) fest, dass Trainerinnen „[...] den emphatisch-kommunikativen Kompetenzen im Schnitt mehr Bedeutung zusprechen als den führungs- und aufgabenorientierten, was sich im Urteil der männlichen Befragten genau umgekehrt darstellt" (Cachay & Bahlke, 2003, S. 299). Die Untersuchungsergebnisse von Sinning (2004) zu Trainerinnen im Erwachsenenbereich im Frauenfußball zeigen allerdings, dass die Fußballtrainerinnen auch äußerst durchsetzungsfähig sind und insbesondere im Leistungsbereich nicht nur prozessorientiert, sondern gleichermaßen produktorientiert arbeiten. Das Leistungsstreben und die damit verbundene Erfolgsorientierung zeigte sich bei den Fußballtrainerinnen über alle Leistungsklassen hinweg, also auch dann, wenn auf einem niedrigen Leistungsniveau und nach realistischer Einschätzung der Mannschafts- wie Spielerinnenleistung keine besonders hohen Erfolgsaussichten vorhanden waren. Dennoch haben die Trainerinnen klare Ziele – häufig den Aufstieg oder einen Turniersieg – im Blick und bezeichnen sich selbst als ehrgeizig und erfolgsorientiert.

Pädagogisches Gespür der Trainerinnen gegenüber ihren Spielerinnen

Der Trainer bzw. die Trainerin gehört nach den Spielerinnen zur wichtigsten Personalressource für die Entwicklung und Erhaltung einer Sportart. Sie besitzen bezüglich der Entwicklung der Spielerinnen und der jeweils individuellen Karriereplanung die zentrale Schlüsselfunktion. Sie sind dabei für jede einzelne Spielerin sowohl Respekts- wie Autoritätsperson als auch ehrliche Beraterin und Vertraute (vgl. Sinning, 2012b). Um die Mannschaft optimal zu verbessern und jede Spielerin angemessen zu fördern, muss der Trainer bzw. die Trainerin bei allen Spielerinnen eine Einsicht für den geplanten Trainingsaufbau herstellen. Hierzu müssen sowohl die allgemeinen Grundideen des Trainingsprozesses, z.B. die mittelfristige Schwerpunktlegung auf konditionelle oder taktische Aspekte vermittelt als auch die individuellen Feinheiten bei den einzelnen Spielerinnen beachtet werden. Dabei gilt es, bei allen Spielerinnen ein entsprechendes Verständnis für die jeweiligen Trainingsinhalte, Trainingsprozesse und individuellen Schwerpunktsetzungen zu entwickeln. Hierzu ist es notwendig, einen intensiven Kontakt zur den einzelnen Spielerinnen herzustellen, offen für ihre Probleme und Wünsche zu sein und ihnen mit Emotionalität und Wertschätzung zu begegnen. Indem der Trainer bzw. die Trainerin jede einzelne Spielerin intrinsisch motiviert, d.h. ihr angemessene Aufgaben bereithält, in die sie sich intensiv verwickeln kann oder diese Aufgaben und Übungen mit ihr gemeinsam entwickelt und somit an ihren Schwächen und Stärken arbeitet und dabei ihre Kompetenzen unterstreicht und sie als besonderen ggf. einzigartigen Charakter kennzeichnet, wird auch die individuelle Persönlichkeit jeder Spielerin herausgebildet (vgl. Sinning & Theune 2012). Trainer und Trainerinnen müssen daher auf und neben dem Platz Vorbild und Partner bzw. Partnerin zugleich sein und wie oben ausgeführt, eine entsprechende Ich-/Selbst-Kompetenz besitzen. Sie müssen authentisch und sympathisch sein, sich einfühlsam zeigen, Zuversicht ausstrahlen, gewissenhaft, strukturiert und zielgerichtet arbeiten.

Wiederum zeigen ausgewählte Studien, dass Trainerinnen dieses besondere pädagogische Gespür besitzen (vgl. Bahlke, Benning, & Cachay, 2003; Cachay & Bahlke, 2003; Sinning, 2004, 2005, 2012a) und ihre Kompetenzen wie Fähigkeiten kritisch hinterfragen können. Die pädagogische Aufgabe, eine individuelle Leistungs- und Persönlichkeitsentwicklung der Spielerinnen anzustoßen bzw. zu ermöglichen, weisen sie als ein zentrales Ziel ihrer Arbeit aus (vgl. Cachay, Borggrefe & Thiel, 2007a,b; Blumhoff, 2009). Männer sind nach Haug (1993, 1999) eher produktorientiert und damit auf das Wettkampfergebnis fixiert, während Frauen eher prozessorientiert, d.h. entwicklungsbezogen arbeiten. Trainerinnen übernehmen ganz bewusst die Verantwortung für die Gesamtentwicklung der Spielerinnen auf der fußballerischen und der menschlichen Ebene (vgl. Sinning & Theune, 2010). Dabei ist für eine gute Entwicklung der Spielerinnen ausschlaggebend, dass sie sich im Trainingsprozess mittels ihrer Mitbestimmungs- und Solidaritätsfähigkeit (vgl. Klafki, 2005, S. 17) angemessen einbringen und zunehmend selbstbestimmt für sich Verantwortung übernehmen können. Trainer bzw. Trainerinnen müssen daher den Spielerinnen einen Handlungsspielraum gewähren, in dem sie sich ausprobieren können und in denen ihnen die Möglichkeit des Scheiterns eingeräumt wird. Ob die Trainerinnen diesen Handlungsspielraum im Vergleich zu den Männern besser öffnen und wie sie ihn genau öffnen, ist bisher nicht untersucht worden. Willmann & Zipprich (1995) zeigten allerdings auf, dass die Zielstellung des Trainings ein „ergebnis- oder prozessorientiertes Sporttreiben" verfolgt und dass die Orientierung „an Konkurrenz oder Kooperation" davon abhängig ist, ob mit dem Körper der Sportlerinnen und Sportler eher funktionell oder sensibel umgegangen wird. Trainer bevorzugen den funktionellen, Trainerinnen den sensiblen Umgang. Da die Trainer und Trainerinnen wiederum von ihren Spielerinnen als Persönlichkeit wahrgenommen werden und in ihrer Arbeit als Vorbilder fungieren, haben ihre Handlungen und Entscheidungen bedeutenden Einfluss auf die Spielerinnen. Somit werden „... bestehende Strukturen, Werte und Sinnorientierungen im Sport reproduziert und verbreitet" (Willmann & Zipprich, 1995, S. 109). Zipprich (1995, 2002) folgert daraus weiter, dass Trainerinnen auf das starre Sportsystem und auf die Entwicklung der Sportlerinnen mit ihren Kompetenzen entsprechenden Einfluss nehmen und andere Trainings- und Wettkampfformen anbieten. Ihre Angebote sind gezielter auf die Spielerinnen abgestimmt, d.h. die Lehr- und Lernmethoden anwenderbezogener aufbereitet.

Die Ergebnisse von Sinning (2005) zu Trainerinnen im Frauenfußball unterstützen diese These. Fußballtrainerinnen legen großen Wert auf eine hohe Qualität ihres Trainings und eine pädagogische Ausrichtung. Damit ist verbunden, dass sie sich mit der Mannschaft möglichst optimal identifizieren und den Spielerinnen ein individuelles Förderangebot anbieten wollen. Besonders die Identifikation mit der Mannschaft und mit vielen Spielerinnen wurde von den interviewten Trainerinnen als klarer und entscheidender Vorteil gegenüber den männlichen Trainerkollegen ausgewiesen. Sie schätzen sich fachlich und sozial grundsätzlich als sehr kompetent ein (vgl. Sinning, 2005). Dies verbinden sie mit einem kritischen Reflexionsvermögen, was zu einer angemessenen Selbstbestimmung, zu einem positiven Selbstbewusstsein ohne arrogante Züge und zu einem stimmigen Selbstbild führt (vgl. Sinning, 2011). Dadurch können sie auch hohe Ansprüche an sich selbst und die zu betreuenden Athletinnen stellen.

Trainerinnen werden daher als fachliche Vorbilder und als verständnisvolle Ansprechpartnerinnen wahrgenommen. Dies führt wiederum dazu, dass besonders junge Spielerinnen an das Training und den Wettkampf stärker gebunden werden. Auf die Notwendigkeit, Wünsche und Bedürfnisse der Athleten und Athletinnen gezielter zu berücksichtigen und die Akteure stärker in den Trainingsprozess einzubinden, weisen insbesondere verschiedene Dropoutstudien hin (vgl. Gieß-Stüber, 2001; Würth, 2001; Schmidt, 2002; Thissen 2002; Pahmeier, 2007). Die Einflussfaktoren zu den Phänomenen Dropout und Bindung werden an unterschiedlichen Aspekten wie an individualpsychologischen Ursachen (vgl. Ommundsen & Vaglum, 1991, 1997; Skard & Vaglum, 1989) oder auch an den Einflüssen des sportlichen und sozialen Umfeldes (Averill & Power, 1995; Ferreira & Armstrong, 2002; Green & Chalip 1997; 1998) sowie an etlichen weiteren Faktoren festgemacht. In einer Studie von Pahmeier (2007, 2012) zu Spielerinnen im Mädchenfußball wird deutlich, dass vor allem das sportliche Selbstfähigkeitskonzept eine große Rolle spielt. Spielerinnen müssen daher befähigt werden, ihre eigenen Leistungen und Kompetenzen angemessen, einzuschätzen, um daraus zielgerichtete Schlüsse für den weiteren sportlichen Weg zu ziehen.

Nach Zipprich (1995, 2002) stimmen Trainerinnen ihr Trainingsangebote gezielter auf die Athletinnen ab und wählen ihre Lehr- und Lernmethoden anwenderbezogener aus. Laut Derichs-Kunstmann & Müthing (1993) bevorzugen Trainerinnen außerdem eine ganzheitliche Lehrweise. In der Untersuchung von Sinning (2005) wurde deutlich, dass die Trainerinnen noch relativ jung sind und sich damit nah an der Gefühls- und Lebenswelt ihrer Spielerinnen befinden. Sie besitzen einen großen Enthusiasmus, sich Herausforderungen positiv zu stellen und haben ein hohes innovatives Potenzial, welches sich u.a. auf ihre Lehr- und Lernverfahren und ihre Umgangsformen mit den Akteurinnen auswirkt. Die Trainerinnen im Frauenfußball konfrontieren ihre Spielerinnen verstärkt mit ihren individuellen Grenzen, indem sie ihnen ihre Grenzen aufzeigen und sie herausfordern, die Grenzen positiv zu verschieben. Trainerinnen können sich gut zurücknehmen und bauen ihre Spielerinnen verantwortlich ins Training ein. Sie machen sich selbst an verschiedenen Stellen des Trainingsprozesses immer wieder überflüssig, so dass ihre Spielerinnen Möglichkeiten erhalten, mündige Spielerinnen zu werden (vgl. Sinning, 2005). Wird dies gewährleistet, kann Fußball spielen auch zur gesellschaftlichen Entwicklung und individuellen Bildung der Spielerinnen beitragen! Diese vielen positiven Argumentationen sprechen insgesamt für den verstärkten Einsatz von Trainerinnen im Fußball (vgl. Sinning, 2012b).

Literatur

Alfermann, D. & Würth, S. (2003). Sozialkompetenz von Trainerinnen und Trainern im Nachwuchsleistungssport: Einfluss auf Zufriedenheit und Leistungsentwicklung. *BISp-Jahrbuch: Forschungsförderung* 2002, 209-213.

Averill, P.M. & Power, T.G. (1995). Parental attitudes and children's experiences in soccer: Correlates of effort and enjoyment. *International Journal of Behavioral Development,* 18, 263-276.

Bahlke, S., Benning, A. & Cachay, K. (2003). *„Trainer ... das ist halt einfach Männersache".* Studie zur Unterrepräsentanz von Trainerinnen im Spitzensport. Köln: Sport u. Buch Strauß.

Bauer, K. O. (2005). *Pädagogische Basiskompetenzen – Theorie und Training.* Weinheim/München: Juventa.

Bauer, K. O., Kopka, A. & Brindt, S. (1999). *Pädagogische Professionalität und Lehrerarbeit.* Weinheim/München: Juventa.

Blumhoff, G. (2009). *Soziale Kompetenzen von FußballtrainerInnen.* Göttingen: Cuvillier.

Brack, R. (2002). *Sportspielspezifische Trainingslehre. Wissenschafts- und objekttheoretische Grundlagen am Beispiel Handball.* Hamburg: Czwalina.

Brack, R. & Hohmann, A. (2005). Sportspiel-Trainer und Sportspiel-Trainerinnen. In A. Hohmann, M. Kolb & K. Roth (Hrsg.), *Handbuch Sportspiel* (S. 401-408). Schorndorf: Hofmann.

Brinkhoff, K. P. (1998). *Sport und Sozialisation im Jugendalter – Entwicklung, soziale Unterstützung und Gesundheit.* Weinheim/München: Juventa.

Cachay, K. & Bahlke, S. (2003). Trainerinnen im Spitzensport. *Sportunterricht* 52, (10), 297-302.

Cachay, K., Borggrefe, C. & Thiel, A. (2007a). „Ich muss etwas vermitteln, ich muss überzeugen!" – Sozialkompetenz von Trainerinnen und Trainern im Spitzensport. *Leistungssport* 37, (1), 5-10.

Cachay, K., Borggrefe, C. & Thiel, A. (2007b). Ergebnisse eines Forschungsprojekts zur Sozialkompetenz von Trainerinnen und Trainern im Spitzensport. In J. Mester, T. Sommerhäuser & S.-D. Tandi (Hrsg.), *Wege zur Spitze – Karriereentwicklung von Eliten* (S. 55-72). Aachen: Meyer & Meyer.

Derichs-Kunstmann, K. & Müthing, B. (Hrsg.) (1993). *Frauen lernen anders: Theorie und Praxis in der Weiterbildung für Frauen.* Bielefeld: Kleine.

Eckes, T. (1997). *Geschlechtsstereotype: Frau und Mann in sozialpsychologischer Hinsicht.* Pfaffenweiler: Centaurus.

Fasting, K. (1996). *Playing soccer – its meaning for women in different countries.* Stockholm: Selbstverlag.

Fechtig, B. (1995). *Frauen und Fußball: Interviews, Porträts, Reportagen.* Dortmund: eFeF.

Fereira, M. & Armstrong, K.L. (2002). An Investigation of the Relationship Between Parents' Causal Attributions of Youth Soccer Dropout, Time in Soccer Organisation, Affect Towards Soccer and Soccer Organisation, and Post-Soccer Dropout Behaviour. *Sport Management Review, 5,* 149-178.

Gieß-Stüber, P. (1995). Trainerinnen im deutschen Tennisbund – „Seltenheitsmitglieder" in einer Männerdomäne. In: Klein, M.-L. (Hrsg.), *„Karriere" von Mädchen und Frauen im Sport* (S. 117-130). Sankt Augustin: Academia.

Gieß-Stüber, P. (1996). Kein Platz für Trainerinnen? *Tennis Sport, 7* (3), 9-17.

Gieß-Stüber, P. (1997). Trainerinnen – (k)ein Beruf für Frauen. In I. Hartmann-Tews & K. Petry (Hrsg.), *Die bewegte Frau* (S. 15-20). Köln: Deutsche Sporthochschule Köln.

Gieß-Stüber, P. (1998). Trainerinnen-Sonderlehrgang – Frauen unter sich. *Tennis Sport, 9* (3), 20-23.

Gieß-Stüber, P. (2000). *Gleichberechtigte Partizipation im Sport?* Butzbach-Griedel: Afra.

Gieß-Stüber, P. (2001). Bindung oder Drop-out. Freundschaft und Konkurrenz – zwei unversöhnliche Schwestern im Tennissport? *Tennis Sport, 12* (3), 8-11.

Green, B.C. & Chalip, L. (1997). Enduring involvement in youth soccer: The socialization of parent and child. *Journal of Leisure Research, 29,* 61-77.

Green, B.C. & Chalip, L. (1998). Antecedents and consequences of parental purchase decision involvement in youth sport. *Leisure Sciences, 20,* 95-109.

Hagedorn, G. (1985). Sozialpsychologie des Mannschaftsspiels. In G. Hagedorn, D. Niedlich & G. Schmidt (Hrsg.), *Basketball Handbuch.* Reinbek: Rowohlt.

Hagedorn, G. (1991). Die Rolle des Trainers – eine soziale Rolle? *Leistungssport, 21* (4), 16-19.

Hahn, E. (1973). Psychologie des Trainers. In K. Carl (Red.), *Psychologie in Training und Wettkampf* (S. 129-139). Berlin/München/Frankfurt am Main: Bartels & Wernitz.

Haug, F. (1993). Leistung muss sich wieder lohnen. In F. Haug & E. Wollmann (Hrsg.), *Hat die Leistung ein Geschlecht? Erfahrungen von Frauen* (S. 165-189). Hamburg: Argument.

Haug, F. (1999). *Vorlesungen zur Einführung in die Erinnerungsarbeit.* Hamburg: Argument.

Klafki, W. (2005). Bewegungskompetenz als Bildungsdimension. In R. Laging & R. Prohl (Hrsg.), *Bewegungskompetenz als Bildungsdimension* (S. 15-24). Hamburg: Czwalina.

Krüger, A. (1989). Trainer brauchen Pädagogik! *Leistungssport, 19* (5), 32-34.

Lange, H. (2004). Didaktische Perspektiven einer Trainings- und Wettkampfpädagogik des Sports. In R. Prohl & H. Lange (Hrsg.), *Pädagogik des Leistungssports. Grundlagen und Facetten* (S. 41-72). Schorndorf: Hofmann.

Lange, H (2010). Bildung und Erziehung im Leistungssport. Zur Kennzeichnung eines Handlungsfeldes aus der Perspektive der Trainerbildung. *FdSnow: Fachzeitschrift für den Skisport* 27, (34), 19-25.

Mrazek, J. & Rittner, V. (1991). *Übungsleiter und Trainer im Sportverein.* Schorndorf: Hofmann.

Nordmann, L. (2005). Das Diplom-Trainer-Studium an der Trainerakademie in Köln des DSB. Stand und Entwicklungen. *Leistungssport,* 2, 44-47.

Nordmann, L. (2007). Bestandsaufnahme, Perspektiven und Erfordernisse der Trainerausbildung in Deutschland. *Leistungssport,* 3, 17-21.

Ommundsen, Y. & Vaglum, P. (1991a). The influence of attributional style on the soccer-related self-esteem and persistence in soccer of young boys. *Scandinavian Journal of Medicine & Science in Sports,* 1, 45-50.

Ommundsen, Y. & Vaglum, P. (1991b). The influence of low perceived sporting- and social competence on later dropout from soccer: a prospective study of young male players. *Scandinavian Journal of Medicine & Science in Sports,* 1, 180-188.

Ommundsen, Y. & Vaglum, P. (1991c). Soccer competition anxiety and enjoyment in young boy players. The influence of perceived competence and significant others' emotional involvement. *International Journal of Sport Psychology,* 22, 35-49.

Ommundsen, Y. & Vaglum, P. (1997). Competence, perceived importance of competence and drop-out from soccer: a study of young players. *Scandinavian Journal of Medicine & Science in Sports,* 7, *373-383.*

Pahmeier, I. (2007). *Dropout und Bindung im Jugendfußball.* Abschlussbericht. Frankfurt/Main: DFB.

Pahmeier, I. (2012). Dropout und Bindung im Mädchen- und Frauenfußball – eine empirische Studie! In S. Sinning (Hrsg.), *Auf den Spuren des Frauen- und Mädchenfußballs.* Weinheim: Juventa.

Pfeffer, I. & Gallitschke, M. (2008). Trainerinnen und Trainer im Frauenfußball aus Sicht der Athletinnen. *Zeitschrift für Sportpsychologie* 15, (3), 88-95.

Pfister, G. (2002). Ist Spielen Männersache? In K. Ferger, N. Gissel & J. Schwier (Hrsg), *Sportspiele erleben, vermitteln, trainieren* (S. 71-92). Hamburg: Czwalina.

Prohl, R. (2009). Erziehung mit dem Ziel der Bildung: Der Doppelauftrag des Sportunterichts. In H. Lange & S. Sinning (Hrsg.), *Handbuch Sportdidaktik* (S. 40-53). Balingen: Spitta.

Prohl, R. & Lange, H. (2004) (Hrsg.). *Pädagogik des Leistungssports. Grundlagen und Facetten.* Schorndorf: Hofmann.

Schierz, M., Thiele, J. & Fischer, B. (2006). Fallarbeit in der Trainerausbildung: Möglichkeiten und Grenzen einer pädagogischen Professionalisierung. Köln: Strauß.

Schmidt, U. (2002). Innere Stärke durch Sport. Aussteigen oder Dableiben? Zur Drop-out Problematik bei Kindern und Jugendlichen. *Condition,* 1, (2), 30-32.

Sinning, S. (2002) Trainerinnen im Frauenfußball. Pfister, G. (Hrsg.), *Frauen im Hochleistungssport* (S. 101-110). Hamburg Czwalina.

Sinning, S. (2004). Gender als Trainingsmoment. In R. Prohl & H. Lange (Hrsg.), *Pädagogik des Leistungssports. Grundlagen und Facetten* (S. 201-219). Schorndorf: Hofmann.

Sinning, S. (2005). *Trainerinnen im Frauenfußball – eine qualitative Studie.* Reihe Junge Sportwissenschaft. Schorndorf: Hofmann.

Sinning, S. (2006). Aufbruchstimmung im Mädchen- und Frauenfußball! – Welche Wirkungen zeigt die aktuelle Erfolgsbilanz? In P. Gieß-Stüber & G. Sobiech (Hrsg.), *Gleichheit und Differenz in Bewegung. Entwicklung und Perspektiven der Geschlechterforschung im Sport* (S. 130-140). Hamburg: Czwalina.

Sinning, S. (2011). Breiten- und Leistungsfußball bei Mädchen und Frauen – eine Analyse in elf Schritten. In C. P. Bach, R. Dopp & A. Fuchs (Hrsg.), *Die Zukunft der Ballspiele ist weiblich. – Referate & Ergebnisse* (S. 44-53). Schnelldorf: Michael Druckerei.

Sinning, S. (2012a). Mädchen- und Frauenfußball-Trainerinnen – die Chance, besondere Kompetenzen einzubringen. In S. Sinning (Hrsg.), *Auf den Spuren des Frauen- und Mädchenfußballs.* Weinheim: Juventa.

Sinning, S. (2012b). Trainerinnen im Frauenfußball – eine Analyse vorhandener Strukturen. In C. Zipprich (Hrsg.) *Sie steht im Tor – und er dahinter. Frauenfußball im Wandel* (S. 124-137). Hildesheim: Arete.

Sinning, S. & Theune, T. (2010). Die Erfolgs-„Elf" – Der Weg zur Leistungssportlerin und der Weg zur Breitensportlerin aus der Sicht von Fußballerinnen. In DFB (Hrsg.), *Frauen- und Mädchenfußball* (S. 70-73). Frankfurt am Main.

Sinning, S. & Theune, T. (2012). Spielerinnen im Mädchen- und Frauenfußball – ungebrochene Begeisterung! In S. Sinning (Hrsg.), *Auf den Spuren des Frauen- und Mädchenfußballs.* Weinheim/München: Juventa.

Skard, O. & Vaglum, P. (1989). The influence of psychosocial and sport factors on dropout from boys' soccer: A prospective study. *Scandinavian Journal of Sports Science,* 11 (2), 65-72.

Strakerjahn, U. (1991). Trainerinnen im Aufwind? *Tennis Sport, 2* (2), 8-10.

Strakerjahn, U. (1994). Trainerinnen im DTB. *Tennis Sport 5,* (6), 4-6.

Thissen, G. (2002). Im Kinderfußball sind Neuorientierungen überfällig. *Fußballtraining 20,* (4), 6-14.

Weigelt, Y. (2005). Stereotype – Exklusionsmechanismen gegenüber Trainerinnen im Frauenfußball. A. Hagel & N. Selmer (Hrsg.), *Gender kicks: Texte zu Fußball und Geschlecht* (S. 139-148). Frankfurt a. M.: Koordinationsstelle Fan-Projekte bei der Deutschen Sportjugend Fundstelle.

Weigelt, Y. (2006). Trainerinnen im Mädchen- und Frauenfußball. *Sportunterricht* 55 (4), 108-111.

Weigelt-Schlesinger, Y. (2008). *Geschlechtsstereotype. Qualifikationsbarrieren von Frauen in der Trainerausbildung?* Hamburg: Czwalina.

Weigelt-Schlesinger, Y. & Röger, U. (2008). Bestandsaufnahme: Trainerinnen im Mädchen und Frauenfußball. In U. Röger, C. Kugelmann, Y. Weigelt-Schlesinger & M. Möhwald (Hrsg.), *Frauen am Ball: Analysen und Perspektiven der Genderforschung* (S. 65-72). Hamburg: Czwalina.

Willmann, C. & Zipprich, C. (1995). Trainerinnen im Volleyball – Wo sind sie zu finden? In M. L. Klein (Hrsg.), *„Karrieren" von Mädchen und Frauen im Sport* (S. 107-116). Sankt Augustin: Academia.

Wormuth, F. (2010). Der große Fußball beginnt immer im Kleinen. In *DFB-Journal* 22, 54-55.

Würth, S. (2001). *Die Rolle der Eltern im sportlichen Entwicklungsprozess von Kindern und Jugendlichen.* Leipzig. Selbstverlag

Zipprich, C. (1995). Ausbildungsgänge zur Trainerin im LSB Niedersachsen: Erfahrungen – Analysen – Perspektiven. In M.-L. Klein (Hrsg.), *„Karrieren" von Mädchen und Frauen im Sport* (S. 131-142). Sankt Augustin: Academia.

Zipprich, C. (1996). Die unvollendete Karriere – Probleme und Hemmnisse für die Tätigkeit von Trainerinnen sowie die Nichttätigkeit von Trainerinnen im Volleyball. In K. Behm & K. Petzsche (Hrsg.), *Mädchen und Frauen im Sport* (S. 181-188). Hamburg: Czwalina.

Zipprich, C. (1998). Trainerin – die große Unbekannte in der Sportwissenschaft. In P. Franke & B. Schanz (Hrsg.), *FrauenSportKultur. Beiträge zum 1. Frauen-Sport- und Kulturfestival des adh* (S. 173-181). Butzbach-Griedel: Afra.

Zipprich, C. (2002). Trainerinnen im Handballverband Niedersachsen – ein Nachtrag. In G. Pfister (Hrsg.), *Frauen im Hochleistungssport* (S. 111-120). Hamburg: Czwalina.

Zoglowek, H. (2009). Lehrer und Sportunterricht. In H. Lange & S. Sinning (Hrsg.), *Handbuch Sportdidaktik* (S. 117-132). Balingen: Spitta.

Internet

http://www.dfb.de/index.php?id=49
http://www.dosb.de/de/service/download-center/dosb-organisation/bestandserhebung/
http://www.dtb-tennis.de/7962.php?selected=1068&selectedsub=7961

Yvonne Weigelt-Schlesinger

Wichtig aber oft wenig beachtet – Fußball für Mädchen in der Schule

Einleitung

Seit 1979 fordert der Deutsche Fußball-Bund (DFB) eine Verankerung des Fußballs für Mädchen in der Schule und dies nicht erst seit den stetigen internationalen Erfolgen der Deutschen Frauenfußball-Nationalmannschaft, sondern, schon seit den 1970er Jahren. Dass diese Forderungen nicht nur bloße Lippenbekenntnisse waren, zeigen die in den darauffolgenden Jahren entstandenen und teilweise bis heute bestehenden Aktionen: „Schule und Verein", die auch die Fort- und Ausbildung von Übungsleiterinnen, Trainerinnen und Lehrerinnen beinhalten. Umso mehr verwundert es, dass den Mädchen im Schulsport auch heute noch weniger Fußballangebote unterbreitet werden als den Jungen und wahrscheinlich kommt der Fußball bei ihnen auch nicht so gut an (Kurz, 2007). Die Richtlinien und Lehrpläne für den Schulsport, die als zentrales Medium der gesellschaftlichen Steuerung des Sportunterrichts bezeichnet werden, beinhalten Aufgaben und Ziele des Schulsports. In Bezug auf die Sportart Fußball ergibt sich dabei folgende Situation: Einerseits legt kein Lehrplan in Deutschland verbindlich fest, dass Fußball für Mädchen unterrichtet werden muss (Kurz, 2007; Augste & Jaitner, 2010). Er kann fakultativ angeboten werden. Andererseits aber gibt es im DFB seit langem Bestrebungen, den Mädchenfußball auch in den Schulen verstärkt zu unterstützen. Dabei wird vom Verband sogar die Verankerung der Sportart Fußball in den Lehrplänen ebenso angestrebt, wie Fußball als Pflichtfach in der Sportlehrer/-innenausbildung der Universitäten. Dieser ideelle Anspruch des Fußballverbands kollidiert demnach hier mit bzw. steht einer eher exklusiven und konfliktreichen Schulsportpraxis gegenüber.

Die generelle Frage, die im vorliegenden Text verfolgt wird, ist: Wie sieht die Realität des Schulsportunterrichts bezüglich der Vermittlung des Fußballspiels für Mädchen heute aus? Welche Gründe gibt es für die dargelegte Situation und welche Chancen können die Mädchen durch die Vermittlung des Fußballspiels in der Schule erfahren.

Situation heute – aktuelle Forschungsergebnisse

Trotz der vielfältigen Maßnahmen des DFB und der Schulen, sieht die Realität im Schulsportunterricht, wie oben bereits angedeutet, bisher noch anders aus. Die meisten Mädchen sind im Laufe ihrer Bewegungssozialisation erst relativ spät oder gar nicht mit dem Fußball und mit dem Wettkampfgedanken in Berührung gekommen, weil Eltern, Lehrpersonen in Kindergarten und Grundschule sie im Allgemeinen zu wenig zu solchen Erfahrungen ermutigt haben (vgl. Kugelmann & Möhwald, 2006).

Deshalb erleben Lehrkräfte in der Schule Fußball spielende Mädchen oft als ungeschickt, ihre Bewegungen als wenig Ziel führend, irgendwie nicht „fußballgemäß". Sie nehmen, als Folge dieser negativen Einschätzung, das Leistungsstreben dieser Mädchen nicht wahr und fordern sie nicht ernsthaft. Die meisten Jungen dagegen, vor allem fußballtalentierte, präsentieren sich von klein auf als zukünftige Leistungsträger und imitieren bekannte Stars ihrer Sportart. Kugelmann und Möhwald (2006) sehen Gründe für die geschilderte Situation nach wie vor in der mangelnden Erfahrung und der geringen fussballerischen Fachkompetenz der Lehrerinnen sowie der unzureichenden Unterstützung aus dem sozialen Umfeld der Mädchen. Holzweg, Schlapkohl & Raab (2009) verdeutlichen anhand der Ergebnisse einer explorativen Studie, dass 56% der befragten Realschülerinnen gerne im Sportunterricht Fußball spielen würden, die Angebote aber meist fehlen. Chancen der Implementierung des Fußballsports für Mädchen in der Schule sehen die eben genannten Autor/-inn/-en im Freizeitangebot der Ganztagsschulen (ausserunterrichtliche Sport Arbeitsgemeinschaften) und in den Kooperationen zwischen Schule und Verein.

Auch die Autor/-inn/-en einer weiteren Studie Augste & Jaitner, stellen fest: „dass Mädchenfussball, der im Lehrplan nicht als verpflichtender Unterrichtsinhalt erhalten ist, tatsächlich noch eher selten an Realschulen unterrichtet wird" (Augste & Jaitner, 2010). Ein erstaunliches Ergebnis dieser Studie ist z.B., dass Lehrerinnen die selbst Fußball spielen oder gespielt haben, im Schnitt, kein einziges Mal Fußball im Stunden Hauptteil unterrichten. Lehrerinnen deren Kinder Fußball spielen und deren Fußballinteresse aus passivem Konsum von Grossereignissen entstanden ist, unterrichten es häufiger als selbst aktive Spielerinnen, so die Ergebnisse dieser Untersuchung.

Fußball für Mädchen gehört auch bis zum heutigen Tag keineswegs zur gängigen Alltagskultur von Mädchen. Gründe dafür liegen nach Sobiech (2007) in der Ko-Konstruktion der Kampfsportart Fußball mit veranschaulichter Männlichkeit bzw. in der gesellschaftlich bedingten, ästhetischen Stilisierung des weiblichen Körpers im sportweltlichen Kontext. Diese zeigt sich im Bereich der Sportspiele bevorzugt in der Angst vor dem Ball (Pfister, 2002), mangelnden Erlebnissen der eigenen körperlichen Kraft sowie fehlender Durchsetzungs- und Risikobereitschaft (Sobiech, 2002). Die Forschungsergebnisse zeigen deutlich, dass Ballspiele mit Körperkontakt und kämpferischen Auseinandersetzungen, auch in der schulischen Realität nach wie vor in überwiegend männlicher Hand sind.

Frauen werden schwächer, weniger mutig und weniger erfolgsorientiert wahrgenommen und entsprechend dieser Bewertung ausgegrenzt. Mädchen, die dabei sind, sich die Männerdomäne Fußball zu erobern, geraten, wenn es um ihr

Selbstbild, ihre soziale Rolle und ihre Außendarstellung geht, immer wieder in widersprüchliche Situationen, die die Entwicklung ihrer weiblichen Identität erschweren. Andererseits erleben und empfinden Fußball spielende Mädchen ihre eigene Stärke auch als etwas sehr Lustvolles und Erstrebenswertes (vgl. z.B. Kleindienst-Cachay & Kuzmik, 2006).

Mädchen stärken durch Fußballspielen

Dieses oben beschriebene Erleben kann allerdings nur hervorgelockt werden, wenn bei der Vermittlung des Fußballspiels in der Schule die Vorerfahrungen der Mädchen bedacht werden. Um den unterschiedlichen Sport(spiel)biographien und Motiven der Mädchen gerecht zu werden, hat es sich in der Praxis des geschlechtssensiblen Sportspielunterrichts bewährt, Spielerinnen nach dem Grad ihrer Erfahrung mit Fußball, zu unterscheiden und den Unterricht bzw. das Spielangebot entsprechend zu differenzieren (vgl. Kugelmann & Sinning, 2004). In der Gruppe der *Erfahrenen* gibt es meist die leistungsorientierten Mädchen, die in Wettkampfrunden mitspielen und den Erfolg suchen. Es gibt auch leistungsstarke aber weniger erfolgsorientierte Mädchen, die sich vor allem Spielspaß und Kontakte mit der Peer-group wünschen. Die Gruppe der *Unerfahrenen*, d. h. derjenigen, die erst spät oder noch gar nicht zum Fußball gefunden haben, ist im Schulsport sowie im breitensportorientierten Angebot der Ganztagsschule und des Vereins sehr groß. Sie ist oft Quelle von Konflikten und Lehr-Lern-Problemen. In dieser Zielgruppe gibt es eine relativ hohe Anzahl derer, die dem sportlichen Spielen mit dem Ball, speziell dem Fußball *ablehnend* gegenüber „stehen“, sei es wegen frustrierender Erlebnisse im Schulsport oder weil sportbetontes Spielen mit dem weiblichen Selbstbild und den bisherigen Erfahrungen ihrer Sozialisation wenig vereinbar zu sein scheint. Angst vor dem Neuen, Fremden und vor Misserfolg bestimmt die Haltung der Fußballspielverweigerer.

Diese unterschiedlichen Erfahrungsstufen charakterisieren meist das Bild von Mädchenteams im Schulsport oder im Anfängerbereich des Vereins und fordern von den Lehrpersonen ein hohes Maß an Geduld und Einfühlungsvermögen, aber auch an Fachkenntnis und Erfahrung. Unerfahrene Spielerinnen scheinen aus Expertensicht zahlreiche unproduktive Spielhandlungen hervorzubringen. Dies spiegelt sich in folgenden von den Lehrpersonen wahrgenommenen Handlungen wider: sie bewegen sich desorientiert auf dem Spielfeld, sie bewegen sich ungewöhnlich, sind ineffektiv im Umgang mit dem Ball und unentschlossen beim Torschuss. Von den Mädchen selbst wird das Spiel sehr oft wahrgenommen: als Chaos, anstatt Ordnung und Muster, als eine Quelle für Misserfolge, anstatt als Chance für Erfolgserlebnisse und als fremde Erfahrung in ihrer bisher vermutlich weiblich geprägten Sozialisation. Diese Beispiele verdeutlichen, dass ein isoliertes Einüben idealtypischer Bewegungsabläufe in geschlossenen Übungsprogrammen – wie es häufig im Sportunterricht der Fall ist – gerade bei Anfängerinnen höchst problematisch ist (vgl. Loibl, 2001). Die vorangegangenen Überlegungen sind hilfreich, wenn es darum geht, die pädagogische Perspektive des Empowerment in die Schulsportpraxis umzusetzen.

Empowerment

Was bedeutet Empowerment ganz allgemein und wie kann es im Schulsportalltag umgesetzt werden? Von Empowerment, einem Begriff aus der Sozialpsychologie, der im Zusammenhang mit Gesundheit und geschlechtsorientierter Jugendarbeit zunehmende Bedeutung erlangt hat, spricht man, wenn Menschen nicht nur individuell in ihrer persönlichen und sozialen Entwicklung gestärkt werden, sondern darüber hinaus auch Kompetenzen erwerben, die es ihnen ermöglichen, sich in gesellschaftliche und kulturelle Prozessen teilhabend und gestaltend einzubringen. Die damit verbundene Bereicherung des Lebens trägt wiederum zu mehr Zufriedenheit und zur Stärkung allgemeiner Ressourcen bei (vgl. Zimmermann, 2000). Das Empowerment-Konzept gehört mittlerweile zum Standard in der alltäglichen sozialen Arbeit. Ganz allgemein visiert die Sportpädagogik des Empowerments ein Menschenbild, welches die Person, in unserem Fall die Mädchen, als handelndes Subjekt betrachtet. Das Bewegungsverständnis hat subjektive Bedeutung und soll als „zur Welt in Aktion sein" verstanden werden.

Vor diesem Hintergrund leuchtet es ein, dass das Empowerment-Konzept als mutmachende Praxis zu verstehen ist. Es unterstützt die Mädchen bei ihrer Suche nach Selbstbestimmung und autonomer Lebensenergie und bietet ihnen Ressourcen an, mit deren Hilfe sie eigene Lebenswege und Lebensräume auch eigenbestimmt bewältigen und gestalten können (vgl. Diketmüller, 2010).

Die Bedeutung des Empowerment im Bereich des Sportspiels, speziell des Fußballsports, kann in unterschiedliche Ebenen eingeteilt werden. Auf *personeller Ebene* bedeutet Empowerment: Potentiale entfalten, sich bewegen und spüren können. Auf der sozialen Ebene: zu einer Gruppe dazugehören und mitspielen können und auf der gesellschaftlichen Ebene bedeutet Empowerment das Profitieren von Ressourcen und die Teilhabe an einer kulturell gewachsenen Sportart. Empowerment bedeutet aber auch Spielräume der Identität nutzen und diese gegebenenfalls auszuweiten und starke Vorbilder zu haben, beziehungsweise sich zu schaffen. Durch die Vermittlung des Fußballsports können diese Potentiale entfaltet werden. Doch warum gerade Fußball? Was sind die Besonderheiten und Stärken dieses Sportspiels? Die Antworten liegen auf der Hand, Fußball hat einen hohen Aufforderungscharakter und ist eine so genannter „Trendsport" für Mädchen, es ist eine einfache Spielidee, eine Männerdomäne in Bewegung, wo es sich lohnt an den vorhandenen Ressourcen beteiligt zu sein. Fußball bietet einen Identitätsspielraum für Weiblichkeit und Fußball geniesst in Deutschland eine hohe gesellschaftliche Bedeutung (vgl. dazu ausführlich Kugelmann & Weigelt-Schlesinger 2009).

Leitlinien zur Gestaltung von Spielangeboten in der Schule

Um Mädchen (vor allem Fußballanfängerinnen) für ein gelingendes Spielerlebnis fit zu machen, muss die Vermittlung spielerischer Fähigkeiten und Fertigkeiten an den (oft misserfolgsgeprägten) *Vorerfahrungen* der Mädchen anknüpfen und in Zusammenhang mit realistischen Spielsituationen gebracht werden. Eine unabdingbare Voraussetzung für gelingendes Spielen ist zudem, dass Spielerinnen sich auf dem Spielfeld orientieren lernen – dass sie wahrnehmen, wo freie Räume nutzbar sind, um sich freizulaufen und anspielen zu lassen; dass sie gleichzeitig wissen, wo sich der Ball, die Mitspielerin, die Gegenspielerin und das Ziel, das Tor, befinden; dass sie das eigene Verhalten – laufen, stehen bleiben, abspielen, oder dribbeln – an diesen aktuellen Gegebenheiten ausrichten. Das heißt während des Spiels wahrnehmen, entscheiden und handeln lernen. Die Erfahrung, solche Spielaufgaben erfolgreich bewältigen zu können, enthält letztlich die Chance, das Selbstbewusstsein der Mädchen, im Sinne des Empowerment, zu stärken und zu entwickeln. Grundsätzlich sollten die folgenden Leitlinien, Ziele, Themen und Methoden auch für den Sportunterricht mit Jungen gelten, wenn dieser denn als pädagogische Inszenierung verstanden und gestaltet wird. Jungen sind jedoch auf Grund ihrer Sozialisation eher in der Lage, die Charakteristika der herrschenden Sportkultur – eindimensionale Leistungsorientierung, Erfolgsprinzip, Techniktraining vor Spielerfahrung – zu kompensieren, weil diese Phänomene einer männlichen Bewegungstradition ihre eigene Identität stärken und nicht verunsichern, wie das bei den Mädchen oft der Fall ist.

Die Leitlinien für eine sinnvolle Gestaltung von Spielangeboten können wie folgt zusammengefasst werden (siehe dazu ausführlich: Kugelmann & Weigelt-Schlesinger, 2009):
- Adressatengruppen analysieren,
- Stärken und Schwächen konstruktiv bearbeiten,
- Mitgestalten ermöglichen,
- Themenschwerpunkt und Sinn setzen,
- Spielen von Anfang an,
- Zu außerunterrichtlichen Angeboten ermutigen.

Die Durchführung der jeweiligen Unterrichtsstunden orientiert sich an den dargelegten Leitlinien. Der angestrebte Vermittlungsprozess wird durch folgende Bausteine der Unterrichtsgestaltung bzw. Methoden umgesetzt:
- Problemorientierung, genetisch lehren und lernen,
- Machen und Denken,
- Stationsbetrieb/Gruppenpuzzle,
- Kooperatives Lernen,
- Patenschaften.

Empfohlen wird dabei den Unterricht als Prozess von Lehren und Lernen zu entwickeln – vergleichbar mit einem Theaterstück. Beispiele für bestimmte Themen in Unterrichtsstunden sind z.B.:

- Miteinander Spielen,
- Um den Ball kämpfen,
- Dribbelnd Raum gewinnen,
- Sich den Ball „einverleiben",
- Das Spiel „lesen",
- Sich zum Tor durchsetzen und Tore erzielen,
- Kämpfen um Ball und Raum.

Es ist angeraten auch den Umgang mit den Fußballregeln in folgender Art und Weise zu vermitteln:

- Regeln im Spielzusammenhang verstehen und kennen,
- Regeln je nach Spielsituation und Spielthema/Spielabsicht verändern,
- Personalregel: Kleine Teams – führt zu Übersichtlichkeit,
- Geräteregel: Verschiedene Bälle – führt zur Vielfalt von Bewegungserfahrungen,
- Geräteregel: „offene Ziele" – führt zu kraftvoll und erfolgreich schießen,
- Handlungsregel: Kein Dribbling – führt zu Übersicht gewinnen.

Zusammenfassung und Ausblick

Die Entwicklung des Fußballsports für Mädchen in der Schule bzw. in Kooperation mit dem Sportverein steht immer auch im Zusammenhang mit der gesellschaftlichen Entwicklung der Geschlechterverhältnisse und der Entwicklung des Fußballsports für Mädchen und Frauen in Deutschland. Demnach sind Richtlinien und Lehrpläne nur sehr selten von sich aus innovative Instrumente oder gar Trendsetter. Sie folgen fast immer gesellschaftlichen, bildungspolitischen, fachwissenschaftlichen Entwicklungen nach, springen dann gern auf den sich abzeichnenden neuen Zug. Welcher Kultusminister will schon einen „unmodernen" Lehrplan haben? Im Sportunterricht wird die lebensweltliche Sportkultur von „draußen" nach und nach von den Mädchen selbst erschlossen.

Doch gerade die Kompetenz der Lehrpersonen ist bei der Vermittlung des Fußballspiels in der Schule eine wichtige Voraussetzung, um mit den Mädchen individuelle Stärken herausarbeiten zu können. Diesbezüglich spielt die Vorbildwirkung der Lehrperson eine nicht zu unterschätzende Rolle.

Das hier kurz angerissene Konzept des Empowerment in Verbindung mit den sportspieldidaktischen Leitideen für die Praxis des Schulalltags, stellt sich der geschilderten Situation im Schulalltag entgegen und löst sich mehr und mehr von einem defizitorientierten Ansatz. Der Weg führt hin zu einer Pädagogik der Vielfalt. Das individuelle Herausarbeiten von Stärken und Ressourcen bei bestmöglicher Selbstbestimmung ist Ziel des Konzepts. Dies verlangt aber auch gut ausgebildete und entsprechend sensibilisierte Lehrpersonen, denen die Aufgabe zukommt geeignete Rahmenbedingungen für Erfahrungen bereitzustellen, gemachte Erfahrungen im Umgang mit dem Fußball zu reflektieren ohne sie zu bewerten und Ressourcen aufzuzeigen (Rauw, 2001). Dies scheint die grösste Herausforderung bei der Vermittlung des Fußballsports für Mädchen (speziell Spielanfängerinnen) in der Schule zu sein. Die WM 2011 hat sich für eine Auseinandersetzung mit der Thematik sehr gut angeboten. Doch gerade auch die nachhaltige Wirkung über dieses Großereignis hinaus sollte – aus sportpädagogischer, geschlechtersoziologischer und auch historischer Perspektive – vielfältige Chancen gerade (aber nicht nur) für Mädchen bieten, spannende Spiele zu verfolgen, Vorbilder kennen zu lernen und zum aktiven Fußballspielen angeregt zu werden. Deshalb ist es wichtig, Mädchen und jungen Frauen die Möglichkeit zu eröffnen, als fachkundige Spielerin, Zuschauerin und Gesprächspartnerin von anderen Fußballfans auch über diverse Fußballgroßereignisse hinaus, an der Fußballwelt teilzuhaben. Gerade der Schulsport, auch speziell der Sportunterricht bietet, in diesem Zusammenhang sehr viele, allerdings bisher noch unausgeschöpfte Potenziale und eine wichtige Plattform.

Literatur und Quellen

Augste, C. & Jaitner, D. (2010). Die Verbreitung von Mädchenfußball in der Realschule. *Sportunterricht, 59*(9), 271-275.

Deutscher Fußball-Bund. Niederschrift über den 29. ordentlichen Bundestag des DFB am 26/27.10.1979 in Berlin, DFB-Archiv, Bundestag 1979.

Deutscher Fußball-Bund (Hrsg.) (1981). *Gebt den Mädchen eine Chance.* Frankfurt a.M.: Eigenverlag.

Deutscher Fußball-Bund (Hrsg.) (1992). *Mädchen spielen Fußball.* Frankfurt a.M.: Eigenverlag.

Deutscher Fußball-Bund (Hrsg.) (2011). *Alles, außer Abseits! DFB Frauen- und Mädchenfußball-Kongress 2010.* Greven: Philippka.

Deutscher Fußball-Bund Homepage. www.dfb.de, abgerufen am 10.10.2013.

Diketmüller, R. (2006). „Frauenfußball – ein Paradigmenwechsel?" In E. Kreisky & G. Spitaler (Hrsg.), *Arena der Männlichkeit. Über das Verhältnis von Fußball und Geschlecht* (S. 347-365). Frankfurt a.M.: Campus.

Diketmüller, R. (2009). „Gerne Mädchen sein" – ein vermeintlich traditionelles Ziel als Ausgangspunkt für ein modernes Mädchenbild im Sport/-unterricht? *Mädchen im Turnsaal, 1,* 6-10.

Diketmüller, R. (2010). Mädchenarbeit und Empowerment. *Mädchen im Turnsaal, 9,* 6-10.

www.empowerment.de, abgerufen am 10.10.2013.

Flassig, M. (2010). *Fußballspielen als Herausforderung und pädagogische Chance für den Sportunterricht mit Mädchen. Fünf Unterrichtsbeispiele aus zwei 7. Klassen Mädchen (Gymnasium).* Unveröffentlichte Zulassungsarbeit. Universität Erlangen-Nürnberg.

Gramespacher, E. (2008). Schule, Geschlecht und Schulsport. In I. Hartmann-Tews & B. Rulofs (Hrsg.), *Handbuch Sport und Geschlecht* (S. 190-199). Schorndorf: Hofmann.

Gildemeister, R. (2011). Jenseits von Gleichheit und Differenz? Ausdifferenzierung analytischer Perspektiven in Theorien zur sozialen Konstruktion von Geschlecht. In Voss, A. (Hrsg.), *Geschlecht im Bildungsgang – Orte formellen und informellen Lernens von Geschlecht im Sport* (S. 11-28). Hamburg: Czwalina.

Hessling, K. (1896). Das Mädchenturnen in der Schule. Berlin.

Holzweg, M., Schlapkohl, N. & Raab, M. (2009). Perspektiven für Mädchenfußball im Schulsport. In U. Frick (Hrsg.). *Fußball in Schule und Verein – Eine Herausforderung für Forschung und Lehre* (S. 115-120). Hamburg: Czwalina.

Huber, M. (2008). *Mädchen entdecken Fußball als Ihr Spiel! Ein Lehrgang für Hauptschülerinnen im ländlichen Bereich – eine empirische Feldstudie in Kooperation mit Schule und Verein.* Unveröffentlichte Diplomarbeit. Universität Erlangen-Nürnberg.

Kleindienst-Cachay, C. & Kuzmik, C. (2006). Fußballspielen und psychosoziale Entwicklung türkisch-muslimischer Mädchen. Ergebnisse einer Interviewstudie. *Betrifft Mädchen 19*, 4, 159-164.

Kolb, M. (2009). Hinweise zur Vermittlung von Spielen. Spiele unter Beachtung weniger Regeln erfolgreich einführen. *Sport & Spiel, 9* (4), 44-46.

Kugelmann, C. (2010). Mädchen und Bewegung. Weibliche Teilhabe am Sport – zwischen Tradition und Fortschritt. In M. Matzner & I. Wyrobnik (Hrsg.), *Handbuch Mädchenpädagogik* (S. 349-360). Weinheim/Basel: Beltz-Verlag.

Kugelmann, C. & Möhwald, M. (2006). *Begleitstudie zum DFB Mädchenfußball-Programm.* Unveröffentlichter Projektbericht. Universität Erlangen-Nürnberg.

Kugelmann, C. & Sinning, S. (Hrsg.). (2004). Mädchen spielen Fußball. *Sportpädagogik, 28* (3), 4-12.

Kugelmann, C. & Weigelt, Y. (2006). Fußballevents (Basisartikel). *Sportpädagogik, 30* (3), 5-7.

Kugelmann, C. & Weigelt-Schlesinger, Y. (2009). *Mädchen spielen Fußball – Ein Fußballkurs für Spielanfängerinnen in Schule und Verein.* Schorndorf: Hofmann.

Kurz, D. (2007). Fußball für Mädchen in der Schule. In G. Gdawietz & U. Kraus (Hrsg.), *Die Zukunft des Fußballs ist weiblich. Beiträge zum Frauen- und Mädchenfußball* (S. 108-126). Aachen: Meyer&Meyer.

Loibl, J. (1991). Den Blick lenken, um zu sehen. *Sportpädagogik,* Seelze 1990, Heft 1, 21-29.

Loibl, J. (2001). Basketball: Genetisches Lehren und Lernen. Schorndorf: Hofmann.

Meier, M. (2007). Über Bubenfranzösisch, Mädchenmathematik und Kinderfußball. In *BASPO, Bundesamt für Sport: „Schule bewegt", Täglich mehr Bewegung in der Schule, 2007/08,* S. 30-31. Magglingen: BASPO.

Pfister, G. (2002). Ist Spielen Männersache? In K. Ferger, N. Gissel & J. Schwier (Hrsg.), *Sportspiele erleben, vermitteln, trainieren. 2. Sportspiel-Symposium der dvs von 04.-06.10.2000 in Giessen* (S. 71-92). Hamburg: Czwalina.

Rauw, R. (2001). „Was ich will" – Zur Weiterentwicklung der Mädchenarbeit. In: R. Rauw & I. Reinert (Hrsg.), *Perspektiven der Mädchenarbeit* (S. 29-48). Opladen: Leske+Budrich.

Rössler, J. (2009). Mädchen kicken anders. Kooperation statt Wettkampf. *Sport & Spiel, 9* (4), 18-23.

Sobiech, G. (2002). Gleicher Raum für alle? Aneignung von „Sport-Spiel-Räumen" im Spiegel von Klasse und Geschlecht. In *Forum Wissenschaft: Sport – Politik – Bewegung.* Nr. 2, April 2002, 19. Jg., S. 14-18.

Sobiech, G. (2007). Zur Irritation des geschlechtstypischen Habitus in der Sportspielpraxis: Frauen spielen Fußball. In I. Hartmann-Tews & B. Dahmen (Hrsg.), *Sportwissenschaftliche Geschlechterforschung im Spannungsfeld von Theorie, Politik und Praxis* (S. 25-36). Jahrestagung der dvs-Kommission Geschlechterforschung vom 09.-11.11.2006 in Köln. Hamburg: Czwalina.

Weigelt-Schlesinger, Y. & Kugelmann, C. (2009). Die Freude am Fußballspielen entdecken. Eine Chance für Mädchen im Sportunterricht. *Bewegungserziehung, die Zeitschrift für Bewegung und Sport in Schulen und Vereinen,* 63 (2), 15-19.

Zimmerman, M. A. (1995). Psychological empowerment: Issues and illustrations. *American Journal of Community Psychology,* 23, 581-599.

Zimmermann, M. A. (2000). Empowerment Theory. Psycholgical, Organizational and Community Levels of Analysis. In J. Rappaport & E. Seidman (Eds.), *Handbook of Community Psychology* (S. 43-63). New York: Kluwer Academic/Plenum Publishers.

Nina Stecher

Was wissen Realschülerinnen über Fußball?
Eine Umfrage zu Einstellungen
und Erfahrungen

Fußball ist die beliebteste Sportart der Deutschen. Diese Aussage bestätigt auch die „Rangliste der deutschen Spitzenverbände" des DOSB. Der Deutsche Fußball-Bund (DFB) ist mit über 6,7 Millionen Mitgliedern der größte Sportverband Deutschlands. Im Vergleich zum Jahr 2011 sind 2012 sogar noch einmal 50.000 Mitglieder dazu gekommen (vgl. DFB, 2013).

Von den 6,7 Millionen Mitgliedern sind etwas mehr als eine Million Mädchen und Frauen (vgl. DFB, 2013). Hatte der FIFA-Präsident Joseph Blatter also Recht, als er 1999 sagte: „Die Zukunft des Fußballs ist weiblich"? Mehr als zehn Jahre nach Blatters Prophezeiung scheint diese Zukunft in Anbetracht der steigenden weiblichen Mitglieder und der zahlreichen Erfolge der deutschen Frauen-Nationalmannschaft ein Stück näher gerückt zu sein. Auch wenn der Damenfußball, wie er bis 1995 genannt wurde, heute noch weit weniger Anerkennung als der Männerfußball genießt, ist er dennoch erfolgreich. Die deutsche Frauen-Nationalmannschaft entschied neben sieben EM-Titeln die Fußball-Weltmeisterschaften 2003 und 2007 für sich und versuchte 2011 vergeblich den Titel im eigenen Land zu verteidigen. Dass es zu solchen Erfolgen kommen konnte, war nicht immer selbstverständlich. Bis 1970 war der Frauenfußball in Deutschland noch offiziell verboten. Nur aufgrund des stetig steigenden Interesses von Frauen am Fußball hob der DFB das Verbot endlich auf und es wurde 1982 die Frauenfußball-Nationalmannschaft ins Leben gerufen, die heute zu den Top-Mannschaften der Welt zählt (vgl. Hennies & Meuren, 2009; Pfister, 2006). Der Erfolg, den der Frauenfußball in Deutschland zu verzeichnen hat, zeigt sich auch durch ein zunehmendes Interesse am Fußball im Schulsport für Mädchen.

Dieser Beitrag stellt einen Auszug aus einer empirischen Studie vor, die im Zuge der Frauenfußball-WM 2011 durchgeführt wurde. Sie gibt einen Einblick, wie Realschülerinnen aus Baden-Württemberg den Fußball allgemein sehen, was sie über Frauenfußball wissen und wie sie Fußball als Sportart im Sportunterricht wahrnehmen.[1]

---

1 Dieser Beitrag bezieht sich auf die Ergebnisse der Wissenschaftlichen Hausarbeit von Nina Stecher im Fach Sport an der Pädagogischen Hochschule Ludwigsburg aus dem Jahr 2011.

Empirische Studie

Um ein möglichst breites Altersspektrum zu erfassen, wurden wenige Wochen vor der Frauenfußball-WM 2011 Mädchen der Klassenstufen 6, 8 und 10 einer Stuttgarter Realschule schriftlich befragt.[2] Insgesamt nahmen 58 Schülerinnen an der Befragung teil, davon 17 aus der Klassenstufe 6, 14 aus der Klassenstufe 8 und 27 aus der Klassenstufe 10. Etwa 80 Prozent der befragten Schülerinnen haben einen Migrationshintergrund. Während der Befragung war die Autorin anwesend, um eventuell auftretende Fragen beantworten zu können. Somit konnte auch sichergestellt werden, dass alle Fragebögen abgegeben wurden. Zusätzlich wurde noch die Sportlehrerin, die alle Klassen unterrichtet, in einem Interview zur Rolle des Fußballs in ihrem Sportunterricht mit Mädchen befragt. Ihre Aussagen gehen in die Diskussion mit ein. Es soll noch angefügt werden, dass in Baden-Württemberg der Sportunterricht in einigen Jahrgängen geschlechtlich getrennt stattfindet. An der hier untersuchten Schule war dies in den Klassen 5 bis 8 der Fall.

Im Folgenden werden die Ergebnisse der Fragen wiedergegeben, die sich auf (Frauen)Fußball beziehen. Im Rahmen der Studie gab es eine Reihe von allgemeinen Fragen zum Sportverhalten der Schülerinnen und zu ihrem Sportunterricht, die aber hier nicht von Bedeutung sind. Bei den Fragen ging es erst allgemein um den Fußballsport und dann speziell um Fußball im Sportunterricht. Zudem wurde Bezug zur anstehenden Frauenfußball-WM 2011 genommen. Bei einigen Fragen waren Mehrfachnennungen möglich, was sich an den Angaben zeigt, die zum Teil die absolute Anzahl der Schülerinnen übersteigen. Es kam gelegentlich vor, dass keine Angaben zu Fragen gemacht wurden. Die Zahlen in den Klammern geben die Anzahl der Antworten wieder.

Zitate der Schülerinnen wurden wörtlich übernommen, d.h. Rechtschreib- und Grammatikfehler wurden nicht verbessert.

Auswertung der Umfrage

Es gab verschiedene Themenblöcke in der Umfrage: Fragen zum Fußball allgemein, wobei hier ein Bezug zum Männer- und Frauenfußball auf nationaler Ebene hergestellt wird, zum eigenen Fußballspielen und dem Fußball im Sportunterricht.

---

2 Von der Befragung der Klassenstufe 5 wurde abgesehen, weil diese noch zu wenig Erfahrung mit dem Sportunterricht an der Realschule gemacht hat.

Fußball Allgemein

Frage: Verfolgst Du Fußballspiele im Fernsehen oder im Stadion?

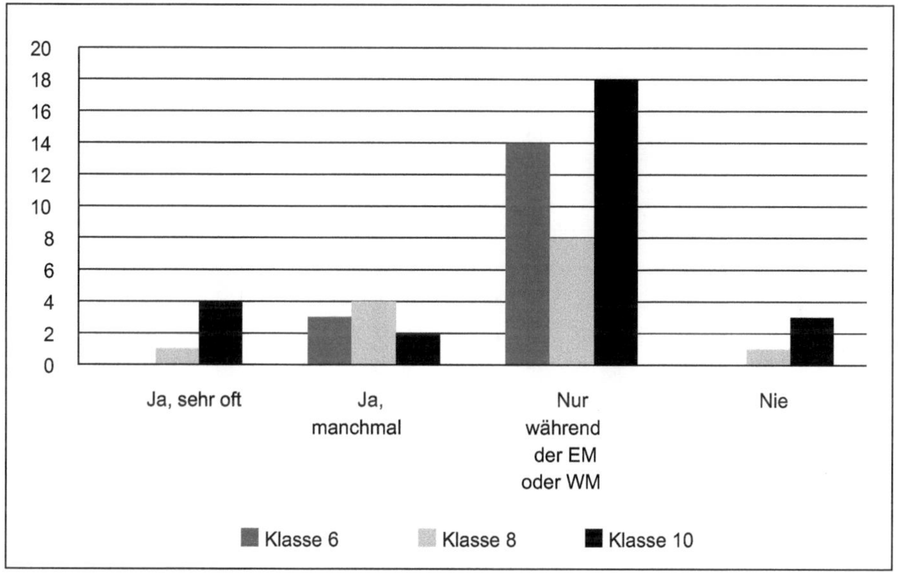

Abb. 1:   Interesse an Fußballspielen im Fernsehen oder im Stadion

Die Mehrheit der Schülerinnen aller Klassen schaut nur während Fußballgroßereignissen, wie Europa- oder Weltmeisterschaften Fußball. Drei Schülerinnen der sechsten Klasse gaben an, gelegentlich Fußballspiele im Fernsehen oder im Stadion zu verfolgen. 14 Schülerinnen schauen nur während der Europa- oder Weltmeisterschaften Fußball im Fernsehen. Eine ähnliche Verteilung fand sich in den höheren Klassenstufen wieder: Vier Schülerinnen der Klasse 8 verfolgen manchmal Fußballspiele im Fernsehen oder im Stadion, acht Schülerinnen hingegen nur während der Europa- oder Weltmeisterschaften. In der zehnten Klasse waren es vier Schülerinnen, die Fußballspiele im Fernsehen schauen oder das Stadion besuchen. Zwei Schülerinnen tun dies manchmal und 18 Schülerinnen gaben an, Fußballspiele nur während der Europa- oder Weltmeisterschaften zu verfolgen.

Auffällig ist, dass sich in allen Klassen nur eine geringe Anzahl an Schülerinnen findet, die überhaupt keinen Fußball schaut.

Frage: Welche Fußballregeln oder -begriffe kennst Du oder hast Du schon mal gehört?

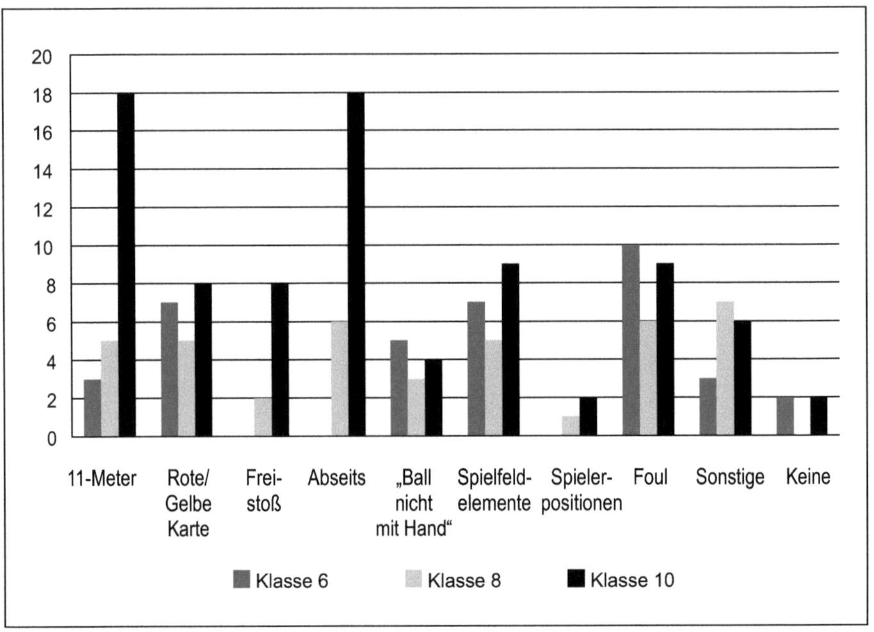

Abb. 2:   Angaben zu Fachtermini aus dem Fußballsport

Bei dieser Frage sollten die Schülerinnen selbst angeben, welche Fachausdrücke sie aus dem Fußball kennen. Am bekanntesten waren die Rote/Gelbe Karte und die Abseitsregel, die vor allem Schülerinnen der 10. Klassen kannten.

Zehn Schülerinnen der Klasse 6 nannten den Begriff „Foul", drei Schülerinnen den Begriff „11-Meter" und sieben die Gelbe oder Rote Karte. Weiteren fünf war die Regel, dass der Ball nicht mit der Hand berührt werden darf, bekannt und sieben Schülerinnen zählten Spielfeldelemente wie z.B. die Mittellinie oder den Pfosten auf. Drei Schülerinnen führten die Begriffe Flanke, Halbzeit und „Olé" auf, die in keine Kategorie eingeordnet werden können. Zwei Schülerinnen schrieben keine Begriffe auf.

Je sechs Schülerinnen der Klasse 8 nannten den Begriff „Foul" oder „Abseits", je fünf Schülerinnen „11-Meter" oder die Gelbe oder Rote Karte. Weitere drei erwähnten die Regel, dass der Ball nicht mit der Hand berührt werden darf und fünf Schülerinnen zählten Spielfeldelemente auf. Die Begriffe „Olé", Schwalbe, Einwurf, Aus, Anpfiff oder Abpfiff, die in keine Kategorie eingeordnet werden konnten, kamen von sieben Schülerinnen. Zwei erwähnten den „Freistoß" und eine nannte Spielerpositionen, wie z.B. Stürmer oder Torwart. Alle Schülerinnen konnten mindestens einen Begriff auflisten.

Je 18 Schülerinnen der Klasse 10 führten den Begriff „11-Meter" oder „Abseits", je acht Schülerinnen gaben „Freistoß" oder die Gelbe oder Rote Karte an, je neun „Foul" oder Spielfeldelemente. Weitere vier nannten die Regel, dass der Ball nicht mit der Hand berührt werden darf und zwei Schülerinnen zählten Spielerpositionen auf. Sechs weitere Begriffe konnten in keine Kategorie eingeordnet werden. Diese decken sich zum Großteil mit den Begriffen der Schülerinnen aus den Klassenstufen 6 und 8. Zwei Schülerinnen listeten keinen Begriff auf, und ein Mädchen schrieb, dass sie alle Begriffe und Regeln kenne, weil sie selbst Fußball spiele.

Auffallend ist hier, dass die Schülerinnen aller drei Klassenstufen, bis auf wenige Ausnahmen, das Wort Pfosten „Fosten" und das Wort Foul „Faul" schrieben. Insgesamt vier Schülerinnen nannten den Begriff „Auszeit" und zwei Schülerinnen schrieben „Ausseits".

Frage: Umkreise die Regeln/Begriffe aus der vorhergehenden Frage, die Du auch erklären kannst.
Auch bei dieser Frage ging es um das Verständnis von Fachausdrücken.

Fünf Sechstklässlerinnen konnten alle zuvor angegebenen Begriffe erklären. Einige Schülerinnen umkreisten nur einzelne Begriffe, wie z.B. Foul (1), Gelbe/ Rote Karte (1) und Tor (1). Fünf Schülerinnen markierten nichts. Eine Schülerin konnte „11-Meter" nicht erklären.

In Klassenstufe 8 konnte eine Schülerin alle angegebenen Begriffe erklären. Drei weitere Schülerinnen konnten nur den Begriff „Abseits" nicht erklären. Drei Mal wurden nur einzelne Begriffe wie Abseits, Einwurf und „11-Meter" umkreist. Fünf Schülerinnen umkreisten gar keine Begriffe. Zwei Mal waren Foul und je einmal die Rote bzw. Gelbe Karte oder Freistoß unbekannt.

Die Ergebnisse der Zehntklässlerinnen zeigten, dass diese eine bessere Kenntnis als die Schülerinnen der Klasse 8 haben: Sieben Schülerinnen gelang es alle genannten Begriffe zu erklären und weitere zwei konnten bis auf den Begriff „Abseits" alle erläutern. Weitere markierte Begriffe waren: Gelbe/Rote Karte (1), Foul (1) und Abseits (1). Acht Mädchen umkreisten keinen Begriff. Zwei Schülerinnen konnten die Abseitsregel nicht erklären. Weitere Schülerinnen konnten die Begriffe Foul (1), „11-Meter" (1) und Strafraum (1) nicht erklären.

Frage: Kannst Du Fußballspieler der deutschen Nationalmannschaft oder der Ersten Bundesliga nennen? Wenn ja, welche?

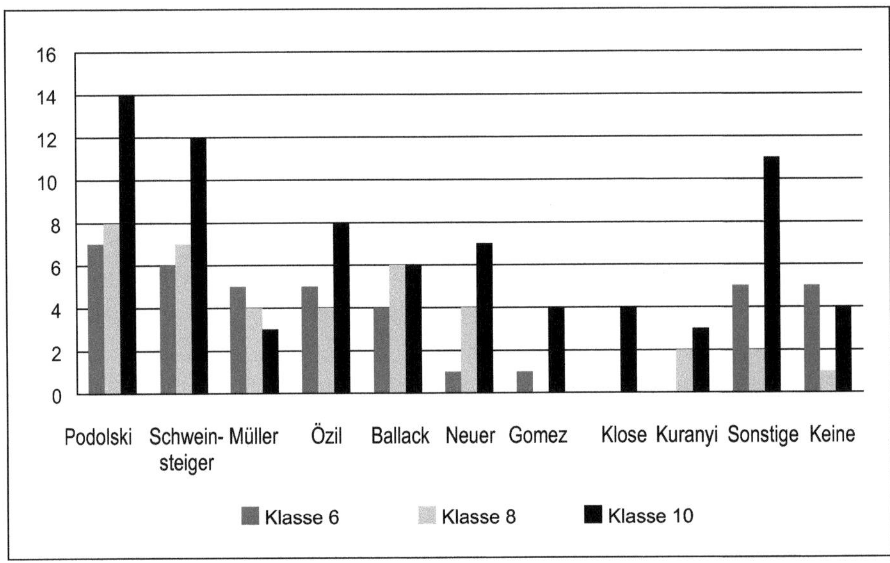

Abb. 3:   Namen von männlichen Fußballspielern

Auf diese Frage konnten die meisten Schülerinnen antworten. In den beiden sechsten Klassen wurden folgende Spieler genannt: Podolski (7), Schweinsteiger (6), Özil (5), Ballack (4), Müller (5), Neuer (1), Gomez (1). Fünf Schülerinnen nannten andere Fußballer und weitere fünf konnten keinen Spielernamen nennen.

Die Angaben sind mit denen der achten und zehnten Klassen fast identisch. Allerdings nannten in der achten Klasse zwei Schülerinnen keinen Namen und in der zehnten Klasse waren dies vier. Zwei Schülerinnen führten andere Fußballer auf und eine keinen.

Frage: Welche Fußballspielerinnen der deutschen Nationalmannschaft oder Ersten Bundesliga kennst Du?
Von den 58 befragten Schülerinnen konnten nur zwei Schülerinnen der 10. Klasse je eine Fußballspielerin der deutschen Nationalmannschaft oder der Ersten Bundesliga beim Namen nennen. Es wurden Birgit Prinz und Steffi Jones aufgezählt. Letztere allerdings mit einem Fragezeichen versehen. Den Schülerinnen aus den anderen Klassenstufen waren keine Fußballspielerinnen bekannt.

Frage: Dieses Jahr wird die Frauenfußball-WM in Deutschland stattfinden. Wusstest Du davon und wirst Du die Spiele verfolgen?

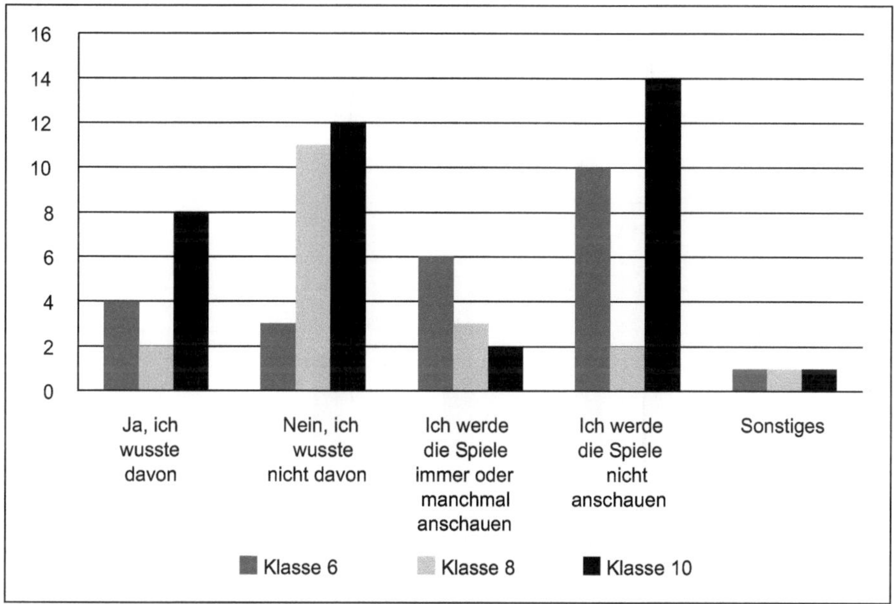

Abb. 4: Angaben zum Wissen über die Frauenfußball-WM 2011 und Interesse daran

Vier Schülerinnen der sechsten Klasse wussten, dass die Frauen-WM 2011 in Deutschland stattfinden würde. Drei Mädchen gaben an keine Ahnung davon zu haben. Sechs Schülerinnen beabsichtigen die Spiele immer oder manchmal anzuschauen, zehn dagegen zeigten kein Interesse daran. Eine Schülerin antwortete unter der Kategorie „Sonstiges" mit „Keine Lust".

In der Klasse 8 wussten noch weniger Schülerinnen über die Frauen-WM in Deutschland Bescheid. Zwei konnten die Frage bejahen, elf Mädchen hatten keine Kenntnis davon. Drei Schülerinnen hatten vor die Spiele immer oder manchmal anzuschauen, zwei Schülerinnen wollten die WM nicht verfolgen. Eine Schülerin antwortete unter „Sonstiges": „Dieses Jahr ist keine WM! Nur jede 4 Jahre und letztes Jahr war sie!"

Auch in der zehnten Klassenstufe waren es mehr Schülerinnen (12), die nichts von der Durchführung der WM in Deutschland wussten. Acht gaben an Kenntnis davon zu haben. Zwei Schülerinnen wollten die Spiele immer oder manchmal anschauen, 14 Schülerinnen nie. Eine Schülerin antwortete bei „Sonstiges", dass sie die Spiele vielleicht zufällig anschauen würde.

Eigenes aktives Fußballspielen

Frage: Hast Du schon einmal Fußball gespielt? Wenn ja, wo?

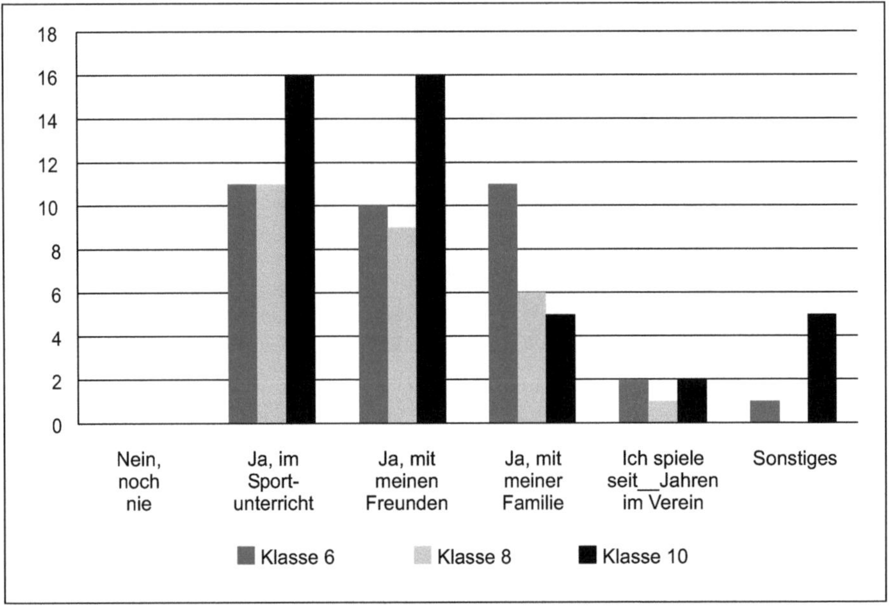

Abb. 5:   Angaben zum eigenen Fußballspiel

Alle Schülerinnen gaben an schon einmal Fußball gespielt zu haben. In der Klasse 6 wurde hier vor allem der Sportunterricht (11), Freunde (10) oder die Familie (11) angegeben. Zwei Schülerinnen spielen im Verein und eine weitere schrieb unter der Kategorie „Sonstiges", dass sie in der Grundschule mit Freunden gespielt habe. Die Verteilung bei den Mädchen der 8. Klasse war: Sportunterricht (11), Freunde (9) oder Familie (6). Eine Schülerin spielt seit zwei Jahren im Verein.[3] Bei den Zehntklässlerinnen wurden die Fußballerfahrungen vor allem im Sportunterricht (16), mit Freunden (16) oder der Familie (5) gemacht. Hier spielten zwei Schülerinnen aktiv seit mehreren Jahren im Verein, weitere drei waren ehemalige Vereinsspielerinnen.

---

3   Nach Angaben der Sportlehrerin waren am Tag der Befragung mehrere Vereinsspielerinnen der Klasse 8 abwesend.

Frage: Bist Du der Meinung Mädchen sollten Fußball spielen oder ist die Sportart nur für Jungen geeignet?

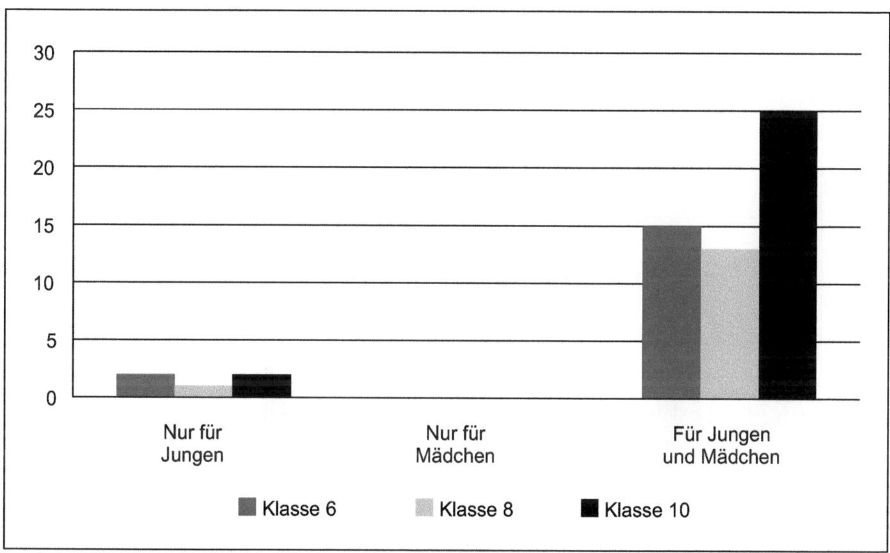

Abb. 6:   Eignung von Fußball für Mädchen und Jungen

Fast alle befragten Mädchen vertraten die Auffassung, dass Fußball eine Sportart für beide Geschlechter sei. Allerdings trifft man in den einzelnen Klassenstufen immer wieder auf die Meinung, dass es eine Sportart für Jungen sei. So meinten zwei Schülerinnen der 6. Klasse, dass nur Jungen Fußball spielen sollten. Als Begründung wurden angeführt, dass Mädchen empfindlicher seien als Jungen. Die Schülerin der achten Klasse, die Fußball als Jungensport ansah, argumentierte, dass man es daran sehe, dass viel mehr Jungen im Verein diesen Sport ausübten. In der zehnten Klasse war die Begründung zweier Schülerinnen, Fußball sei verletzungsträchtig und wirke sich negativ auf die weibliche Figur aus: „Es können auch Mädchen Fußball spielen, aber die die das machen bekommen eine hässliche Figur (Waden, blaue Flecken usw.)".

Fußball im Sportunterricht

Frage: Wie oft wird bzw. wurde im Sportunterricht Fußball gespielt?

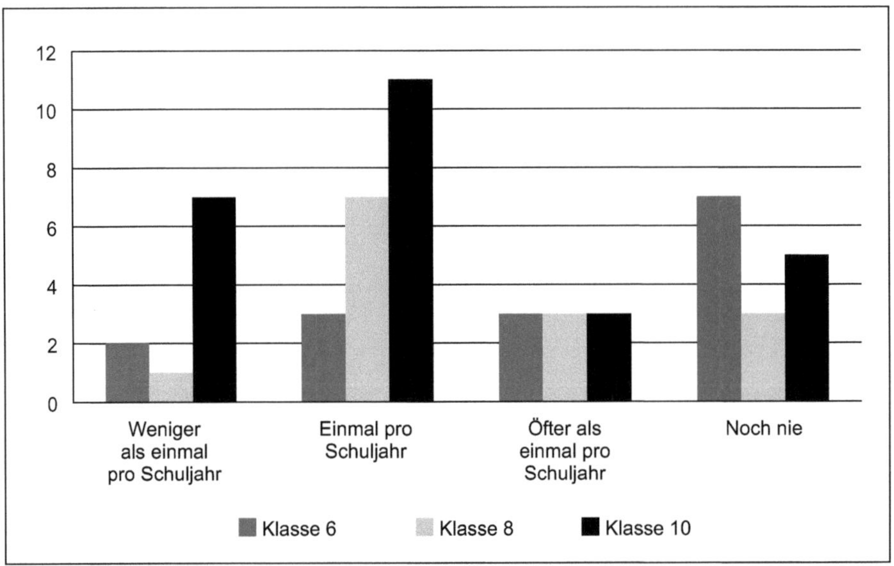

Abb. 7:   Häufigkeit von Fußball im Sportunterricht

Die Aussagen zur Häufigkeit des Fußballspiels im Sportunterricht waren innerhalb der einzelnen Klassenstufen unterschiedlich. So gaben zum Beispiel zwei Schülerinnen aus der sechsten Klasse an, weniger als einmal pro Jahr im Sportunterricht Fußball zu spielen, je drei meinten dagegen, dass dies einmal oder öfter als einmal pro Jahr der Fall sei. Sieben Schülerinnen vertraten die Auffassung noch nie im Sportunterricht Fußball gespielt zu haben.

Diese unterschiedliche Erinnerung oder Wahrnehmung zeigte sich auch in den anderen Klassen: Eine Schülerin der Klasse 8 gab an, weniger als einmal pro Jahr im Sportunterricht Fußball zu spielen, bei sieben weiteren war die Aussage einmal pro Jahr. Je drei Schülerinnen erinnerten sich daran öfter als einmal pro Schuljahr bzw. noch nie im Sportunterricht Fußball gespielt zu haben.

In der Klasse 10 waren es sieben Schülerinnen, die weniger als einmal pro Jahr im Sportunterricht Fußball spielten, elf, die einmal pro Schuljahr spielten. Drei meinten, dass sie öfter als einmal pro Jahr die Gelegenheit hätten Fußball im Sportunterricht zu betreiben. Fünf weitere gaben an, noch nie diesen Sport im Unterricht gespielt zu haben.

Frage: Wann spielt Ihr im Sportunterricht Fußball?

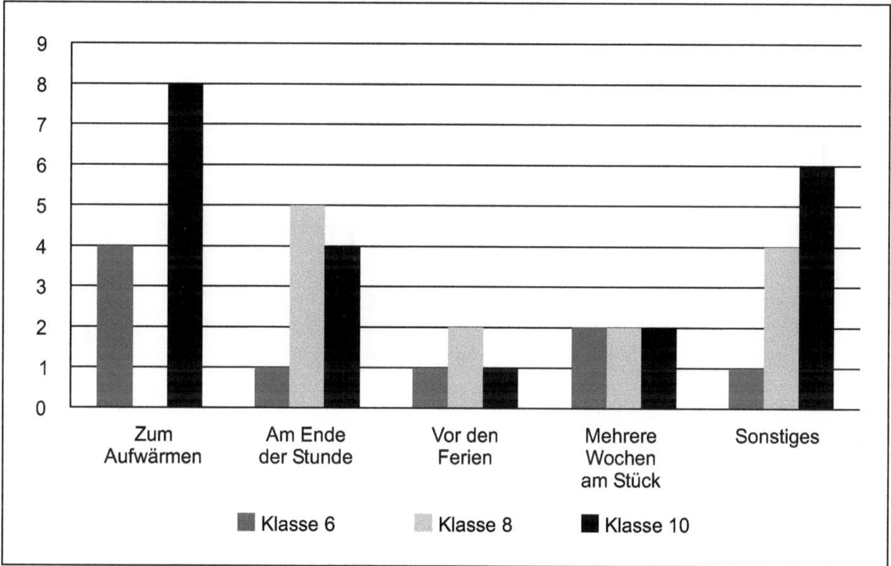

Abb. 8: Zeitpunkt des Fußballspielens im Sportunterricht

Laut den Angaben dieser Schülerinnen wird Fußball nur selten über mehrere Wochen im Sportunterricht durchgeführt. In jeder Klassenstufe konnten dies nur zwei Schülerinnen beobachten. Dagegen scheint es vor allem in Klasse 10 eine Sportart zum Aufwärmen zu sein, wie zehn Schülerinnen angaben. Laut den Erfahrungen von fünf Schülerinnen in Klasse 8 wird Fußball auch am Ende der Stunde gespielt. Dies deckt sich allerdings nicht mit der vorgehenden Frage, bei der es um die Häufigkeit ging.

Frage: Beschreibe den Sportunterricht, wenn Fußball gespielt wird.

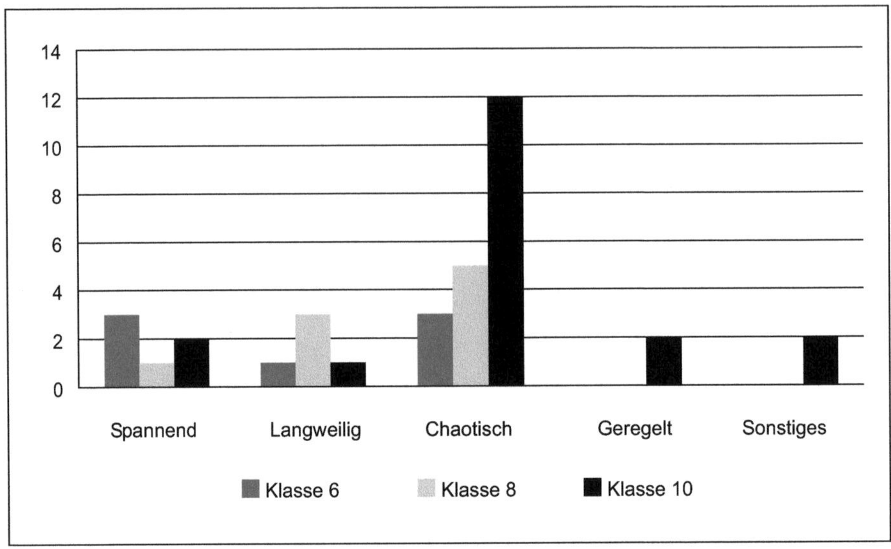

Abb. 9:   Beschreibung des Sportunterrichts, wenn Fußball gespielt wird

Bei dieser Frage waren bestimmte Charakteristika für die Beschreibung des Sportunterrichts vorgegeben. Je drei Schülerinnen der Klasse 6 fanden Fußball im Sportunterricht spannend oder chaotisch, ein Mädchen kreuzte langweilig an. Die restlichen Antworten konnten nicht gewertet werden, da die Schülerinnen widersprüchliche Antworten, wie etwa „Spannend" und „Langweilig" oder „Chaotisch" und „Geregelt", ankreuzten.

Eine Schülerin der Klasse 8 fand Fußball im Sportunterricht spannend, drei fanden ihn langweilig und fünf chaotisch. Auch in dieser Klassenstufe konnten die Antworten teilweise nicht gewertet werden, da die Schülerinnen widersprüchliche Antworten gaben.

Je zwei Schülerinnen der Klasse 10 fanden Fußball im Sportunterricht spannend oder geregelt, ein Mädchen empfand ihn als langweilig. Für zwölf Schülerinnen ist Fußball im Sportunterricht chaotisch. Zwei Schülerinnen gaben andere Antworten.

Frage: Bist Du zufrieden mit der Häufigkeit des Fußballspiels im Sportunterricht oder würdest Du gerne öfter oder seltener spielen? Begründe.

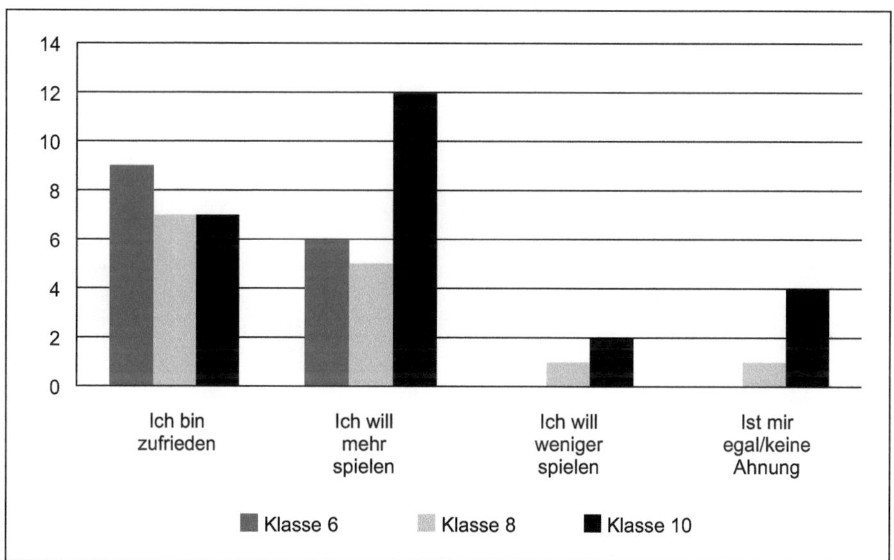

Abb. 10: Angaben zur Zufriedenheit mit der Häufigkeit von Fußball im Sportunterricht

Insgesamt sind die Schülerinnen aller Klassenstufen mit der Häufigkeit des Fußballs im Sportunterricht zufrieden, die Tendenz ist sogar, dass er häufiger Stundeninhalt sein sollte. So gaben dies zwölf Schülerinnen der zehnten Klasse an. Nur sehr wenige wollten weniger spielen bzw. hatten keine Meinung zu dieser Frage.

Frage: Wenn im Sportunterricht Fußball gespielt wird, sollten dann Jungen und Mädchen gemischt oder getrennt spielen? Begründe.

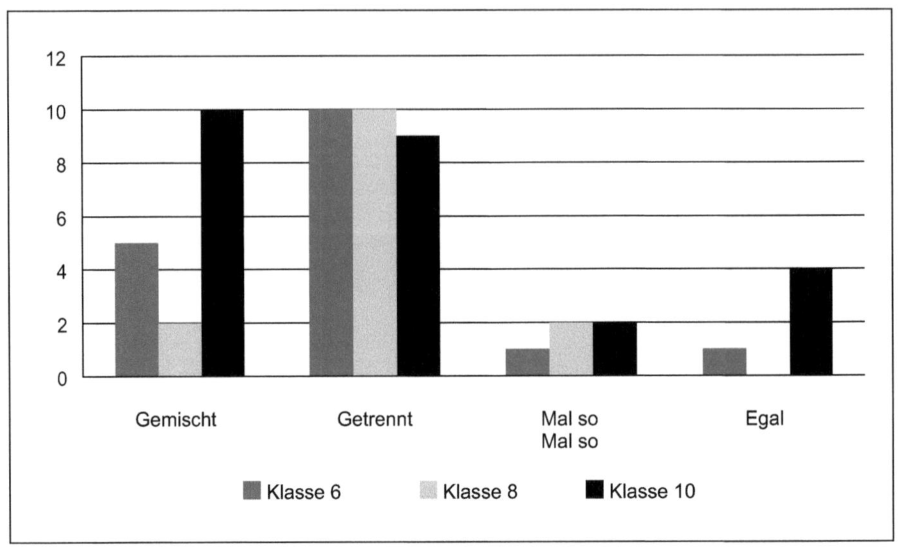

Abb. 11: Meinungen zum koedukativen Fußballunterricht

Insgesamt zeigt sich bei dieser Frage eine Tendenz zum geschlechtlich getrennten Sportunterricht. So kommt dies klar in den Klassen 6 und 8 zum Ausdruck. Die Schülerinnen der zehnten Klasse waren dagegen geteilter Meinung mit leichter Tendenz zum koedukativen Fußballunterricht.

Zehn Schülerinnen der Klasse 10 wollen gemischt Fußball spielen, neun dagegen getrennt. Zwei Schülerinnen wollen „mal so mal so" spielen und vier Schülerinnen war es egal.

Die Begründungen für und gegen die Koedukation im Fußball waren bei den Mädchen der verschiedenen Klassenstufen sehr ähnlich. Schülerinnen, die gegen die Koedukation sind, begründeten dies meist damit, dass die Jungen zu hart oder brutal spielen und den Ball nicht abgeben. Ein Zitat verdeutlicht dies: „Sie sollten getrennt spielen, weil bei den Jungs gehts immer um Leben und Tod." Die Schülerinnen kritisierten auch, dass die meisten Jungen denken würden, sie spielten besser Fußball als die Mädchen und würden dies auch zeigen.

Die Mädchen, die den gemeinsamen Fußballunterricht befürworteten, waren der Meinung, dass die Jungen die Mädchen unterstützen könnten und die Mädchen so von den Jungen lernen würden. Zudem bemerkte auch eine Schülerin, dass einige Mädchen keine Ahnung von Fußball hätten und sie deshalb den gemischten Unterricht bevorzuge: „Gemischt, weil sich manche Mädchen dumm anstellen."

Frage: Das möchte ich noch zum Thema Mädchenfußball loswerden.

Diese zum Abschluss offen formulierte Frage wurde von sehr vielen Schülerinnen nicht beantwortet. Die gegebenen Antworten gliederten sich in allen Klassenstufen in solche, die positiv und solche, die dem Fußball negativ gegenüberstehen. Ein paar davon werden im Folgenden unkommentiert wiedergegeben:

„Egal Mädchen oder Junge. Fußball ist blöd". Diese Meinung teilten noch zwei andere Schülerinnen. Auch wurden die Aussagen „Ich hasse Fußball", bzw. „Ich hasse Mädchenfußball total! -.-" angeführt. „Fußball interessiert mich überhaupt nicht aber ich spiele in meiner Freizeit ab und zu mal." Oder auch die Aussage: „Ich mag kein Mädchenfußball. Es ist langweilig."

Positive Aussagen waren solche, wie: „Es ist spannend, cool und interessant!", oder es wurde auch mehrmals „I LOVE football" angeführt.

Die Aussagen mancher Mädchen spiegeln auch die Wahrnehmung wider, dass sie im Fußball wie die Jungen anerkannt werden wollen: „Ich finde Mädchen, die sehr gut Fußball spielen sollten wie Jungs behandelt werden und die Jungs sollten die Mädchen nicht auslachen wenn sie mit ihnen Fußball spielen wollen."; „Ich finde es gut, dass es Mädchenfußball gibt und nicht nur die Jungs Fußball spielen. Trotzdem gefällt mir persönlich Mädchenfußball nicht."

Zudem war es manchen Schülerinnen bewusst, dass der Frauenfußball von den Medien nur am Rande aufgenommen wird: „Mädchenfußball wird nicht so arg in der Öffentlichkeit gezeigt wie der Männerfußball." Zwei Mädchen schrieben: „es sollte mehr beachtet werden" und „es sollte ernster genommen werden".

Es gab auch Schülerinnen, die die Bemühungen der Mädchen im Kampf um ihren Platz im Fußball gut fanden und aufforderten, nicht aufzugeben: „Mädchen sollen weiter spielen und sich nicht unterkriegen lassen!!!" Überdies wurde die Erklärung abgegeben: „Frauen die Fußball spielen finden Männer oft unattraktiv weil sie Angst haben sie spielen besser als er selbst haha!"

Eine Schülerin warnte vor Verletzungen, befürwortete aber dennoch, dass Mädchen Fußball spielen. In einer weiteren Antwort konnte man lesen: „Ich spiele gern Fußball aber schaue keinen Frauenfußball an."

Diskussion

Insgesamt haben die Fragebogenergebnisse gezeigt, dass Fußball im Allgemeinen und auch im Sportunterricht Themen sind, mit denen sich auch jugendliche Mädchen beschäftigen und Position beziehen. Die Auswertung der Fragen zum Fußball im Sportunterricht an Realschulen kann natürlich nicht verallgemeinert werden und ist schul- bzw. klassenspezifisch, d.h. sie ist zum einen von der Einstellung von Lehrkräften und Schülerinnen abhängig und zum anderen aber auch inwiefern eine Schule hinter dieser Sportart steht. Insgesamt hat die Untersuchung gezeigt, dass alle Mädchen über den Sportunterricht hinaus schon Kontakt mit Fußball hatten, viele im Alltag mit dieser Sportart konfrontiert werden und sich dazu äußern können.

Im obigen Teil wurden die Antworten, die sich mit dem Sportunterricht per se beschäftigt haben, nicht dargestellt. Auf sie soll hier zum Teil Bezug genommen werden. In der durchgeführten Studie sind etwa 40 Prozent der Schülerinnen mit der bisherigen Präsenz des Fußballs im Sportunterricht zufrieden. Nur ein geringer Teil möchte weniger spielen. Der Großteil der befragten Schülerinnen ist der Auffassung, dass der Sportunterricht Spaß mache. Vor allem Ballsportarten stuften sie als positiv ein. Während die jüngeren Mädchen eher Ballspiele wie Brennball und Völkerball aufführten und bei ihnen Fußball eher auf den hinteren Plätzen rangierte, stand dieser bei der Abschlussklasse auf Platz zwei im Beliebtheitsgrad direkt hinter Basketball. Trotz dieser positiven Aussagen für den Fußball hat sich, nach Angaben der Lehrerin, kein einziges Mädchen der Klasse 10 für den Sportkurs Fußball entschieden. Laut einer Studie von Raab und Springmann (2005) wollen 80 Prozent der Mädchen, die in ihrer Studie befragt wurden, mehr Fußball im Sportunterricht spielen. Allerdings muss angemerkt werden, dass hier nur Vereinsspielerinnen befragt wurden.

So beliebt die Sportart Fußball bei einem Teil der Zehntklässlerinnen sein mag, so unbeliebt scheint sie bei anderen zu sein. Bei den Sechstklässlerinnen scheint der Fußball insgesamt eher unbeliebt zu sein, da knapp ein Drittel der Schülerinnen ihn in die Spalte der Sportarten schrieb, die sie ungern im Sportunterricht ausüben. Bei den Achtklässlerinnen wurde die Sportart Fußball im Sportunterricht auf einer Liste mit beliebten und unbeliebten Sportarten jeweils nur zwei Mal erwähnt. Das Wissen über Fachausdrücke und Bundesligaspieler zeigt jedoch, dass die Schülerinnen in ihrer Freizeit, egal ob aktiv oder passiv, mit der Sportart in Kontakt treten.

Bei der Frage nach der Häufigkeit der Fußballstunden im Sportunterricht war die Wahrnehmung der Schülerinnen sehr unterschiedlich. Die Lehrerin meinte, mit den Sechstklässlerinnen ab und zu Fußball zum Aufwärmen zu spielen. Dies gaben auch die meisten Schülerinnen aus dieser Klassenstufe an. In der Klasse 8 vermeidet die Lehrerin Fußball zu spielen, weil die Leistungsdifferenzen zu groß seien und es bei den Spielen meist zu Streitigkeiten zwischen den sehr motivierten Vereinsspielerinnen und den weniger motivierten Schülerinnen käme. Fußball werde, wenn überhaupt einmal pro Schuljahr als „Wunschspiel" gespielt. Da sogenannte „Wunschspiele" eher am Ende der Stunde oder vor den Ferien stattfinden, deckt sich dies mit den Angaben der meisten Schülerinnen.

Allgemein kann festgehalten werden, dass Fußball im Sportunterricht der Mädchen eher als Aufwärm- oder Schlussspiel und weniger als eine längere Unterrichtseinheit durchgeführt wird. Dies deckt sich mit den Ergebnissen der Studie von Augste und Jaitner (2010), die herausfanden, dass gerade ältere Sportlehrerinnen dazu tendieren, Fußball nicht als Hauptthema zu unterrichten. Allerdings muss angemerkt werden, dass die Aussagen der Schülerinnen sehr unterschiedlich waren. Dies verwundert ein wenig, da doch viele vermutlich die gleiche Schulkarriere aufweisen, d.h. immer in der gleichen Klasse waren. Man muss diese Aussagen also mit Vorsicht genießen.

Wird Fußball im Sportunterricht behandelt, so wird dies von den Schülerinnen allerdings meist als chaotisch empfunden. Dies könnte entweder auf eine schlechte Vorbereitung der Lehrerin zurückzuführen sein oder auf die mangelnden Kompetenzen der Schülerinnen in der Sportart.

Bezüglich der Koedukation befürworteten die Sechst- und Achtklässlerinnen, die monoedukativ unterrichtet werden, einen von den Jungen getrennten Fußballunterricht. Bei den älteren Schülerinnen, die bereits einen koedukativen Sportunterricht erfahren haben, waren ungefähr gleich viele für wie gegen diesen. Da keine Schülerin der zehnten Klasse den „Kurs Fußball" gewählt hatte, könnte dies darauf zurückzuführen sein, dass dieser koedukativ stattfindet. Es wäre interessant zu erfahren, wie sich die Schülerinnen bei dem Angebot eines monoedukativen Sportkurses entschieden hätten.

In der abschließenden Frage, in der die Schülerinnen angeben konnten, was ihnen sonst noch zum Thema einfällt, gaben die meisten Schülerinnen entweder an, dass sie Mädchenfußball sehr gut finden oder dass sie das Spiel total verabscheuen. Einige Schülerinnen bemängelten, dass der Frauenfußball nicht genug Anerkennung in der Öffentlichkeit bekäme und forderten diese ein.

Die Befragung zeigt deutlich, dass viele Schülerinnen mehrere Profifußballer kennen, wie man auch an den Angaben von Spielernamen sah. Am bekanntesten sind die Spieler der deutschen Nationalmannschaft, was sich mit den Angaben der Schülerinnen, überwiegend EM- und WM-Spiele zu verfolgen, deckt. Es sind hier besonders die Spieler, die neben ihrer sportlichen Karriere auch in der Werbung auftreten, die am häufigsten genannt wurden. Bei der Frage nach Fußballspielerinnen war das Ergebnis ein anderes. Nur zwei Schülerinnen konnten Namen von Fußballspielerinnen im Profibereich angeben. Diese Quote ist weit unter der von Raab und Springmann (2005), in deren Studie 14 von 40 Mädchen Spielerinnen benennen konnten. Allerdings muss berücksichtigt werden, dass es sich dabei um Mädchen handelte, die aktiv Fußball in einem Verein spielen.

Was den Bekanntheitsgrad der Frauen-WM 2011 angeht, so waren die Informationen der Schülerinnen sehr unterschiedlich. Durchgehend wussten nur sehr wenige der befragten Mädchen über dieses Turnier Bescheid, am wenigsten waren es allerdings in der Klassenstufe 8. Außerdem gab es insgesamt mehr als doppelt so viele Schülerinnen, die angaben, die Spiele nicht zu verfolgen, als solche, die die WM-Spiele immer oder manchmal schauen wollten. Das bestätigt die These, dass in den Medien wenig über den Frauenfußball berichtet wird,[4] sagt

---

4 Zum Zeitpunkt der Befragung wurde in den Medien kaum über Frauenfußball berichtet. Einige Wochen später wurde verstärkt begonnen für die Frauenfußball-WM zu werben. Hätte die Befragung eine Woche vor Beginn der WM stattgefunden, wären die Ergebnisse vermutlich anders ausgefallen.

aber auch aus, dass das Interesse der Mädchen am Frauenfußball überhaupt nicht
vorhanden ist.

Fazit und Ausblick

Die Umfrage hat gezeigt, dass Fußball eine Sportart ist, die von den befragten
Realschülerinnen als geeignet für beide Geschlechter angesehen wird und dass
die Schülerinnen zum Teil eine gewisse Kenntnis über Fußball haben. Dabei ist
der Bekanntheitsgrad des Männerfußballs mit seinen Spielern allerdings viel höher als der des Frauenfußballs.

Laut den vorliegenden Aussagen haben alle Schülerinnen schon einmal Fußball gespielt, allerdings sind nur sehr wenige Vereinssportlerinnen. Das weist auf
ein grundsätzliches Interesse an der Sportart hin, bedeutet aber auch, dass die
Mädchen wenig an leistungsorientiertem Fußball interessiert sind. Die Antworten haben zudem gezeigt, dass Fußball im Großen und Ganzen als Bestandteil
des Sportunterrichts akzeptiert, bzw. auch wertgeschätzt wird. Knapp die Hälfte der befragten Schülerinnen äußerte den Wunsch, mehr Fußball im Sportunterricht zu spielen.

Vor der Fußball-WM 2011 hatte man gehofft, dass nun der Durchbruch dieser Sportart für Frauen in Deutschland kommen würde und die deutschen Nationalspielerinnen eine Vorbildfunktion für viele Mädchen übernehmen würden.
Durch das frühe Ausscheiden aus diesem Turnier ist diese Hoffnung ge-
schwunden. Die Zahlen des DFB bezüglich seiner weiblichen Mitglieder
sind kaum gestiegen. Vermutlich wird der Mädchen- und Frauenfußball noch
einige Jahre in Deutschland um seine Akzeptanz kämpfen müssen. Ob es je
eine Gleichberechtigung zwischen Männer- und Frauenfußball geben wird,
ist zu bezweifeln. Dies sollte jedoch nicht davon abhalten, den Mädchen das
Fußballspielen, sowohl koedukativ als auch monoedukativ näher zu bringen.

Literatur

Augste, C. & Jaitner, D. (2010). Die Verbreitung des Mädchenfußballs in der Re-
    alschule. *sportunterricht, 59* , 271-275.
DFB. (2013). *DFB-Mitglieder-Statistik-2013.* Abgerufen am 13. Mai 2013 unter
    www.dfb.de.
Hennies, R. & Meuren, D. (2009). *Frauenfußball: Der lange Weg zu Anerken-
    nung.* Göttingen: die Werkstatt GmbH.
Pfister, G. (2006). Emma am Ball. Frauenfußball gestern und heute. *Sportmaga-
    zin kicker. Kult um den Ball. Auf den Spuren des Fußballs,* 110-115.
Raab, M. & Springmann, N. (2005). Frauenfußball im Schulsport: Trendsetting
    oder Eigentor? Motivation von deutschen und amerikanischen Schülerinnen
    im Vergleich. *sportunterricht, 54,* 268-271.

Katharina Althoff & Ulf Gebken

Mädchen mittendrin – Soziale Integration von Mädchen durch Fußball

Ob in Köln-Gremberg, Aachen-Rothe Erde, Gelsenkirchen-Hassel oder Mönchengladbach-Rheydt. Motiviert durch das Projekt „Mädchen mittendrin" spielen viele sozial benachteiligte Mädchen mit und ohne Zuwanderungsgeschichte Fußball. Es sind die niedrigschwelligen Mädchenfußball-AGs in den Schulen, die einen verlässlichen Rahmen bieten und so den bisher nicht in den Fußballvereinen organisierten Mädchen den Zugang zum Sport eröffnen.

Die Geschichte des Projekts

Die Idee, über den Mädchenfußball die Integration zu fördern, entwickelte sich im Jahre 1999 im Oldenburger Stadtteil Ohmstede. Sie wurde 2006 durch den Deutschen Fußball-Bund aufgegriffen und ab 2009 durch ein durch das Ministerium für Familie, Kinder, Jugend, Kultur und Sport des Landes Nordrhein-Westfalen finanziertes Forschungsprojekt der Universitäten Duisburg-Essen, Oldenburg und Osnabrück umgesetzt. Über schulische Arbeitsgemeinschaften sollen in „Brennpunktschulen" Grundschülerinnen für das Fußballspiel begeistert werden. Die Schülerinnen der Schul-AGs messen sich in lokalen Schulfußballturnieren miteinander. Darüber hinaus qualifiziert das Projekt jugendliche Mädchen in dreitägigen Ausbildungen zu Fußballassistentinnen. Und schließlich in einem vierten Baustein besuchen die Fußball spielenden Mädchen Fußballcamps, um Gemeinschaft zu erleben, füreinander Verantwortung zu tragen und Fußballtricks zu lernen.

Diese Idee wird inzwischen auch unter anderen Bezeichnungen in den Bundesländern Niedersachsen („Soziale Integration von Mädchen mit Migrationshintergrund durch Fußball"), Hessen („Bunter Mädchenfußball"), Saarland („Golden Goal"), Bremen („Laureus Kicking Girls"), Hamburg („Kicking Girls"), Rheinland Pfalz („Soziale Integration von Mädchen durch Fußball") und Schleswig-Holstein („Mädchen kicken cooler") umgesetzt.

Inzwischen rollt der Ball bundesweit in mehr als 120 Stadtteilen. Wöchentlich kicken in den sogenannten „marginalisierten Stadtteilen" mehr als 3.000 Mädchen mit und ohne Migrationshintergrund. Die Integrationsbeauftragte der Bundesregierung Prof. Dr. Maria Böhmer würdigt „Kicking Girls" anlässlich des dritten Integrationsgipfels als eines der besten deutschen Integrationsprojekte.

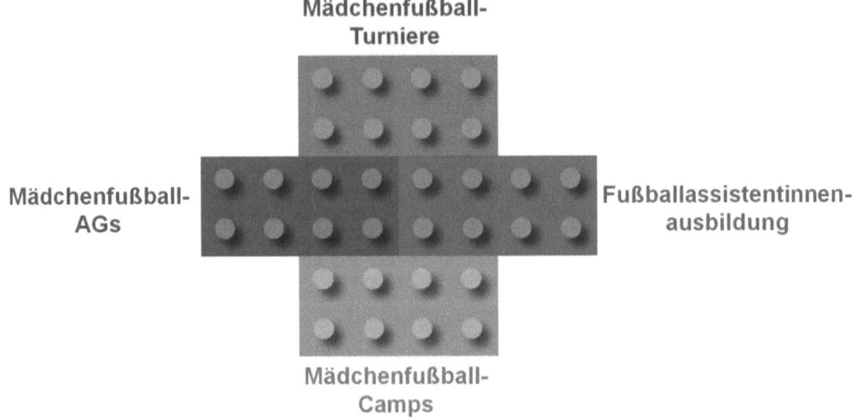

Abb. 1: Bausteine des Projekts

Wie gehen wir vor?

Die Arbeit des Projekts beginnt mit der Kontaktaufnahme zu der in dem jeweiligen Sanierungsgebiet „Soziale Stadt" liegenden Grundschule. Das Bundesbauministerium fördert (noch) über dieses Programm Stadtteile mit verstärkten sozialen Problemen und einem hohen Anteil an Kindern und Jugendlichen mit Migrationshintergrund. Im Zuge zunehmender Segregation leben dort viele sozial schwache Familien auf engem Raum; im Stadtteil fehlt es oft an kostenlosen, barrierefreien Angeboten für Kinder und Jugendliche und insbesondere für Mädchen. Grundschulen mit Migrationsanteilen von mehr als 85% und Schüler/-innen aus über 20 Herkunftsnationen sind in Nordrhein-Westfalen keine Seltenheit mehr.

Die Mehrheitsgesellschaft ist in diesen städtischen Quartieren faktisch nur noch über die Lehrkräfte an den Schulen und Sozialarbeiter präsent. Ein Schulleiter sagte uns: „Die Probleme aus dem Stadtteil und den Familien werden auch in die Schulen getragen, da bleibt nicht mehr viel Zeit und Kraft für Zusatzangebote." Öffnung, außerschulische Kooperation oder Sozialraumorientierung bleiben Schlagwörter, die mit viel Arbeit für Schulleitung, Lehrkräfte und außerschulische Experten verbunden zu sein scheinen.

Ist die Schulleitung von der Teilnahme am Projekt überzeugt, wird im Umkreis der Schule und in Absprache mit Schulleitung und Kollegium ein Kooperationsverein gesucht und anschließend zeitnah mit einer Mädchenfußball-AG in der Schule gestartet. AG-Leiter/-innen sind im Idealfall Trainer/-innen des beteiligten Vereins, geleitet wird im Tandem, um gerade bei Anfangsschwierigkeiten und Konflikten die AG-Gruppe sicher betreuen zu können.

Aufgrund des stetigen Anstiegs der offenen Ganztagsschulen im Primarbereich, die häufig über die Hallenzeiten am Nachmittag verfügen, wird die Zusammenarbeit mit den Koordinatoren des Ganztagsbetriebes immer bedeutsamer.

Die Projektaktivitäten geben den Anstoß für eine gegenseitige Information und ein erstes Kooperationsvorhaben. Die Schulen verbinden mit der Aufnahme eines Mädchenfußballangebots neben einer Erweiterung ihres Profils auch die Hoffnung, das außerunterrichtliche Angebot zu verbessern. Die Vereine verfolgen das Ziel, über die Zusammenarbeit mit der Schule ein attraktives Angebot für Mädchen einzurichten, um neue Mitglieder und auch mögliche Talente zu gewinnen.

Zur Diskussion „Integration im und durch Sport"

Im Diskurs *Integration und Sport* spielen schulische Arbeitsgemeinschaften trotz des verstärkten Auf- und Ausbaus vieler Einrichtungen zu Ganztagsschulen bisher eine untergeordnete Rolle (vgl. Frohn, 2007). Und doch bieten gerade AGs einen überzeugenden und niedrigschwelligen Zugang zum Sport (vgl. Gebken & Vosgerau, 2009). Unsere Studien verdeutlichen, dass es gerade über den Fußball in der Schule gelingen kann, die oftmals als sportabstinent geltende Gruppe der Mädchen mit Migrationshintergrund zu erreichen, zu begeistern und zu binden. Entsprechenden Vereinsangeboten fehlen die viel beschworene Niedrigschwelligkeit, die Akzeptanz der zugewanderten Eltern und oftmals eine unmittelbare Nähe zum Sozialraum bzw. Wohnumfeld der Schülerinnen.

Die Institution Schule ist für die Eltern ein vertrauter Ansprechpartner. Sie vermittelt Zuverlässigkeit und Sicherheit bei der Betreuung ihrer Kinder. „Ein schulisches Angebot hat für die Eltern eine klare Linie und gut definierte Regeln. Sie wissen, dass ihre Mädchen in dem schulischen Mädchenfußballangebot gut aufgehoben sind!", bilanziert ein beteiligter Schulleiter. Mit dem Sportvereinsleben dagegen sind viele Eltern der migrantischen Mädchen bislang nicht vertraut: Skepsis, Misstrauen und auch Ängste stehen dem organisierten Sporttreiben der Töchter oftmals im Wege. Erst durch das Zuschauen bei den durch Begeisterung geprägten Spielen und Turnieren der Schul-AGs auf dem Vereinsgelände mindern sich die anfänglich bestehenden Vorbehalte gegenüber dem Vereinssport.

Aspekte für ein nachhaltiges Gelingen

Der Blick auf die demografische Entwicklung macht deutlich: Der Anteil der Menschen mit Migrationshintergrund steigt stetig an. Sind es in der Gesamtbevölkerung bislang noch 19%, so haben heute schon 40% der Neugeborenen einen Migrationshintergrund. Die Integration von zugewanderten Kindern und Jugendlichen wird deshalb zu einer Schlüsselaufgabe für die Gesellschaft und dem organisierten Sport. Während im Grundschulalter viele Jungen mit Migrationshintergrund Mitglied im Sportverein sind, bleiben die Mädchen mit Zuwanderungsgeschichte im Sportsystem weiterhin unterrepräsentiert (Kleindienst-Cachay, 2007). Dass sie jedoch keineswegs als sportabstinent gelten können, zeigen die Erfahrungen bundesweit. Mädchen mit Migrationshintergrund haben großen Spaß am Fußball. Es fehlen einfache Angebote im Sozialraum, Turniere und Wettkampfformen für die Jüngsten und weibliche Vorbilder vor Ort.

Zu beachten ist, dass sich die Gruppe der Migranten sehr heterogen zusammensetzt und auch in ihrer Herkunft eine große Vielfalt aufweist. Sorgen bereitet den Integrationsexperten eine Entwicklung, die als „Abwärts-Integration" bezeichnet wird. Eine zunehmende Anzahl von Kindern und Jugendlichen, viele von ihnen mit Migrationshintergrund, leben in Sozialräumen, deren soziale Problemlage sich verfestigen und die von Armut geprägt sind. Diesen jungen Menschen kann Sport und insbesondere Fußball helfen, am gesellschaftlichen Leben aktiv teilzunehmen und teilzuhaben. Nicht nur die Nationalspielerin Fatmire Bajramaj macht deutlich, welche soziale Vorbildfunktion engagierte junge Frauen für die migrantische Community besitzen.

Aus den Evaluationen der Projekte ergeben sich acht Aspekte, die Gelingensbedingungen für das Mitspielen migrantischer Mädchen aufzeigen.

1. In der Grundschule beginnen

Über die Grundschule lassen sich Mädchen mit Zuwanderungsgeschichte für den Fußballsport begeistern und binden. Hier können sie unbeschwert kicken und erste Erfolge sammeln. Der vertrauensbildende schulische Rahmen reduziert mögliche Bedenken und Einwände ihrer Eltern. Insbesondere muslimische Mütter und Väter erlauben und unterstützen das Fußballspielen ihrer Töchter nur, wenn es unter Aufsicht der Schule und geschlechtergetrennt organisiert wird.

2. Die Mädchenfußball-AG: Kern der Kooperation von Grundschule und Verein

Um den weniger fußballerfahrenen und leistungsschwächeren Mädchen das Fußballspielen zu ermöglichen, ist das Angebot über eine von Vereinsexpertinnen geleitete AG sinnvoll. Hier können die Schülerinnen in einem „geschützten Rahmen" ihre ersten Tore erzielen, Pass-, Schusstechniken erlernen, ihr Positionsspiel verbessern und selbstbewusst Freude am gemeinsamen Spiel entwickeln. Separate Mädchenfußballpausen auf dem Schulhof, Klassen- und Schulturniere ermutigen Mädchen mitzuspielen.

3. AGs brauchen Ziele: Wettkämpfe und Turniere

Fußball-AGs brauchen Ziele, die Mädchen fordern den Wettkampf, wollen sich messen und beweisen. Die Teilnahme an Spielen und Turnieren verändert das Leben in der AG: Die Mädchen agieren zielorientierter, beginnen auch Übungen zur Verbesserung ihrer taktischen und technischen Fähigkeiten und Fertigkeiten wertzuschätzen.

4. Übergang der Mädchen in die Vereine begleiten – Eltern aktivieren

Der Übergang von der schulischen Arbeitsgemeinschaft in ein vereinsgebundenes Team ist kein Selbstläufer, sondern bedarf umsichtiger unterstützender Maßnahmen, damit das Integrationsziel, Mitglied einer Fußballmannschaft zu werden, realisiert werden kann: Elterninformation, -abende, separate Umkleiden für die Mädchen, Trainingszeiten vor der einsetzenden Dämmerung, Beantragung der Spielerpässe, Lösung der Transportprobleme, Rücksichtnahme auf religiöse Regeln, Finanzierung der Trikots und der Beiträge.

5. Stadtteilmanagement und Schulsozialarbeit als Netzwerkpartner nutzen

Neben den Sportlehrkräften und den Schulleitungen entwickeln sich Stadtteilmanagement und Schulsozialarbeiter zu neuen und bedeutsamen Partnern der Sportvereine. Als Koordinatoren im Stadtteil und für den Ganztagsbetrieb suchen sie nach attraktiven außerunterrichtlichen Bewegungsangeboten und möglichen unterstützenden Netzwerkpartnern. Und sie zeigen sich gegenüber den Auswirkungen der Kinderarmut sensibilisiert und suchen für diese Herausforderung auch nach Lösungen für den Vereinssport.

6. Jugendliche Fußballassistentinnen qualifizieren und einbinden

Vor allem muslimische Eltern erwarten weibliche Bezugspersonen, die bisher im organisierten Fußball noch unterrepräsentiert sind. Jugendliche Mädchen zeigen ein großes Interesse an der Mitarbeit in Übungsgruppen. Einsatzmöglichkeiten für die Assistentinnen bieten sich auch in den Fußballgruppen in der Schule und im Verein, sowie bei der Planung und Organisation von Schulturnieren und -wettkämpfen.

7. Interkulturelles Wissen und religiöse Regeln beachten

Für ein gleichberechtigtes Miteinander wird es immer wichtiger sein, über interkulturelles Wissen zu verfügen, um fremde Kulturen mit ihren Gebräuchen und Einstellungen besser zu verstehen und erfolgreich handeln zu können. Den Alltag beeinflussen religiöse Rituale und Traditionen. Sie bestimmen oftmals Ernährungs-, Kleidungshygiene und Lebensstil und prägen das soziale Verhalten, indem sie Regeln für zwischenmenschliche und zwischengeschlechtliche Beziehungen aufstellen.

8. Durch Mädchenfußball emanzipieren

Fußball spielende migrantische Schülerinnen fallen nicht nur durch ihre Begeisterung, ihre Einsatzfreude, ihre Selbstbewusstseinsentwicklung auf, sondern tragen auch ein verändertes Rollenverhalten in die Schule, das sich auch bei den Jungen bemerkbar macht. Sie erobern klassisch jungendominierte Räume und stellen das traditionelle Geschlechterverständnis in Frage. Und dennoch, viel mehr als Fußball spielende Jungen tauschen sie sich miteinander über ihre Befindlichkeiten aus, klären ihre Konflikte in Gesprächen und bevorzugen sie das Spielen mit den besten Freundinnen und ihrer Peergroup. Dieses zu berücksichtigen fällt nicht immer leicht.

Zusammenfassung und Perspektiven

Im Rahmen der verschiedenen integrativen Mädchenfußball-Projekte erkennen wir unterschiedliche Stufen eines gelingenden Integrationsprozesses (Tab. 1):

Tab. 1:   Stufen eines gelingenden Integrationsprozesses

	Stufen	**Institutionen**	**Merkmale**
Stufe 4	Selbstständige Leitung von Übungsgruppen	Schul- und Vereinssport	Jugendliche Übungsleiterin
Stufe 3	Engagement in und mit Übungsgruppen	Mitwirkung in Schul-AGs, Vereinsmannschaften, Schulfußballturnieren und außerschulischen Einrichtungen	Assistentin mit ersten „echten" sozialen Aufgaben im Kinder- und Jugendfußball
Stufe 2	Mitspielen im Fußballverein	Sportverein	Teilnahme am wöchentlichen Training und Spielbetrieb
Stufe 1	Mitspielen in der Mädchenfußball-AG	Schule (in Zusammenarbeit mit dem Sportverein)	Wöchentliches Fußballspielen in der Turnhalle mit Mitschülerinnen

Stufe 1: Mitspielen in der Mädchenfußball-AG

Fußball spielende Mädchen in einer sozialen Brennpunkt-Grundschule sind kein Selbstläufer. Die Jungen dominieren den häufig viel zu kleinen Bolzplatz und die einzige geschlechtsheterogene Fußball-AG. Erst das Üben und Trainieren in einer Fußball-AG, in der nur Mädchen mitspielen dürfen, ändert das Bild. Spieltaktik und Ballfertigkeiten verbessern sich, die Spielfreude nimmt durch erste Erfolge zu. Die Schülerinnen fordern eigene Zeiten, sogenannte Mädchenfußballzeiten, auch auf dem Schulhof ein und und zeigen ihre Freude an geschossenen Toren auch außerhalb der „geschlossenen" AG.

Voraussetzungen für diese Entwicklung sind eine verlässliche AG-Leitung, eine Übungszeit, die für die Mädchen attraktiv ist, mädchengerechte Informationen und Ansprachen und eine Wertschätzung dieser AG durch die Verantwortlichen in der Schule.

Kräftigen „Schwung" bekommen die Projekte durch die Teilnahme der Mädchen an Fußballturnieren für Mädchen. Nun wird „richtig" geübt. Ethnisch bedingte Konflikte in den Gruppen werden zurückgestellt, denn man will gewinnen. Ob in Duisburg-Marxloh oder in Leverkusen-Rheindorf, das Klassen- oder Schulturnier für alle Schülerinnen kann sich zu einem emotionalen Höhepunkt im Schulleben entwickeln. Die Begeisterung am Spiel und am Torerfolg steckt nicht nur jüngere Mitschülerinnen, sondern auch zuschauende Eltern oder bisher eher fußballskeptische KollegInnen an. Wichtig bleibt, dass das Mitspielen und die Leistung aller teilnehmenden Schülerinnen mit Hilfe von Medaillen, Urkunden oder anderen Erinnerungsstücken gewürdigt und anerkannt wird. Scheinbar eine Selbstverständlichkeit, aber in der Realität nicht selten ein Wunsch, denn die von uns untersuchten Schulfußballturniere waren oftmals durch lange Wartezeiten, frühzeitiges Ausscheiden und Preise nur für die Ersten geprägt.

Bedeutsam bleibt bei diesen Turnieren und Wettkämpfen die Trennung der Mädchen von den häufig schon sehr viel fußballerfahreneren Jungen. Nur so gewinnen auch leistungsschwächere und weniger ballerfahrene Schülerinnen an Sicherheit im Fußball, Erfolge stellen sich ein und auch muslimische Eltern äußern keine Vorbehalte mehr gegenüber Fußballspielen in der Schule ihrer Töchter.

Stufe 2: Mitspielen im Fußballverein
Die Beispiele von SV Gremberg-Humboldt oder SC Viktoria Rheydt zeigen, dass der Übergang von der Mädchenfußball-AG in den Sportverein gelingen kann. Ein aus dem Sportverein stammender Leiter der AG nimmt die Mädchen zum Vereins- oder Schnuppertraining mit. Wie viele Mädchen der Fußball-AG in den folgenden Jahren am Punktspielbetrieb teilnehmen, hängt von den jeweiligen Bedingungen ab. Sind die Trainingsplätze gut zu erreichen? Akzeptieren die Eltern die Trainingszeiten? Gelangen die Fußballerinnen vor der Dunkelheit wieder nach Hause? Werden sie begleitet? Gibt es Mädchentrainingstage, an denen die Jungs nicht auf die Fußballplätze dürfen?

Während der Schulsport in seinem Wesen und seinem Auftrag, Sieg und Erfolgsstreben relativieren soll und will, sind diese wesentlichen Merkmale des Wettkampfsportes in den Verbänden und Vereinen präsent. Nicht immer spielen alle interessierten Kinder mit, und nicht immer würdigen die Trainer die Leistung eines jeden Kindes.

Stufe 3: Engagement in und mit Fußballgruppen
Auf allen organisatorischen Ebenen des Fußballsports wirken wenige Menschen mit Migrationshintergrund mit. Zugewanderte Mädchen und Frauen fehlen gänzlich. Auch in den Aus- und Fortbildungsmaßnahmen des Verbandes spiegelt sich dieses Bild wieder. Nur ganz selten lassen sich Frauen mit Migrationshintergrund zu Übungsleiterinnen im Fußballsport ausbilden.

Schulungen im Sozialraum bieten attraktive Bedingungen. Das Interesse jugendlicher Mädchen daran teilzunehmen ist groß, bedarf aber einer umsichtigen Abstimmung mit dem Schulleben (Klassenfahrten, Vergleichs- bzw. Abschlussprüfungen usw.). Da die schulischen Anforderungen zunehmen, die Ganztagsschule sich weiter ausbreitet, wird es für Jugendliche mit und ohne Migrationshintergrund immer schwieriger, sich neben der Schule freiwillig zu engagieren. Auch wenn Gymnasiastinnen trotz der Verkürzung der Schulzeit auf zwölf Jahre zunehmend entsprechende Aufgaben übernehmen, fällt der Rückgang bei Hauptschülerinnen und Jugendlichen mit Migrationshintergrund auf (vgl. Autorengruppe Bildungsberichterstattung, 2010).

Für die Zukunft des organisierten Sports und des Fußballs ist ein soziales Engagement junger Menschen unabdingbar. Es sei denn, man verzichtet auf den organisierten Wettkampfsport in den unteren Jugendklassen und kreiert ein Schulwettkampfsystem.

Stufe 4: Selbstständiges Leiten von Übungsgruppen

Die im Rahmen des Projekts „Mädchen mittendrin" mitwirkendenden Fußballassistentinnen zeigen, dass junge Menschen sehr gerne mit jüngeren Kindern im Sport arbeiten, dabei ihre eigenen Stärken einbringen und überschaubare Aufgaben im Fußball übernehmen können. Klassenturniere, Schul-AGs oder Vereinsgruppen bieten vielfältige Partizipationsmöglichkeiten. Eine selbstständige Übernahme von Aufgaben im Sportverein erfordert aber nicht nur hohen Sachverstand und Regelkompetenz, sondern auch hohe Zuverlässigkeit.

Für junge Menschen geht es deshalb erst einmal darum, Freude an der Übernahme von ersten Aufgaben bei der Betreuung von jüngeren Kindern zu gewinnen. Ihr Einsatz ist aber nur erfolgreich, wenn sie Unterstützung durch die Erwachsenenwelt erfahren. Soziales Engagement im Fußball erfordert Coaching durch Vertrauenspersonen und Strukturen, die Schule und soziales Engagement miteinander vereinbaren lassen. Der betreuende, unterstützende und lehrende Einsatz von jugendlichen Fußballassistentinnen ist hier organisatorisch machbar und macht sich im gesamten Klima der Schule bemerkbar.

Lizenzierte migrantische Übungsleiterinnen sind im gesamten DFB noch eine Ausnahme. Es erfordert viel Mut und Durchsetzungsvermögen, als eine von wenigen Frauen an einer zentralen Lizenzausbildung teilzunehmen. Ausbildungen im Sozialraum, wie wir sie im Rahmen des Projekts mit jugendlichen Fußballassistentinnen machen, scheinen ein geeigneter niedrigschwelliger Rahmen zu sein. Unter sich und in ihrem gewohnten Umfeld erlernen sie den Umgang mit Kindern im Sport und qualifizieren sich für die Leitung und Mithilfe in den Fußball-AGs und Vereinsgruppen.

Doch auch über die Trainerfunktionen hinaus ist die Partizipation von Migranten im Sport noch eine bislang nicht gelöste Herausforderung: Nach wie vor sind Migranten auf allen Ebenen des Sports deutlich unterrepräsentiert, insbesondere auf Funktionärs- und Verbandsebene fehlen Menschen mit Zuwanderungsgeschichte.

Herausforderungen

Die bisherigen Erfolge des Projekts sind beträchtlich. Dennoch kann die Überführung der Mädchen aus der AG in den Verein als größte Herausforderung bezeichnet werden. Nach wie vor ist die Hemmschwelle für Mädchen mit Migrationshintergrund groß. Vorbehalte und Unwissenheit der Eltern gegenüber dem deutschen Vereinswesen, aber auch fehlende strukturelle und personelle Voraussetzungen der Vereine, die sich erst langsam auf die neue Zielgruppe einstellen, verhindern das Sporttreiben der Mädchen im Verein. Nur über eine direkte Ansprache der Eltern, geduldige Aufklärungsarbeit und eine Sensibilisierung der Vereine für Integrationsthemen kann es gelingen, die Hemmschwellen abzubauen.

Problematisch für neu gegründete Vereinsteams bleiben die weiten Fahrwege. Oftmals bestehen Spielgemeinschaften mit benachbarten Fußballkreisen, so dass die mitspielenden Mädchenteams Anreisen bis zu fünfzig Kilometern zu überwinden haben. Dies erfordert Transportmöglichkeiten und finanzielle Ressourcen, die die Vereine in den Problembezirken überfordern. Diese Aspekte spielen bei der Spielklasseneinteilung bisher keine Rolle. Der Vorsitzende von SV Rhenania Hamborn bilanzierte deshalb: „Der längste Anfahrtsweg für unsere erste Männermannschaft beträgt in den Duisburger Süden sieben Kilometer, die E-Juniorinnen fahren bis Wuppertal eine Stunde."

Die Zusammenarbeit von Schule und Sportverein zur Förderung der Integration hat erst begonnen. Sie kann vor allem aufgrund der zunehmenden Bedeutung der Ganztagsschule weiter ausgebaut werden. Fußballvereine nutzen nur sehr selten die Ressourcen des Stadtteilmanagements und der Netzwerke im Stadtteil. Schulen partizipieren nur in Ausnahmen an den Kompetenzen und Stärken der Migrant/-inn/-en und ihrer Communities. Ethnische Vereine dürfen dabei nicht als bedrohende und abschottende Institutionen gesehen werden. Im Gegenteil, ihnen kann es durch die Nähe zu migrantischen Communities eher gelingen, den Zugang zu den Eltern zu erhalten und Mädchen aus eher sportabstinenten Familien durch die Partizipation im Sport zu integrieren.

Wichtig und von besonderer Bedeutung bleibt die Einbeziehung der Eltern. Ein fußballbezogener Elternabend oder ein Mütter-Töchter-Turnier können die Zusammenarbeit mit den Elternhäusern verbessern.

Literatur

Autorengruppe Bildungsberichterstattung (Hrsg.) (2010). *Bildung in Deutschland 2010*. Bielefeld: Bertelsmann.

Frohn, J. (2007). *Mädchen und Sport an der Hauptschule. Sportsozialisation von Mädchen mit niedrigem Bildungsniveau*. Baltmannsweiler: Schneider Verlag.

Gebken, U. & Vosgerau, J. (2009). Soziale Integration. *Sportpädagogik 33* (5), 2-7.

Kleindienst-Cachay, C. (2007). *Mädchen und Frauen mit Migrationshintergrund im organisierten Sport: Ergebnisse zur Sportsozialisation – Analyse ausgewählter Maßnahmen zur Integration in den Sport*. Baltmannsweiler: Schneider Verlag.

Kuhlmann, B. (2009). Von der Schülerin zur Trainerin. *Sportpädagogik 33* (5), 24-28.

Annette R. Hofmann & Kai Nörrlinger

„Frauen kochen doch lieber": Einstellungen von Grundschülern und -schülerinnen zum Frauenfußball

Im Sommer 2011 war wieder einmal das ganze Land im Fußballfieber. Diesmal waren es allerdings nicht die Männer, die zum Teil für fahnendekorierte Autos und Wohnzimmer sorgten, sondern die Frauenfußball-WM gastierte in Deutschland. Obwohl bei fast allen großen internationalen Turnieren der letzten Jahre die deutsche Frauen-Nationalmannschaft zum Favoritenkreis gezählt wurde und auch die Nachwuchsmannschaften hervorragende Leistungen zeigen, sind ihre Spiele bei weitem nicht mit der gleichen Medienresonanz und Wertschätzung der breiten Öffentlichkeit verbunden, wie es im männlichen Fußball der Fall ist. Auch die Frauenbundesliga, die im internationalen Vergleich einen Spitzenplatz belegt und viele internationale Topspielerinnen anzieht, findet in unserer Medienlandschaft kaum Berücksichtigung. Als die Frauenfußball-WM 2011 im eigenen Land stattfand, wurde zumindest für einige Zeit ein Scheinwerfer auf die Leistungen der Frauen geworfen und gezeigt, dass Fußball schon lange keine rein männliche Domäne mehr ist. Bereits die Bewerbung zur Ausrichtung der Fußball-WM war getragen von einer breiten Unterstützung der deutschen Bevölkerung. Diese gesamtgesellschaftliche Anteilnahme war auch im Verlauf des Turniers zu beobachten und begrenzte sich nicht nur auf die Spiele mit deutscher Beteiligung. Vielleicht konnte dieses Sportevent dazu beitragen, verbreitete Vorurteile aufzuweichen und den Frauenfußball einer breiteren Öffentlichkeit nahe zu bringen. Immerhin bezeichnet der DFB den Mädchenfußball selbst als das Segment mit den größten Wachstumsraten und räumt ihm damit inzwischen einen besonderen Stellenwert ein.

Dies ist auch dringend nötig, denn obwohl die Akzeptanz für den Frauenfußball insgesamt gestiegen ist, wird er noch sehr häufig – dies vor allem von Jungen und Männern – belächelt. Vor diesem Hintergrund haben wir uns die Frage gestellt, wie Grundschüler und -schülerinnen den Frauenfußball sehen. Wird Fußball als eine Sportart für beide Geschlechter anerkannt oder sind auch in diesem Altersbereich schon geschlechtsspezifische Vorurteile zu finden? Um hierzu einen Einblick zu bekommen, wurde während der Frauenfußball-WM 2011 an den dritten und vierten Klassen einer württembergischen Grundschule die Aufgabe vergeben, Erfahrungen und Meinungen zum Frauenfußball niederzuschreiben. Die Antworten waren sehr vielseitig und tiefgründig. Sie zeigen zum Teil schon feste Vorstellungen und ziemlich konkrete Meinungen auf, die zum Teil ein geschlechterhierarchisches Denken widerspiegeln, zum Teil aber ein solches auch kritisch in Bezug auf den Fußballsport hinterfragen.

Die entstandenen Aufsätze wurden einer Textanalyse unterzogen, um Anzeichen geschlechtsspezifischer Deutungsmuster herauszuarbeiten. Bevor auf die zum Teil sehr originellen und aussagekräftigen Inhalte der Aufsätze eingegangen wird, sollen zunächst einige knappe Hintergründe der geschlechtsspezifischen (Sport-)Sozialisation im Kindesalter angeführt werden.

Geschlechtsspezifische Sozialisation im Kindesalter

Die Soziologin Helga Bilden hat in ihren Schriften deutlich herausgearbeitet, dass geschlechtsspezifische Sozialisation schon im frühen Kindesalter beginnt (z.B. Bilden, 2002). Geschlecht ist eine der ersten sozialen Kategorien, die Kinder erlernen. Bereits ab etwa dem zweiten Lebensjahr und dem einhergehenden Spracherwerb entdecken Kinder die kategoriale Unterscheidung der Geschlechter und können sich selbst und andere Menschen einer dieser Kategorien zuordnen. Dabei erlernen sie auch, welche Erwartungen und Merkmale mit dem Geschlecht verbunden sind (vgl. DSJ, 2000; Lange, 2009). Das Erlernen eines geschlechtsbezogenen sozialen Rollenverhaltens stellt damit eine wichtige Entwicklungsaufgabe der Kindheit dar, die sowohl durch soziokulturelle Anforderungen als auch individuelle Wertvorstellungen beeinflusst wird (vgl. Schmidt, 2008). Man geht davon aus, dass Kinder bereits im Kindergartenalter über klare Vorstellungen verfügen, was sie als typisch „männlich" oder „weiblich" einstufen. Dies zeigt sich auch im Spielverhalten der Kinder, sie stellen vermehrt geschlechtshomogene Kleingruppen zusammen, die sich zum Teil bewusst voneinander abgrenzen. Hierbei werden Räume und Gegenstände nicht selten unterschiedlich genutzt und gedeutet (vgl. Bilden, 2002; Gieß-Stüber, 2006).

Nach Bilden (2002) ist die geschlechtsspezifische Sozialisation ein Zusammenspiel aus umweltbedingten Sozialisationsprozessen und der aktiven Ausgestaltung durch das Individuum selbst. Kinder orientieren sich bei ihrer geschlechtlichen Zuordnung in der Regel erst einmal am gleichgeschlechtlichen Elternteil, imitieren häufig dessen Verhalten und sozialisieren sich so selbst in Richtung der vermeintlich geschlechtstypischen Rolle, indem sie Verhaltensweisen geschlechtsspezifisch deuten (vgl. Lange, 2009). Neben den Eltern als primäre Sozialisationsinstanz spielen auch die Medien, wie zum Beispiel Kinderbücher, Kinderfilme, Videospiele und natürlich die Geschwister und mit steigendem Alter vermehrt die Peer-Group eine prägende Rolle. Die Erfahrung von verstärkendem Feedback durch die soziale Umgebung bei rollenspezifischen Verhaltensmustern, aber auch die Imitation des beobachteten Verhaltens der genannten Sozialisationsagenten, führt demnach zu einer Festigung und Tradierung kultureller Stereotype und gesellschaftlich akzeptierter geschlechtsspezifischer Rollenmuster (vgl. DSJ, 2000).

Hagemann-White (1984) kritisiert dabei, dass Kinder unsere Gesellschaft – bezogen auf das Geschlecht – häufig als zweigeteilt und hierarchisch kennen lernen. Dies sei weitestgehend körperlich begründet und führe zu einer klaren Bevorzugung des männlichen Geschlechtes (in: Lange, 2009, S. 54f.). In einer Broschüre der Deutschen Sportjugend zur geschlechtsbewussten Jugendarbeit im Sport ist zu lesen, dass Mädchen allgemein immer noch erfahren, „dass von Ihnen erwartet wird, Gefühle zu zeigen, vorsichtig zu handeln, feinmotorisch veranlagt zu sein, sich (...) mehr drinnen als draußen aufzuhalten" (DSJ, 2000, S. 3). Im freien Spiel tendieren sie scheinbar eher zu Puppen- und Küchenspielen. Jungen hingegen lernen stark zu sein, keine Schwächen zu zeigen, sich durchzusetzen und spielen viel mehr im Freien. Sie scheinen dabei eher großräumige Bewegungsspiele zu bevorzugen, bei denen vor allem grobmotorische Fertigkeiten, Betonung von Körperlichkeit und Dominanzverhalten eine große Rolle spielen (vgl. DSJ, 2000; Diketmüller, 2009).

Frühe geschlechtsspezifische Sportsozialisation

Sport hat für Kinder und Jugendliche eine große Bedeutung und ist eine der beliebtesten Freizeitaktivitäten. Auch im Sport wird sehr stark in geschlechtsspezifischen Kategorien gedacht und gehandelt. Die Leistungen von Frauen und Männer werden häufig verschieden inszeniert und in „typisch" männliches/weibliches Verhalten kategorisiert, wie auch die Sportarten in typisch weiblich bzw. männlich eingeordnet werden. Die sportliche Leistung von Mädchen und Frauen findet oft weniger Wertschätzung, da das weibliche Geschlecht häufig als körperlich schwächer wahrgenommen wird (vgl. DSJ, 2000; Schmidt, 2008).

Auch bei Grundschülern ist schon bei der Wahl ihrer Sportart eine geschlechterspezifische Orientierung zu erkennen. Dies kann aus der jährlich vom DOSB herausgegebenen Mitgliederstatistik in seinen Sportverbänden herausgelesen werden. Bei Kindern zwischen 7 und 14 Jahren ist der Organisationsgrad in den Sportvereinen am höchsten. Etwa 62% der Mädchen und 82% der Jungen[1] sind in diesem Alter Mitglied im Sportverein. Während im Alter bis sechs Jahren bei beiden Geschlechtern noch klar das Kinderturnen in seinen verschiedenen Formen dominiert, verändert sich dies mit steigendem Alter. Ästhetische Bewegungsformen, darunter Turnen, Ballett und tänzerische Bewegungsaktivitäten werden vor allem von Mädchen ausgeübt, die Jungen bevorzugen dagegen Ballspiele. Etwa die Hälfte aller männlichen Vereinsmitglieder in dieser Altersstufe sind im Fußball beheimatet (vgl. DOSB, 2013). Aber es soll auch erwähnt werden, dass nach und nach in den letzten Jahren mehr Mädchen Zugang zu „männlich" geprägten Sportarten wie z.B. Boxen und Fußball gefunden haben, auch wenn sie dabei oft noch immer mit gesellschaftlichen Vorurteilen konfrontiert werden (vgl. DSJ, 2005).

---

1 Bei den Jungen beträgt die Zahl 2.482.899 bei den Mädchen 1.752.927 (vgl. DOSB, 2013).

Die stark männlich dominierten Strukturen im Sport spiegeln sich auch in der Medienpräsenz, wie an der Sportberichterstattung in Zeitungen, Radio und im Fernsehen zu sehen ist. Die Sportberichterstattung ist das Mediengenre mit der geringsten Frauenquote und stärksten männlichen Codierung (vgl. Dorer, 2007).

> „In der Sportberichterstattung (...) sind Frauen deutlich unterrepräsentiert, mehr noch als in anderen journalistischen Genres. Die mediale Geschlechterrepräsentation erfolgt entlang konservativer und gesellschaftlich weitgehend überholter Geschlechterstereotypen" (Dorer, 2007, S. 28).

Das spiegelt sich auch daran wider, dass sportlich aktive Frauen in den Medien deutlich unterrepräsentiert und oft mit weniger Anerkennung versehen sind (vgl. Rulofs & Hartmann-Tews, 2006). Frauenfußball ist hier ein ganz typisches Beispiel. Dass auch Kinder schon mitbekommen, dass die Gesellschaft die sportlichen Leistungen von Männern deutlich stärker in den Vordergrund rückt, kommt in den ausgewerteten Aufsätzen zum Ausdruck.

Auswertung der Aufsätze der Schülerinnen und Schüler

Im Schuljahr 2011 wurde während der Frauenfußball-WM an einer Grundschule auf den Fildern, Baden-Württemberg, in einer 3. und 4. Klasse die Aufgabe vergeben, in einem Aufsatz die Meinung zum Frauenfußball niederzuschreiben. Als Aufhänger wurde dazu die Frage formuliert: „Warum spielen weniger Frauen als Männer Fußball?". Damit waren die Schülerinnen und Schüler aufgefordert, sich selbstständig zu dieser Fragestellung Gedanken zu machen und eine Begründung zu finden.

Eine Klasse hat die Aufsätze im Unterricht geschrieben, die anderen als Hausaufgabe. Bei denen, die zu Hause verfasst wurden, sind zum Teil detaillierte Internetrecherchen über die Frauenfußball-WM zu erkennen, wie Tabellen mit den verschiedenen Gruppenaufteilungen und Mannschaften, die gegeneinander spielen sowie Punktestände der schon stattgefundenen Spiele. Zudem ist nicht zu erkennen, ob die Eltern bei der Beantwortung der Aufgabe geholfen haben. Im Folgenden sollen nur die Aussagen, die eine klare Geschlechtsspezifität aufzeigen, ausgewertet werden.

Im Vorfeld soll angemerkt werden, dass im Rahmen der Herrenfußball-WM 2010, also ein Jahr vor der hier ausgewerteten Befragung, eine Kindervorlesung zum Thema „Woher kommt eigentlich der Fußball?" an der Schule angeboten wurde. Diese Vorlesung bezog sich vor allem auf die historische Entwicklung des Fußballs, es wurden dabei auch einige knappe Anmerkungen zur Verbreitung des Frauenfußballes und des Verbots in den 1920er bis 70er Jahren gemacht. Manche Aussagen in den Aufsätzen der Kinder erwecken den Eindruck, dass der eine oder andere Inhalt bei den Schülerinnen und Schülern hängen geblieben ist. Dies ist vor allem bei Aussagen zur Entwicklung des Frauenfußballs der Fall. Allerdings konnte bei der Auswertung nicht nachvollzogen werden, wer diesen Vortrag im Vorjahr besucht hatte.

Insgesamt wurden 67 Aufsätze eingereicht, die zum Teil mit selbstgemalten Bildern unterlegt waren. Die Zitate der Kinder werden im Folgenden unverändert mit all ihren Rechtschreibfehlern wiedergegeben. Die Aufsätze, die mit einem Namen versehen waren, wurden durch Synonyme anonymisiert.

Hintergründe zur Entstehung des Frauenfußballs: „Frauen sollten lieber zuhause bleiben und turnen"

Die Entwicklung des Frauenfußballs zeigt einen langen und hindernisreichen Weg auf. Zeitweise gab es sogar Verbote für Mädchen und Frauen Fußball zu spielen. Erst seit den 1970er Jahren öffnete sich dieser Sport in Deutschland nach und nach für das weibliche Geschlecht.[2] Dies scheint in groben Zügen auch einigen der Grundschülerinnen und -schüler bekannt zu sein, was eventuell auf die Kindervorlesung ein Jahr vor der Befragung zurückzuführen ist. Immer wieder findet man Bezüge zur Entwicklung des Frauenfußballs in den Aufsätzen der Kinder. So schreiben sie, dass es Frauen nicht in allen Ländern möglich sei Fußball zu spielen und selbst in Deutschland dieses Recht noch nicht lange bestünde.

> *Andrea: „(...) weil die Männer und Jungs Früher immer gesagt haben das ihr zuhause bleiben müsst und das Essen machen bis wir heimkommen (...) sie haben es verboten!"*

> *Michaela: „(...) Das früher nur Männer Fußball gespielt haben, und es den Frauen verboten haben. (...) Die Männer sagten: „Fußball ist nur für Männer und zu brutal für Frauen.""*

Man findet auch Aussagen, die darauf Bezug nehmen, dass Mädchen und Frauen eher an das Haus und Haushaltspflichten gebunden waren und deshalb nicht Fußball spielen sollten.

> *Anna: „Früher haben Männer gesagt: „Frauhen sollen kein Fußball spielen, sie sollen backen, kochen oder turnen."*

> *Michael: „Weil sie lieber andere dinge gemacht haben, wie Kochen und Stricken. Aber manche Frauen wollten Fußballspielen, aber die Männer haben gesagt ihr dürft kein Fußballspielen, das ist zu brutal."*

---

2   Siehe dazu detaillierter die Beiträge von Krüger und Hofmann in diesem Band.

In sehr vielen Aussagen wird deutlich auf die Geschlechterhierarchie und Arbeitsteilung Bezug genommen, aber auch angeführt, dass Fußball „gewalttägtig", „aggressiv" und „brutal" sei und man es Frauen verboten habe, um Verletzungen zu vermeiden, wie die folgenden Aussagen, die sich in vielen Aufsätzen mehr oder weniger wiederholten, zeigen:

Emma: „Ich glaube das die Frauen früher nicht Fußball spielen dürften weil, als die Männer sehr protal spielten und deshalb entschieden das meine Frau nicht mitspielt und Zuhause bleiben Kuchenbacken, für die Kinder sorgen oder Turnen. Fußball war für Frauen Früher sehr protal."

Hanna: „Frauen durften früher kein Fußball spielen, weil es zu abresief für sie war."

Ben: „(...) früher dürften die Frauen nicht Fußball spielen, weil die Männer behaubten dieser Sport sei zu brutal für Frauen."

Lea: „Früer durften die Frauen kein Fußballspielen weil (...) Die Männer sagten: Das Fußballspielen ist viel zu gewalttätig ihr sollt lieber in Baled, Leichtarktledig, Schwimmen oder irgendwasanderes machen (...)."

Sofia: „Weil die Männer es den Frauen verboten haben. Die Frauen hätten dann ganz aufgeschürfte Beine."

Während sich die meisten Kinder, einen Bezug zur Geschlechterteilung im Alltag der Vergangenheit herstellten, so findet man aber auch welche, die in ihrer Antwort einen Gegenwartsbezug herstellen und mit Argumenten belegen:

Leonie: „Früher als Fußball nach Deutschland kam, haben die Männer den Frauen das Fußballspielen verboten. (...) Und Heutzutage müssen Frauen: Kochen, Waschen, zusammenlegen, spülen, putzen und und und. (...) deswegen spielen Frauen auch nicht viel Fußball."

„Weil die Frauen sich für etwas anderes intresieren. Sie wollen auch keine blauen flecken bekommen. Sie machen lieber Balet oder kochen oder Fraunsport. (...) wiso sollten sie jetzt spielen wen es ganz andere sachen gibt. Sie kochen lieber oder sowas in der art das reicht den Frauen."

> *„Weil es den Frauen weniger spaß macht als den Männern und weil die Frauen (...) auch etwas anderes tuhen wollen z b Kochen, putzen, waschen, bügeln und Staubsaugen. Und weil ja die Männer fast gar nichts machen wollen sie dann was unternehmen und suchen sich dann Fußball (...). Und die Frauen könnten auch nicht so gut spielen. Und Frauen machen auch viel lieber Ballet und Frauensport (...)."*

Und laut Paul üben Frauen bevorzugt andere Sportarten aus und sind zudem mit der Kindererziehung beschäftigt, so dass ihnen die Zeit fehlt: „Ich klaube dass viel mehr Frauen Leichatletig machen und vielen von ihnen müssen auf ihre Kinder aufpassen". Auch hier sieht man eine sehr geschlechtsbezogene Begründung, die noch immer auf eine geschlechterhierarchische Auffassung der Gesellschaft aus Kindersicht zeigt.

„Fußball ist doch Männersache"

Die trotz aller positiven Entwicklungen des Frauenfußballs noch immer in der Gesellschaft stark vorherrschende Meinung, dass Fußball Männersache sei, spiegelt sich auch in einigen Aufsätzen, insbesondere in denen von Jungen, wider. So schreibt Lukas (3. Klasse) beispielsweise „Ich finde die Frauenfußball-WM nicht so toll weil ich denke Fußball ist ein Männer-sport!!! Weil: Die Frauen nie so gut seien können wie die Männer (...)". Finn (3. Klasse) sieht sogar Gefahren für die Frauen, wenn er schreibt „Für mich ist Fußball ein harter Männersport und die Männer haben es den Frauen einfach verboten Fußball zu spielen weil sie einfach gebrächlicher sind als die Männer." Diesen Ausführungen stimmen einige der Jungen zu. Man findet des Öfteren die Empfehlung, dass Frauen andere Sportarten, so zum Beispiel Leichtathletik, Beachvolleyball, Tennis oder Eiskunstlauf machen sollen. Als Begründung wird auch gegenwärtig noch bei manchen Kindern angeführt, dass Fußball „ein bischen zu gefärlich ist" oder „Fußball und Frauen Passt nicht".

In weiteren Aufsätzen lassen sich teilweise pauschale Urteile ohne jegliche sachliche Begründung finden. Beispielsweise schreibt ein Schüler „Frauen sind sehr schlecht" und er bezeichnet Frauenfußball als „sehr sehr doof". Ein anderer zieht das Fazit „Ich finde Frauenfußball doof, weil die Frauen alles andere als Fußball spielen". Ein Schüler setzt seine Meinung direkt mit einer „Fachmeinung" in Verbindung und schreibt: „Ich fass mich kurz mit einem Satz den auch einst ein Sportjonalist sagte: ‚Das Fußballspiel ist ein Männerspiel und bleibt für das Weib immer mit ruhenden Momenten durchsetzt'".

Jonas vergleicht die beiden Geschlechter schon etwas genauer hinsichtlich der spielerischen Fähigkeiten beim Fußball und kommt zum Fazit „Ich finde Frauenfußball nicht so gut, weil sie sind nicht so gut und sie sind ein bischen langsam. Deshalb mag ich Männerfußball mehr". Der Erfolg der deutschen Nationalspielerinnen wird damit begründet, dass Frauen in anderen Ländern gar nicht spielen dürfen.

„Ich finde Frauenfußball toll"

Einige Mädchen haben bereits eigene Erfahrungen mit Fußball gesammelt und äußern sich auch zu ihren eigenen fußballerischen Aktivitäten. Luisa hat sich bereits von den Spielen der Männer bei der WM 2010 inspirieren lassen. In ihrem Aufsatz schreibt sie: „Seit der Fußball WM 2010 will ich Fußball spielen. Mein Papa hat mir beigebracht wie ich schießen soll. Einmal habe ich ein Tor geschoßen. Meine Freundin will auch Fußball spielen".

Generell, zeigt ein Großteil der Mädchen eine andere, viel positivere Einstellung gegenüber dem Frauenfußball als die Jungen. Sie sehen bzw. sahen gerade die WM als Möglichkeit für die Spielerinnen sich zu präsentieren und damit als Chance für die Fußballerinnen, ihr Können zu demonstrieren. „Ich freue mich das die Frauen von der Deutschen Mannschaft so gut spielen können", war die Antwort eines Mädchens.

Auch hier lassen sich neben ästhetischen Begründungen wie „Ich finde Frauen WM cool es liegt schon da dran das es Frauen sind auserdem sind sie fast so gut wie die Männer und sehen beim Fußball auch noch gut aus" auch durchaus positive sportbezogene Beurteilungen finden. Ein anderes Mädchen schreibt in ihrem Aufsatz „Ich finde Frauenfußball toll: Weil es weniger Fauls gibt und schöne spielzüge gespielt werden. (…) Ich find es einfach schön, dass Frauen auch ein Recht haben Fußball zu spielen".

Erfreulicherweise gibt es aber auch Jungen, die zu einer positiven Einschätzung des Frauenfußballs kommen, die Sportart loben und auch erkennen, dass sie bisher als eine Außenseitersportart angesehen wurde. So die positive Beurteilung von Maximilian: „Schön, dass es auch Frauenfußball gibt. (…) Schön, dass es gleich ist wie bei den Männern". Einige Schüler merken an, dass Fußball doch Fußball sei: „Frauenfußball finde ich gut, weil es wie Fußball ist halt nur da spielen Frauen". Ebenso Tim, zudem der von der Spielqualität überzeugt ist: „Ich finde Frauen Fußball auch ganz gut, weil die Frauen auch gut spielen und weil manche Spiele in der WM auch sehr spannend waren. Von den Spielregeln unterscheiden sie sich nicht wie bei dem Männerfussball".

Moritz geht sogar einen Schritt weiter und fordert eine größere Wertschätzung des Frauenfußballs: „Ich finde Frauenfußball toll (…). Und ich finde es nicht so gut das sich niemand für Frauenfußball interessiert. Und ich würde mir wünschen dass Frauenfußball noch lange erhalten bleibt". Diese Aussage wird von Philipp übertroffen, der sogar die Trennung der Geschlechter im Fußball in Frage stellt. Er fordert ein geschlechtsübergreifendes Fußballspiel, da er es schlecht findet „das es getrente manschaften sind (…)".

Eine weitere positive Meinung vertritt auch Alexander, auch wenn seinem Aufsatz immer noch das Vorurteil zu entnehmen ist, dass es sich beim Fußball um eine Männersportart handelt. Fachmännisch lobt er die Frauen, „weil sich Frauen auch an männliche Sportarten wagen. Sie machen es gut und professionell. Damit interessieren sich viele Frauen für Fußball. Und die Fangemeinde wird größer".

Unterschiede zwischen Männer- und Frauenfußball

Immer wieder werden in den Schüleraufsätzen auch Vergleiche zwischen den Spielen von Männern und Frauen gezogen. Dabei werden nicht nur Unterschiede in der Spielqualität angeführt, die wir zum Teil oben schon gehört haben, sondern auch in Bezug auf Fairness und Fouls, Bekanntheitsgrad der Spielerinnen und die finanzielle Vergütung.

„Ich finde es [Frauenfußball, Anm. Verfasser] fairer und es gibt weniger gelbe und rote Karten als im Männerfußball", schreibt ein Mädchen. Dieser Meinung widersprechen einige Jungen: „Das Spiel Deutschland gegen Kanada war das erste mal dass ich ein Frauenspiel angeschaut habe. Da ist mir sofort aufgefallen dass die Frauen viel agresiever spielen als die Männer", oder: „Eigentlich bin ich nicht so der Fan von Fußball allgemein. Trotzdem hab ich mit meinem Bruder ... das erste Deutschlandspiel im Fernsehen angeschaut. Während des Spiels ist mir aufgefallen, dass die Deutschen Frauen oft faul spielen. Im Radio hab ich gehört, dass die Deutschen Männer dafür mehr schauspielern beim Faulen". Auch hier wird deutlich, dass das Meinungsbild der Kinder durch Informationen und Wertungen aus Radio und Fernsehen beeinflusst werden.

Schüler beider Geschlechter sehen es als ungerecht an, dass es eine große Ungleichbehandlung von Männern und Frauen im Fußball gibt. So lassen sich einige Aussagen finden, die darauf schließen lassen, dass die Leistungen als gleichwertig angesehen werden.

> *„Ich finde die Frauen WM toll, weil man auch im Fernsehn sehen kann, dass nicht nur die Fußballspiele von den Männern spannend sind sondern auch die von den Frauen. Leider sind nicht so viele Autos mit Deutschlandfahnen geschmückt wie bei der Männer WM, aber trotzdem merkt man das immer mehr Leute die Frauen WM anschauen."*

Wie schon angeführt, fällt den Schülern und Schülerinnen auf, dass diese Sportart im Fernsehen unterrepräsentiert ist und es wird auch bedauert, „dass Frauenfußball nicht so oft im Fernsehern kommt. Die Nationalspielerinnen sind längst nicht so bekannt wie die männlichen Nationalspieler". Auch Amelie würde sich wünschen, dass die Fußballerinnen eine größere Wertschätzung erfahren und stellt sich die Frage „Warum sind Frauen nicht bekannt wie die Männer?". Sie zieht daraus den Schluss: „Schade, deshalb bekommen Frauen wenigr Geld." Zudem wird es als ungerecht empfunden, „das die Menner mehr Geld grigen als die Frauen".

Hoffnungen durch die WM in Deutschland

Insgesamt formulieren die Grundschülerinnen vermehrt die Hoffnung, dass es mit Hilfe der WM gelingen könnte, die Normalität und auch die Qualität des Frauenfußballs aufzuzeigen. Ihre Aufsätze zeigen ein gleichberechtigtes Rollenverständnis von Mann und Frau auf. Sophie findet „(...) die Frauenfußball-WM super!" und begründet weiter „Denn ich spiele selber gerne Fußball und finde man sollte auch den Frauen eine Chance lassen. Immerhin spielen sie sehr gut. (...) Gut finde ich auch, dass sie jetzt so akzeptiert werden, dass nicht nur die Deutschen Spiele gezeigt werden, sondern <u>alle</u>. (...) Ich stehe voll hinter den deutschen Frauen". Auch Nele findet „(...) es toll das es nicht nur eine Männer WM sondern auch eine Frauen WM gibt." Johanna ist sogar der Überzeugung, dass beide Geschlechter auf Augenhöhe Fußball spielen: „Ich finde die Frauen-Wm gut weil die Frauen auch gut Fußball spielen können, sogar schon fast besser wie die Männer. (..) Bei der Frauen-Wm können die Frauen beweisen, das sie auch super gut Fußball spielen können. Nicht nur Männer können Fußball spielen".

Resümee

Die im Rahmen dieser Aufgabe entstandenen Texte der Grundschülerinnen und -schüler spiegeln Vorurteile und Meinungsbilder der Kinder wider, die auf eine geschlechtsspezifische (Sport)Sozialisation im Kindesalter schließen lassen. Die Analyse der Aufsätze ermöglicht gewisse Einblicke in die Gedanken und Einstellungen der Schülerinnen und Schüler zum Frauenfußball. Auch wenn über Entstehung der Einstellungen nur Vermutungen angestellt werden können, werden hier doch einige Hinweise auf verschiedene Einflussfaktoren der Entwicklung und Prägung von Geschlechterrollen und den zugehörigen Verhaltensweisen im Sport bei Kindern sichtbar. Diese gehen, wie im Theorieteil angeklungen, auf die Beeinflussung durch Eltern, Medien und Peers zurück. Häufig hatten die von den Schülerinnen und Schülern gemachten Aussagen einen deutlich wahrnehmbaren „Erwachsenenton" und es ist zu vermuten, dass sie die eine oder andere Aussage zum Frauenfußball zu Hause oder in den Medien aufgegriffen haben. Ein Junge bezieht sich ja auch explizit auf das Radio.

Insgesamt wird deutlich, dass sich die 9- bis 10-jährigen Kinder im Rahmen der Frauenfußball-WM in Deutschland mit dem Frauenfußball auseinandergesetzt haben und schon ziemlich genaue Vorstellungen von dieser Sportart vorherrschen. Vereinzelt hatte man bei der Auswertung den Eindruck, die Aussagen von Fußballexperten zu lesen. Die Kinder konnten zum Teil fußballspezifische Bezüge herstellen, in einer Fachsprache argumentieren und manchen gelang es auch, historische Bezüge und Begründungen anzubringen, die vermutlich auf die Kindervorlesung zum Thema Fußball im Jahr zuvor zurückgehen.

Die gestellte Aufgabe ist nicht nur insofern interessant, etwas über die Einstellungen von Grundschülern zu geschlechtsbezogene Fragestellungen zu erfahren, sondern sie hat sich auch als eine fruchtbare Thematik herausgestellt, um über gesellschaftlich konstruierte Geschlechterordnungen und -hierarchien im Unterricht zu diskutieren und sie eventuell in Frage zu stellen. Gerade Themen aus dem Sport sind für viele Kinder hierfür ansprechend. Viele Schülerinnen und Schüler können sich in ihrer Argumentation auch auf eigene sportliche Aktivitäten, Fernseherfahrungen und Kinderbücher zurückgreifen, so wie es einige Fußball spielende Mädchen auch in ihren Aufsätzen gemacht haben. Fußball nimmt dabei als eine sehr populäre Sportart eine Sonderstellung ein. Gerade im Bereich der Kinderbücher, die sich auf Fußball beziehen, ist derzeit auch ein Wandel in Richtung Gesellschaftskritik und Emanzipation zu verzeichnen (vgl. Geßmann, 2006). Zum Beispiel wird in der beliebten Kinderbuchreihe die *Wilden Kerle*, die mittlerweile auch verfilmt ist, auch Mädchen die Fähigkeit zugesprochen, Fußball zu spielen, wenn sie sich auch erst einmal gegen die üblichen Geschlechterklischees und -stereotype beweisen müssen. Gerade diese Medien können neben Elternhaus und Schule einen Beitrag zum Aufbrechen der traditionellen Denkmuster hinsichtlich der Geschlechtshierarchie im Kindesalter einen Beitrag leisten.

Literatur

Bilden, H. (2002). Geschlechtsspezifische Sozialisation. In K. Hurrelmann & D. Ulich (Hrsg.) (6. Aufl.). *Handbuch der Sozialisationsforschung* (S. 279-301). Weinheim-Basel: Beltz Verlag.

Deutsche Sportjugend (DSJ) (2000). *Geschlechtsbewusste Jugendarbeit im Sport*. Frankfurt am Main: Eigenverlag.

Deutsche Sportjugend (DSJ) (Hrsg.) (2005). *Eine Frage der Qualität: Gender Mainstreaming in den Jugendorganisationen des Sports*. Schnelldorf: Druckerei Michael.

Deutscher Olympischer Sportbund (DOSB) (2013). *Bestandserhebung 2012*. Zugriff am 23.03.2013 unter http://www.dosb.de/de/service/download-center/statistiken/.

Diketmüller, R. (2009). Schulische Bewegungsräume als Bildungsräume für Mädchen in der Grundschule. In E. Gramespacher & N. Feltz (Hrsg.), *Bewegungskulturen von Mädchen – Bewegungsarbeit mit Mädchen* (S. 42-52). Kassel: Prolog.

Dorer, J. (2007). Mediensport und Geschlecht. *Medienimpulse, 62*, 25-31.

Engel, R. (1986). *Sportivität und Geschlechtsrolle bei Schulanfängern*. Ahrensburg: Czwalina.

Geßmann, R. (2006). Sport in Kinderbüchern und die Inszenierung von Geschlechterverhältnissen. In I. Hartmann-Tews & B. Rulofs (Hrsg.). *Handbuch Sport und Geschlecht* (S. 251-258). Schorndorf: Hofmann

Gieß-Stüber, P. (2006). Frühkindliche Bewegungsförderung, Geschlecht und Identität. In I. Hartmann-Tews & B. Rulofs (Hrsg.). *Handbuch Sport und Geschlecht* (S. 98-111). Schorndorf: Hofmann.

Lange, C.-D. (2009). *Sozialisation und Geschlecht – Theorien und Modelle zur allgemeinen und geschlechtsspezifischen Sozialisation.* München: Meidenbauer-Verlagsbuchhandlung.

Rulofs, B. & Hartmann-Tews, I. (2006). Zur sozialen Konstruktion von Geschlecht in der medialen Vermittlung von Sport. In I. Hartmann-Tews & B. Rulofs (Hrsg.), *Handbuch Sport und Geschlecht* (S. 230-242). Schorndorf: Hofmann.

Schmidt, W. (Hrsg.) (2008). *Zweiter Kinder- und Jugendsportbericht – Schwerpunkt: Kindheit.* Schorndorf: Hofmann-Verlag.

Warum spielen Frauen weniger Fußball
als Männer? Weil es den Männern
weniger spaß macht als den Männern
und weil die Frauen nicht Fußball
spielen wollen sondern auch etwas
anderes tuhen wollen z b's Kochen, putzen,
waschen, bügeln und Staubsaugen. Und
weil ja die Männer fast gar nichts
machen wollen sie dann was unternehmen
und suchen sich dann Fußball und
wenn sie schon richtig viel traniert.
Und die Frauen könnten auch nicht
so gut spielen. Und Frauen machen auch
viel lieber Ballet und Frauen sport und
wegen dem spielen Männer mehr als Frauen.

Ich finde, dass die Frauen Fußballerinen nicht gut sind, weil sie nicht passen. Außerdem faulen sie übelst. Sie werfen nicht gut ein und machen keine richtigen Eckbälle.

Gezeichnet von Amélie Sara Heinzmann

Zu den Autorinnen und Autoren

Katharina Althoff, Wissenschaftliche Mitarbeiterin, Universität Duisburg-Essen, Institut für Sport- und Bewegungswissenschaften

Ass. Prof. Mag. Dr. Rosa Diketmüller, Universität Wien, Institut für Sportwissenschaft

Privatdozent Dr. Ulf Gebken, Institut „Integration durch Sport und Bildung" an der Carl-von-Ossietzky Universität Oldenburg

Eva Hammel, Sportredakteurin, Stuttgarter Nachrichten

Prof.'in Dr. Annette R. Hofmann, Pädagogische Hochschule Ludwigsburg, Abteilung Sport

Prof. Dr. Michael Krüger, Universität Münster, Institut für Sportwissenschaft

Daniel Küchenmeister, Historiker, freier Publizist und Kurator, gemeinsam mit Thomas Schneider Ideengeber und Projektleiter der FUSSBALL ROUTE BERLIN

Kai Nörrlinger, Diplom Sportwissenschaftler; Erstes Staatsexamen Lehramt Realschule Sport, Deutsch, Englisch

Jonathan Pargätzi, Wissenschaftlicher Mitarbeiter, Universität Koblenz-Landau, Institut für Sportwissenschaft

Dr. Daniela Schaaf, Wissenschaftliche Mitarbeiterin, Deutsche Sporthochschule Köln, Institut für Kommunikations- und Medienforschung

Dr. Thomas Schneider, Kulturwissenschaftler und Publizist, gemeinsam mit Daniel Küchenmeister Ideengeber und Projektleiter der FUSSBALL ROUTE BERLIN

Prof. Dr. Silke Sinning, Universität Koblenz-Landau, Institut für Sportwissenschaft

Nina Stecher, Realschullehrerin für Englisch, Sport und Mathematik

Dr. Yvonne Weigelt-Schlesinger, Universität Bern, Institut für Sportwissenschaft